上海对外经贸大学
一流本科建设引领计划

维特根斯坦和乔姆斯基
语言哲学思想对比研究

A Comparative Study between Chomsky's and
Wittgenstein's Philosophical View of Language

范连义◎著

上海交通大学出版社
SHANGHAI JIAO TONG UNIVERSITY PRESS

内容提要

　　本书主要采用综述和对比的方法把维特根斯坦的语用学思想包括"家族相似性""意义即使用""私人语言"等与乔姆斯基的形式语言学思想包括"语言奥秘""生成语法""普遍语法""语言器官"进行细致的梳理和分析,以期总结出二者之间的相互区别和联系,适合语言哲学相关研究人员阅读参考。

图书在版编目(CIP)数据

　　维特根斯坦和乔姆斯基语言哲学思想对比研究/ 范连义著. —上海:上海交通大学出版社,2022.8
　　ISBN 978 - 7 - 313 - 22625 - 9

　　Ⅰ.①维… Ⅱ.①范… Ⅲ.①维特根斯坦(Wittgenstein, Ludwig 1889 - 1951)—语言哲学—研究②乔姆斯基(Chomsky, Noam 1928 -　)—语言哲学—研究 Ⅳ.①B561.59②H0 - 05

　　中国版本图书馆 CIP 数据核字(2019)第 270599 号

维特根斯坦和乔姆斯基语言哲学思想对比研究
WEITEGENSITAN HE QIAOMUSIJI YUYAN ZHEXUE SIXIANG DUIBI YANJIU

著　　　者:范连义

出版发行:上海交通大学出版社　　　　　地　　址:上海市番禺路 951 号
邮政编码:200030　　　　　　　　　　　电　　话:021 - 64071208
印　　制:苏州市古得堡数码印刷有限公司　经　　销:全国新华书店
开　　本:710 mm×1 000 mm　1/16　　　印　　张:12.5
字　　数:223 千字
版　　次:2022 年 8 月第 1 版　　　　　　印　　次:2022 年 8 月第 1 次印刷
书　　号:ISBN 978 - 7 - 313 - 22625 - 9
定　　价:82.00 元

目 录

前　言

　　路德维希·维特根斯坦(Ludwing Wittgenstein)是20世纪最有影响力的哲学家之一。其后期哲学涉及了许多主题:"意义问题、理解问题、命题问题、逻辑问题、数学的基础、意识的状态,等等。"(Anscombe G.E.M.,1959:9)他认为,这些哲学问题的产生是因为人们不能正确地理解语言。我们可以把这些哲学困惑比作一种疾病,哲学的目的就是治疗这种疾病。因而,哲学的任务是治疗性的(therapeutic)。由于这种疾病源于人们对语言的误解,对这种疾病的治疗就在于更好、更清晰地理解语言的作用,用维特根斯坦的话说就是:要获得一个清晰的语言视景(a clear language view)。为了达到他所谓的语言的"清晰视景",他研究了许多语言使用不当的例子。尽管他的主要兴趣在于解决(solve)或消解(dissolve)这些哲学上的困惑,但他关于语言的论述(remarks)的影响远远超出了他兴趣的范围,在许多领域产生了重要的影响。像其他语言研究者一样,他为提供一个清晰的语言视景做出了建设性的贡献,并且他的贡献是极为突出的。

　　维特根斯坦在其后期哲学著作中关于语言的论述对当代语言学研究产生了重要的影响,甚至有人认为当代轰轰烈烈的语用学运动就是在维特根斯坦后期哲学思想的影响下展开的(施泰格缪勒,1992)。但归根到底,维特根斯坦并不是一个语言学家,也不是一个心理学家或社会学家,他对这些领域的具体研究并不是非常感兴趣。语言学家、心理学家或社会学家以不同的方法研究语言的诸多细节,他们得出的原则或结论比维特根斯坦后期著作中所展现的观点详细得多,如社会语言学家、心理语言学家、计算语言学家或者说结构主义、功能主义、认知主义以及生成语法等语言学流派等从不同的角度切入对语言进行详细的研究并提出自己相应的观点,进行相应的理论构建。因此,我们这里要研究的是,维特根斯坦对语言的研究和语言学家、心理学家以及社会学家对语言本质的研究有什么关系? 换言之,维特根斯坦在语言研究中所得出的结论或观点和语言学家、心理学家、社会学家所得出的结论有什么相通和不同? 这是本书的出发点也是研究的旨归。

虽然维特根斯坦并不是一个语言学家,但他并没有忽略对语言细节的研究。实际上,他在其后期著作中对一些语言现象的研究以及他在后期哲学思想中所提出的一些概念如:意义即使用、语言生活形式、语言游戏、家族相似性等对语言学家特别是语用学派产生了很大的影响。哲学界对于维特根斯坦后期哲学思想的评价相差甚远,那些热忱追随其早期思想的学人当中,有很多对他的后期思想深感不解,但后进的学者多数认为后期哲学思想才是他真正成熟的思想。维特根斯坦前期的逻辑语言主义认为,我们日常的语言不清晰、充满歧义,我们可以通过逻辑上的分析,消除歧义,达到清晰,甚至是能够达到逻辑意义上的澄澈。而后期他则对自己前期的思想进行了彻底的批判,认为我们只能在一定程度上消除误解,达成理解等等;解释用来消除误解,而不是消除一切误解的可能性,在特定的场合,原来那句话可以有这样的解释,并不意味着在任何情况下都可以或应该做这样的解释(陈嘉映,2003)。

维特根斯坦在其后期哲学著作中对语言学习进行了研究,我们也可以认为他的整个后期哲学思想就是围绕语言学习这个论题展开。他多次问:"我们是如何初次学会这个/那个词的(how did we first learn this or that word)?"维特根斯坦这样问旨在治疗、消解哲学上的困惑。通过这样的提问他想要证明:我们可以通过许许多多不同的场合来学习一个词——有许多各种不同的语境(contexts)或情景(situations)使我们获得一个词的正确用法。在维特根斯坦看来,试图寻找一个抽象的意义存在只不过是一种形而上学的冲动。维特根斯坦的这种思想可以同语言学、心理学、社会学等领域的语言研究进行比较。如受维特根斯坦影响的奎因就提出了类似的思想"博物馆神话""翻译的不确定性",普特南的"孪生地球"、戴维森的"理解的宽容原则"等,这些思想或观点可以说都是对维特根斯坦相关思想研究的深入。当然,并不是所有的语言学家或语言哲学家都这样认为,比如内在主义语言学家如乔姆斯基(Noam Chomsky)就认为:人天生具有一个语言器官(language faulty),所有的人类语言都具有共同的语法——普遍语法(universal grammar)。尽管环境因素在语言学习的过程当中不可或缺,但最终起决定作用的还是人类先天的语言器官,环境只不过是一种不可或缺的触发因素。语言研究的目的就是透过诸多语言现象对人类共同的语言器官进行研究。有时候乔姆斯基把语言器官叫作一种语言习得机制(language acquisition device),有时候又叫作一种语言学习装置(language learning device)。尽管名称不尽相同,但意思很清楚,这种先天的东西是一种客观的心理实在(mental reality),而这种心理实在才是语言学家所要研究的对象。

　　语言或语词的意义到底是天生的还是后天合成的？不同的语言学家或语言哲学家对此有不同的回答。从这个意义上说，我们可以把维特根斯坦对语言学习的论述与其他语言学家或语言哲学家的观点进行比较。本书选择的是生成语法的领军人物乔姆斯基。把维特根斯坦和乔姆斯基的思想相比较，看一看，在哪些方面他们的思想是相通的，在哪些方面他们的思想又不相同？

　　乔姆斯基的生成语法理论掀起了语言学革命，其语言思想无论在语言学界还是在哲学界都产生了广泛的影响。他的关于"语言能力"和"语言行为"；"表层语法"和"深层语法"；"语言奥秘"和"语言难题"；"内在语言"和"外在语言"之间的区分构成了其语言思想的主线。生成语法从其诞生伊始就受到语言学界和哲学界许多人的质疑，根据帕特曼（Trevor Pateman, 1987），这些质疑的声音大都来自维特根斯坦后期哲学思想的一些追随者。为什么帕特曼会这么说？我们认为有必要对此进行深入的探讨和研究。简言之，乔姆斯基生成语法理论当前所面临的挑战是什么？如果从维特根斯坦后期哲学思想看，我们会对生成语法理论有一个新的认识。我们相信，这种研究不仅对语言学界还是语言哲学界都是有裨益的。

　　当然我们不能以一个语言学家的标准来要求维特根斯坦，因为维特根斯坦对建构什么理论从来不感兴趣，他要做的是"治疗""瓦解"的工作。作为一个顶级的哲学家，维特根斯坦的思想极具穿透力，他提出的一系列思想或哲学概念对人文诸多学科产生了重要的影响。我们不可能要求他具体而微地为了某一个学科如语言学的研究或理论建构进行一些术语区分，如果真是那样，反而与维特根斯坦的思想背道而驰了。维特根斯坦"意义即使用""语言游戏""家族相似"等概念的提出有效地瓦解了形而上学意义观，使语言研究获得一个新的进路。但作为一个学科，语言学研究不可能停留在泛泛的语言使用上，语言学家的研究就是要超越这些具体的用法，去发现辖制这些用法的规则。无论这些用法是乔姆斯基的先天规则还是实用主义如米德的社会建构。用维特根斯坦的话说，这些努力或尝试或许是人类的一个形而上学的冲动。

第一章
绪　论

第一节　国内外相关研究述评

近几十年来,维特根斯坦的思想受到越来越多的关注,检索英语 Springerlink 数据库我们发现 2000—2009 年有关他的论文有 2 827 篇,论著 498 部。许多维特根斯坦研究者认为真正意义上的语言转向始于维特根斯坦。当前国外越来越多的学者认为:后来轰轰烈烈的语用学发展就是在维特根斯坦后期哲学思想的影响下展开的。无论是强语境主义者还是弱语境主义者在主张自己观点时,都要在维特根斯坦后期哲学思想里寻找支持。语言学习与语境密切相关,但我们是否可以说意义由语境决定? 在维特根斯坦后期的哲学视角下,二者的关系如何? 语法是语用的固化还是先天的内在知识? 这些问题在西方引起了许多哲学家和语言学家的重视。国外语言学界对维特根斯坦相关思想的研究比较深入,**如索绪尔(Saussure)和维特根斯坦关于语法任意性的对比研究、马林诺夫斯基(Malinnowsky)和维特根斯坦的关于语境的对比研究、乔姆斯基和维特根斯坦关于语言规则的歧合、塞尔(Searle)对维特根斯坦有关意向性思想的发挥、奎因(Quine)的翻译的不确定性**等。通过这些研究,人们加深了对相关语言理论的认识。可以说当前西方语言学研究(无论是形式语言学派还是后来的日常语言学派)无不在其理论的源头上同维特根斯坦的哲学思想进行观照,从中找到自己的理论依据或为自己理论的合法性辩护。

我国哲学界对维特根斯坦的引介始于 20 世纪 30 年代,对其后期哲学思想进行研究的当代主要哲学家有:陈嘉映、涂纪亮、江怡、舒伟光等。迄今为止,其后期的代表作《哲学研究》就有四个版本的翻译。[①] 2003 年涂纪亮先生出版了维特根斯

---

① 目前我们知道的四个版本的翻译是:汤潮 1992 年译本,北京三联书店出版;李步楼 1996 年译本,北京商务印书馆社出版;陈嘉映 2001 年译本,上海人民出版社出版;蔡远 2007 年译本,北京九州出版社出版。

坦全集的中译本,可以说是对我国维氏研究做了一个贡献。据我们不完全统计,近五年我国关于维特根斯坦的研究专著 7 部,论文 600 多篇(CNKI)。**近几年维氏后期哲学思想中的一些概念如:意义即使用、语言游戏、家族相似性、规则悖论等开始受到许多语言学家的注意,如钱冠连、辛斌①、束定芳等在其论著中都提及维特根斯坦或对维特根斯坦的相关思想进行了介绍。哲学界关注的是思想的引介和消化,而语言学界关注的则是对相关的语言材料进行整理和分析。但还有一些问题如语言之间的共同特征是乔姆斯基的"绝对共性"还是维特根斯坦的"家族相似性"? 意义是外在的还是内在的? 和语境的关系是什么? 人的语言行为是受规则指导还是仅仅符合规则? 维特根斯坦的规则悖论对语言规则研究有什么启发? 语法是任意的还是非任意的? 语言学习是一种训练的过程还是自然而然的生长过程? 语法教学是教授规则还是教授例外? 等等。**这些问题无不与语言学习有关,有待我国语言哲学界和语言学界的进一步深入研究。

维特根斯坦试图通过对语言学习的探讨来消解哲学上的困惑,但他的思想影响远远超出他的哲学关怀。他关于语言学习的论见和语言学家、心理学家、社会学家对语言的研究并没有什么不同。例如维特根斯坦认为,通过对孩子学习语言的研究,我们能够对语言的本质有所了解。和许多语言学家、心理学家一样,维特根斯坦认为语言是一个复杂的现象,研究语言最好从语言的简单形式也就是儿童的语言学习开始,而语言教学应该充分借鉴儿童语言学习的经验。也有人认为外语学习和母语学习遵从相似的步骤(Wolfgang,1986)。通过对维氏后期哲学思想的研究,我们能更好地理解语言的本质以及语言学习的特点。

第二节　研究的主要内容

我们从以下几个方面把维特根斯坦的研究同其他语言研究者的研究进行比较,比如维特根斯坦后期的语言思想同米德(George Herbert Mead)、杜威(John Dewey)等实用主义者的观点就有许多相通之处。米德和杜威都从语用的角度来看待语言,他们都认为,语言是人与其生长环境相互作用的自然产物。他们把语言看作工具,人类主要通过语言才能进行相互合作,合作行动才得以实现。实用主义

---

① 辛斌.当代语言研究中的游戏观[J].外语教学与研究,2003,03:22-27.

者主要关注的是语言的生物性质和社会性质。这些观点与维特根斯坦后期两个重要语言原则(central doctrines)相类似：① 语言的意义就是它的使用——意义即使用，我们能够用语言来做事，同样的语词在不同的情景中有着不同的意义，从而达到不同的目的；② 语言是人类的一种生活形式，我们什么都可以怀疑，就是不能怀疑我们赖以生活的生活方式。生活形式是我们一切语言活动的基础，我们所有的语言游戏都是在生活形式上展开。也有人认为奥斯汀(Austin)的言语行为理论中的以言行事就是在维特根斯坦的"意义即使用"的观点上提出的，至少他们的观点有异曲同工之妙(施泰格缪勒,1992)。

尽管维特根斯坦提出语言学习的问题旨在消解哲学上的困惑，但他的思想影响远远超出他的哲学关怀。例如，他在一些实例中谈到了语言学习，他关于语言学习的论见和语言学家、心理学家、社会学家对语言的研究并没有什么不同。维特根斯坦认为，通过对孩子语言学习过程的研究，我们能够对语言的本质有所了解。和许多语言学家、心理学家一样，维特根斯坦认为语言是一个复杂的现象，研究语言最好从语言的原初的简单的形式开始。要研究语言的原初形式，我们自然就会特别关注儿童语言，把儿童语言当作一个特别的研究对象进行研究。人们为了研究儿童语言进行了许许多多的试验。尽管通过阅读其后期哲学著作，我们能认识到儿童语言学习在维特根斯坦后期哲学中起着非常重要的作用，但维特根斯坦关于儿童语言学习的观察究竟在多大程度上与语言学界、心理学界以及社会学界在这一领域的研究相一致呢？本书便是我们试图对这些问题进行尝试性的研究。

为了把维特根斯坦的有关语言学习的论见与其他领域，如语言学和心理学等的语言学研究进行对比，我们首先要对维特根斯坦后期哲学思想中的相关思想进行仔细的梳理。在梳理的过程中我们发现，尽管维特根斯坦的"意义即使用"观点对意义的形而上学进行了有效瓦解，但作为一个独立的语言学科来说还远远不够。因为"使用"这个概念太宽泛，奥斯汀后来说"使用"和"意义"一样含混，"已经变得经常遭人嘲笑"是有一定道理的。所谓宽泛，最重要的在于没有标识出使用符号和使用其他东西的差别，就是说没有突出"意义"(陈嘉映,2003)。"意义即使用观"还使人想到语言研究中仅仅使用描述方法的局限，我们不可能穷尽一个词的所有用法；"不要想，只要看"，可由于受时间、个人经验等诸多条件的限制，我们不可能"看"完或经历哪怕是一个词的所有用法。另外一个问题是"使用"似乎太多变了，"语言的结构是稳定的，用法是多变的。因此有理由说，是结构而不是用法决定了一种语言的同一性，规定了一种语言不同于另外一种语言。"(叶姆斯列夫语符学文集,程琪龙译,2006)语言学家研究的就是这些语言结构或语言规则,因为说到底语言的使用不同于泛泛的使用,而是一种规则辖制的行为。我们还发现,虽然维特根斯坦在著作中多次对语言学习进行研究,但他没有对一些重要的概念进行区分,而这些区分在某种意义上是语言研究必不可少的一部分,如索绪尔的"语言(language)"和"言语(speech)"的区分,乔姆斯基的"语言能力(competence)"和"语言行为(performance)"之间的区分。语言学家的任务就是通过对"言语"或"语言行为"的研究达到对"语言"或"语言能力"的认识。我们认为这种区分在研究中是有必要的,首先明确研究的目标,我们才有可能进行有针对性的研究。语言是一种规范,一种最初的规范(a primitive norm),语言研究的目的就是通过话语或言说来研究这种规范,用乔姆斯基的术语来说我们研究的就是关乎语言的规则和原则(rules and principles)。① 我们只有在掌握或理解一种语言的前提下,言语研究或言语行为研究才有意义。维特根斯坦在其著作中多次提到语言学习,他试图通过语言学习的研究让我们看到语言的本质,从而瓦解语言的形而上学观。他并不是在建构一种理论,相反他反对任何理论的建构,他也不是在语言学意义上研究语言,因此我们不能以一个语言学家的标准来要求甚至是求全责备,相反我们应该从他对语言学习的论述中得到光照,促进我们相关的语言研究。

要清晰地理解维特根斯坦的"意义即使用"的观点,我们还必须弄清"语境(context)"和"情景(situation)"之间的不同,当维特根斯坦说"一个词的意义就是它在语言中的使用"时,我们并不清楚他指的是语境(上下文)中的使用还是在具体不同情景中的使用,词的意义是由语境决定的还是由情景决定的或者是由语境和情景共同决定的。维特根斯坦在文中都没有明确说明,或许维特根斯坦认为这种区分本身就没有什么意义。而在语言研究中这种区分十分必要,"语境"是一个更宽泛意义上的术语,它不仅包括触发话语(utterance)的现实情景,还包括话语人社会的、心理的、文化的甚至是历史的诸多因素,所有这些因素都会影响一个词语的使用。"情景"本身并不能决定一个词的用法,因为只有话语人对情景的充分认识才能根据不同的情景赋予词以不同的用法或意义,以此看来强语境主义(radical contextualism)或语境决定主义(context determinism)是没有道理的。我们可以用坐标系来比喻语词的意义,语词的核心义居于坐标中心,边缘义则离中心较远,此比喻的深意在于一个语词处于如此的语境或情景就是如此的意义,但我们不能因之说语境决定了语词的用法,因为语词本身就具有或蕴含有如此的意义(陈

① 这里的"规则"也是一个需要厘清的概念,它无论是不是乔姆斯基意义上的内在规则,都是语法学家所要研究的对象。

嘉映,2003)。

维特根斯坦在其后期哲学著作中对语言学习多有论述,在本书中我们将对这些洞见探幽发微,深入细节。把他的有关语言学习的思想与其他学习理论进行对比,如实用主义语言学习观与维特根斯坦的语言学习观有异曲同工之妙,而内在主义语言学家如乔姆斯基则有不同,甚或是相反的观点,在本书中我们将对这些观点进行对比,从中找出不同或相通之处。我们同意并接受维特根斯坦的观点:研究语言的初发形式或语言的简单形式对研究语言的复杂形式或语言的本质不可或缺,这些初发的形式可以通过对儿童的语言学习研究来实现。通过对儿童语言学习过程的研究,我们可以更好地理解语言的本质以及语言的作用。通过对这些具体细节的研究,我们可以更好地理解维特根斯坦的相关思想以及他的整个语言治疗方案(whole language therapeutic program)。

第三节 研究的思路

首先我们要重点对维特根斯坦后期的哲学思想进行梳理。维特根斯坦的"意义即使用观""语言生活形式观""语言游戏观""家族相似性"等都是本书所要考察的重要概念。维特根斯坦对意义指称论的批判不仅开启了后来轰轰烈烈的语用学运动,对语言学习理论研究也有很大的启发。语词的意义并不是一个客观的有待我们发现的对象,意义待决于(to be underdetermined)语境,或者说意义就是语境的一部分,这种现象在儿童语言学习现象中体现得尤为明显。但应注意的是:虽然语词的意义就是它在具体语境中的使用,但意义并不等于使用,我们并不能随意地去使用一个语词。语词的使用要受语用规则的辖制,但这里的规则并不是乔姆斯基意义上的内在语法规则,而是外在的社会、文化、习俗、生活形式的一致。

其次,我们会结合当前语言研究的热点和难点如语法问题、语境问题、共性问题、意向性问题等,进行有针对性的相关著作研读。维特根斯坦后期哲学思想所体现的语言学习思想和其他语言研究者所得出的结论有什么共契? 对我们理解语言的本质以及语言学习的特点有何启发? 作为语言学习理论的两端——"规则派"和"语用派"如何在维特根斯坦那里达到了统一? 为什么说没有完备的语法(complete grammar)? 语法规则是刚性的还是柔性的? 规则是对语言行为的解释还是对语言行为的规定? 语言学习中我们能否由"一般"推及"个别"? 对这些问题的追问和尝试性回答构成本次研究的另外一个重要内容。

最后,对乔姆斯基普遍语法理论的思考也是本书的一个重要内容。生成语法引进之初就受到我国语言学界不少人的质疑,如江蓝生通过汉语语源研究认为**语法是一个渐变的过程**,而且还伴随着音变(江蓝生,2000);沈家煊认为**语法的研究不能排斥意义**(沈家煊,1999);认为**无论是母语习得还是二语习得都不可能不受文化的影响**。持类似观点的还有戴庆厦、游汝杰、申小龙等。石毓智(2005)更是从学理上对生成语法进行了一系列的批判和检讨。他们反对的是什么? 和西方哲学界、语言学家对乔姆斯基的质疑批判的契合点在哪里? 语言知识是一种事实知识(knowledge-that)还是一种行为知识(knowledge-how)? 换言之,这种知识是不是一种心理实在? 人类各语言间有没有绝对的共性? 语法是语用的固化还是对语用的规定? 语言行为是受规则指导的还是仅仅符合规则? 对这些问题的追问和尝试性解答是原著研读的出发点也是本书的主要内容。

第四节 研究的方法

首先,我们以问题为中心对维特根斯坦后期哲学著作进行研读。维特根斯坦后期哲学著作是在"我们是如何最初学会一个语词的? (How did we first learn a word?)"这一问题上展开的,他对这个问题的见解和解答旨在消解哲学困惑,但毫无疑问,他的见解超出了他的哲学关怀,给我们相关的语言学习研究以很大的启发。从这个问题入手并以这个问题为中心对维特根斯坦后期哲学思想进行研究,从中挖掘相应的语言学意义。

其次,以逻辑为主线梳理维氏后期哲学中几个重要概念。"意义即使用""语言游戏""语言生活形式"和"家族相似性"这些概念相互勾连,相辅相成。维特根斯坦以此有效地瓦解了本质主义、基础主义、形而上学和意义指称论等,这些概念在人文社会诸多学科中产生了重要影响,对语言学特别是日常语言学派产生了重要影响,也可以说开启了后来轰轰烈烈的语用学运动。把对这些概念的分析有机地和语言学习联系起来,并结合其他语言研究者如米德和杜威的语言社会建构思想、莫里斯的语言符号三分说,以及马林诺夫斯基的人类语言学研究,从中找到维特根斯坦与这些语言研究者之间的共契。换言之,他们在哪些方面是相通的? 哪些方面是不同的?

最后,以对比为切入点比较乔姆斯基和维特根斯坦的语言学习观。维特根斯坦从不同的角度对语言学习问题进行论述,他的主张和乔姆斯基的语言学习观有什么不同? 研究中我们试图对二者做出比较:语言共性和家族相似性;普遍语法与哲学语法;意义的内在与外在;规则的刚性与柔性;语言之谜与生活形式。这些成对的概念之间的比较是我们重点关注的内容。有意思的是,乔姆斯基本人也以维特根斯坦的观点为自己辩护,乔姆斯基的辩护是否有效? 通过比较我们可以清楚地看出二者语言观的不同。

第二章
维特根斯坦后期哲学语言观

第一节　维特根斯坦后期哲学思想特点

维特根斯坦后期哲学著作读起来似乎容易,但理解起来却非常困难①,这与他的写作方式有关。因为"对维特根斯坦后期著作本身进行描写尤为困难。他的《哲学研究》与他之前的绝大部分哲学著作甚至是以后的著作都不相同,如果生硬套用某种形式对他的著作进行描写无疑会对他的思想造成很大的伤害。整部书是由一连串简短的、通常是联系松散的段落组成;正如维特根斯坦本人所说,'它穿越广阔的纵横交错的思想地带,向每一个方向延伸。'整部著作都是由一些没有答案的提问、蜻蜓点水般的暗示、想象的对话、意象、隐喻和警句组成。人们感到奇怪的是:这些睿智的话语、热情的评论是如何与他以前以及以后的哲学家们的层次分明措辞得当的见解连在一起的。"(Warnock,1961)

出于智性的诚实(searching honesty),维特根斯坦承认他对自己的后期著作从来就没有满意过,《蓝皮书》只是他写作的一个草图,他曾希望能写出更详细的内容来,而《棕皮书》则是他第一次试图以更系统的形式来表达思想,就是这种尝试也最终被放弃。维特根斯坦认为这样做没有任何价值②,甚至在《哲学研究》的序言中写道:"几次试图把自己思考的结果连接成一个整体,但都不能成功。我那时意识到我这样做绝不可能成功。我所能写出的东西只不过是一些哲学上的评论;如果按照单一的方向强行把这些评论连为一个整体,那不仅有违我的本意而且我的思想也会因此受到严重的伤害。"③

---

①　陈嘉映.维特根斯坦的哲学观[J].现代哲学,2006,05:90-122.

②　Wittgenstein. The Blue and Brown Books[M]. Oxford: Basil Blackwell, 1975Piv.

③　Wittgenstein. Philosophical Investigations[M]. translated by Anscombe, New York: Macmillan, 1997, Pixe.

由于维特根斯坦不能找到一个贯一的纯描述的方法（purely descriptive method），他不能把自己的思想连为一个整体。他后期的大部分著作旨在通过语言的各种不同的用法或者说是各种语言的误用来消解哲学上的困惑，所以维特根斯坦说他的哲学是治疗性的。维特根斯坦并不关心什么理论或学说，他研究方法的核心是关注具体语词和表达式在具体生活中的实际用法。但是在显示具体语词的实际用法之前，他必须弄清楚与语言有关的一些学说，这样他才能展开自己的工作。比如，他设想/想象（envision）一种哲学，这种哲学既不断言什么，也不主张什么。他说："哲学只是把一切摆在我们面前，它既不解释也不推论——由于一切都坦露地呈现在我们面前，没有什么需要解释。因为我们对隐藏起来的东西不感兴趣。"但他的"一切都坦露地呈现在我们面前，没有什么需要解释。"这本身是不是一种断言呢？他说的哲学无所主张是不是他的一种强有力的主张呢？我们看来至少有点这方面的倾向。为了治疗或消解哲学上的困惑，他不停地展现诸多具体语词的实际用法，也可以说在不停地解释这些语词在实际生活中是如何被使用的。因此，从方法论上说，维特根斯坦处于一种两难的境地：他主张哲学不需要解释，可为了表达自己的观点，他不得不展现并解释他自己的观点和立场。维特根斯坦自己或许认识到这一点，说他的解释"只是一个梯子，是一种手段，是为了不再解释"。他时而告诉我们应该怎样"做"哲学，时而又说人不能说……只能做；但更多的时候他用自己的方法来解释了后者的局限。当然有人说这是三个不同的阶段，正如我们上面引用的，"说"或"解释"只是一个梯子，是为了"不说"。他强调说"不可说"是他后期哲学著作中反复出现的主题（theme）。维特根斯坦认识到他必须给语言一个正确的图像/描述（picture）。他强烈地意识到《逻辑哲学论》中的逻辑循环问题，并不断地同这种问题做斗争。这种逻辑上的问题是：我们必须用语言来谈论语言。

一直困扰维特根斯坦的是他一直未能找到一种精确的纯描述的方法，这也是萦绕于他内心深处的一种不安。我们这里无从设想倘若维特根斯坦找到一种纯描述的方法，他的思想该是一种什么样的状态。我们只是试图从其后期哲学著作中找出与语言学习有关的见解。这些见解或许是一点即过的评论，或许只是一个没有答案的提问，或许仅仅是一种意象、隐喻或警句。我们相信这些松散相连的写作方式并不是维特根斯坦刻意而为的一种写作方法，而是他与语言进行智性战斗的一种外现和结果。

理解维特根斯坦后期哲学思想必须要将其与其前期哲学思想进行对照来进行。尽管他有时说他试图要做的是证明传统语言观的不足（shortcomings），他明确表示他主要的批评是针对《逻辑哲学论》的作者,当然也就是针对他自己以前的语言思想。在《哲学研究》的序言中他这样写道:"四年前,我曾有机会重读我的第一本书《逻辑哲学论》,向他人阐述其中的观点。我突然觉得我应该把那些旧的思想与这新的思想一道发表,因为只有通过把这两者加以对照,并以我的旧思想为背景,才能正确理解这些新思想。"沃尔诺克对此进行评论说:"当维特根斯坦以他原来的方式思考哲学时,他总会首先想到他原来的哲学,而这些哲学思想无疑是他后来主要批判的对象。(Warnock,1961)"

维特根斯坦前期哲学对语言本性的思考可以总结为"图像理论",在《逻辑哲学论》中,维特根斯坦认为语言是一种实在或者说是世界的图像。这意味着语言和实在之间必然有一个相同的结构。命题是事态的图像,一边是发生的事情,另一边是图画之类对事情的表现、摹画,"一个命题是一个事态的描述。"图像论的基本构思是:语言与世界对应。复合命题对应复合事态,由逻辑常项连接的命题都是复合命题,复合命题可以分析为分子命题、原子命题,复合命题不包括比原子命题相互联系以外更多的内容,因此复合命题是可以充分分析的。原子命题描摹原子事实。原子命题相互独立,原子命题不可再分,因而原子命题可以说是"不可分析的命题",只包括不可定义的符号。这些不可分析的符号是**名称**。名称与对象相应。名称具有指称而不具有意义,或者说,名称的意义就是它的指称:"名称意谓对象。对象就是它的意谓",因此是简单对象的存在保证了意义的确定性。名称若无指称,则包含此名称的命题无意义。名称代表对象而不描摹对象,因此名称并不是对象的图像,名称无所谓真假。只有命题才是图像。同一事态可能有不同的摹画,比如,同一个事态可以用模型摹画也可以用语言来摹画,语言的摹画也可以各有不同。对同一事态的摹画虽然可以不同,但不同的摹画之间存在着一种共同的东西,这种共同的东西就是逻辑形式(陈嘉映,2003)。而逻辑形式只能显现,不能说出。"命题不能表现逻辑形式,它反映在命题中。语言不能表现那反映在语言中的东西。……命题显现实在的逻辑形式,它展现(aufweisen)它。"

我们这里可以注意到,维特根斯坦前期不仅强调语言的基本形式,而且认为语言是由最基本的元素构成的。芬德利(J.N. Findlay)认为:"《逻辑哲学论》所反映的基本思想和柏拉图在《泰阿泰德篇》(*Theaetetus*)中所反映的思想基本是一致的。他们都认为:存在一些基本的原子,这些原子既不能分析也不能描述,只能命名。这些原子的意谓是它们的指称,各种不同的有意义的语篇就是通过这些原子的结合或重组达到的。"

前期维特根斯坦的思想深受罗素的影响,作为当时世界最负盛名的哲学家之一的罗素是分析哲学的最重要人物——除罗素外,弗雷格(Fleig)、摩尔(Moore)、维特根斯坦这三个人也是分析哲学的重要人物。和黑格尔的整体主义相对,罗素认为世界是由个别事物组成的,这些个别事物是最真实的存在,它们相互独立,我们无法从这一事物推导出另一事物的存在。按照罗素对语言的一般理解,语言是由两个部分组成,一个部分是纯粹形式的或句法的,由很小的一部分逻辑词组成,如和、或者、如果等,这些词汇的功能是把不同的命题或命题的各成分结合起来。另一部分是对象词,包括单称语词和一般语词。逻辑原子主义认为,世界是由个别的东西组成的,每一个个别的东西都独立于其他东西的存在。与此相应,在语言中,单称语词或专名用来指称或代表个别事物,一般语词或抽象语词则对这些事物有所述说。一般性的语词包括通名、形容词、动词等,用来表示这些事物之间的联系。在语词意义问题上,罗素很长一个时期持指称论立场:一个词的意义就是它的指称。在语言和世界的关系上,罗素认为,语言由命题组成,命题"反映"(mirror)事实,哲学问题的产生是由于我们日常语言的粗糙或不完善,如一些哲学上的陈述(statement)受日常语言的影响会产生歧义,引起误读。因此他认为,我们有必要建构一种新的更完善的逻辑语言,这种语言能更精确地反映世界。如果我们用逻辑语言对这些哲学陈述进行改造(reformulate),这些哲学问题就会得到解决(Russell,1905)。和罗素观点不同的是,维特根斯坦认为:"并不需要建构一种新的语言,因为在他看来,只有一种语言。①" 这种语言就是我们的日常语言,哲学的任务就是呈现这种语言的结构:发现语言的逻辑。

在《逻辑哲学论》中,维特根斯坦写道:"哲学的目的就是对思想的逻辑澄清;哲学不是一种理论而是一种行动;一部哲学著作本质上是由阐释构成的;哲学的结果不是得到'哲学的命题',而是对命题的澄清;哲学应当把不加以澄清而模糊不清的思想弄清楚,并且给它们画出明确的界限。"通过这些对语言的描述(account),维特根斯坦深刻地揭示了语言的本质,使深藏的语言的基础得以彰显,这是以前的哲学家所从未达到的深度。这里,维特根斯坦思考的并不是日常语言,他思考的是日常语言的基础(foundation),他试图透过表象去发现隐藏在日常语言中的逻辑,从而达到对世界的认知。维特根斯坦称为的"日常语言"由历史延传发展而来,这种语言由各种各样的外衣遮盖,其逻辑形式并不直接显现,它由面纱遮掩着,逻辑哲学分析的任务就是揭开这块面纱。(Hartnack,Justus,1965)维特根斯坦在《逻辑哲

---

① Hartnack, Justus. Wittgenstein and Modern Philosophy [M]. Maurice Cransto trans. London: Methuen, 1965.

学论》中也有如下的评论："人具有构造语言的能力,可用语言表达任何意义而无须知道每个语词意谓什么。正如人即使不知道如何发出各种声音也能说话一样。"我们日常语言是讲得通、有道理的,我们无须理解日常语言的本质就可以进行各种各样的日常语言活动。"日常语言是人类机体的一部分,并不比机体的复杂性低。人不可能从日常语言中直接获得逻辑。语言掩盖思想,而且掩盖得使人不可能根据衣服的外表形式推知被掩盖的思想的形式;因为衣服的外表形式并不是为了人们能够认出身体的形式,而是为了完全不同的目的设计的。能不知不觉适应理解日常语言令人难以理解。"当我们从日常语言转向哲学语言,情况就不同了。"大多写成的有关哲学的命题或问题并非谬误,而是没有意义。因此,我们不能对这类问题做出任何回答,只能说它们无意义。哲学家的大部分命题或问题来源于以下事实:我们不理解我们语言的逻辑。"

在其后期著作里,维特根斯坦依然坚持认为,日常语言能够胜任它的工作(task),但他这一时期不再认为存在着所谓的语言的本质:无须透过语言去追求所谓的逻辑形式——人们没有理由去寻找"隐藏的结构"。

就此看来,他原来在《逻辑哲学论》中所持的语言观只是一个幻觉(illusion)。在《哲学研究》的序言中维特根斯坦写道:"我不得不承认我在那本书中所犯的严重的错误(grave mistakes)。"其中一个错误就是他那时的语言观太偏狭。在其后期哲学著作中,维特根斯坦试图拓展(broaden)语言的概念。

维特根斯坦在其后期著作中并没有否认语言逻辑这个表达式有意义。而是不再把词或表达式仅仅看作逻辑算子(elements of a logical calculus)。在其后期,他把语词或表达式看作工具,它们的意义是通过在具体生活中不同的生活情景(various life situations)下的使用中获得的。语词或表达式的意义不再是固定的一个客观对象,它们是人们由之达到种种不同目的的工具(instruments),同一个词或表达式在不同的场景中可以有不同的意义。简言之,在其后期著作中维特根斯坦的语言观点发生了重要的转变:不再从"反映"的角度去看待语言,而是从语言的功能方面去看待语言,语言是一种"反应",是人们对世界的一种应对(陈嘉映,2003)。人们不仅用语言去述说、交流,人们更可以用语言去表达、做事。

语言图像论要求我们精确地使用语言,而实际上我们很少能够做到。尽管我们的语言使用受语法的辖制,通常情况下我们要遵守这些语法,但在大多数情况下,并不需要也不能够清楚地陈述(state)这些语法。尽管我们的日常语言并不像逻辑演算那样精确,但在日常生活中我们能够理解彼此的语言话语。即便我们不能给出一个语词或一个表达式的精确意义，我们仍然能够相互交流。即便语词和表达式之间缺少明晰的界限（sharp boundary），但它们之间有着这样那样的内在联系。维特根斯坦后期的新思想可以用他的话表述为：

"我们语言中的每一个句子'现在这样子就挺合适'。即我们并不求取什么理想，仿佛我们那些日常的含混的句子还没有获得一个完全无可非议的意义，我们还得建构一种完美的语言。——另一方面，也好像很清楚，要有意义，就得有一种完美的秩序。——于是，在最含混的句子里也必定有完美的秩序。"

这里维特根斯坦用"完美的秩序"，指的是：在日常情况下，我们对语言的理解完全清晰，或者用维特根斯坦的话说："只有在正常的情况下，词的用法才得到明确的规定；我们知道，也不会怀疑，在这种或那种情况下应当说些什么。"

早期维特根斯坦追求语言的"完美、明晰"，以求达到语言的逻辑本质，具有讽刺意味的是这种追求竟然会以不完善的多歧义的日常语言研究为终结。维特根斯坦开始认识到在日常的现实生活中，人们能够达到相互间的完全理解。在这种情况下，没有必要对语言进行进一步的澄清。我们承认一个语词意义模糊，但在这个或那个具体的使用中，语词的意义会受到明确的规定。因此，一个词的意义"固定于（fixed）"这个词在具体语境中的使用。维特根斯坦发现了这个简单的事实。

维特根斯坦的主张可以说是清晰明了。很晚小孩还在看电视，我说："十点了"，小孩明白我的意思，起身去洗漱准备睡觉；很晚了，客人还在滔滔不绝地讲，我说："十点了"，他明白了我的意思，起身告辞；在车站等人，我说："十点了"意思是"车怎么还没有到啊？"诸如此类。问我们"十点了"的意义是什么？我们可能无从回答，但在具体的语境中它的意义却是明白无误的。我们再可以设想一个人坐火车去北京，问车站工作人员："火车什么时间到啊？会不会晚点啊？"，工作人员回答："快了，会准时到达。"这个旅客会看看还剩下多少时间并做些相应的准备。他不会思考："'准时'是什么意思？是精确到分钟还是精确到秒？""苦了了苦"中的两个"苦"和"两个'了'的意思是什么？""能够进行充分的分析吗？"等诸如此类的哲学问题。火箭发射要精确到秒甚至毫秒，与人约会则无须如此精确，这要看具体的语言环境而定。

维特根斯坦说日常语言足够清晰指的是：在实际的语言使用中语词的意义是明白无误的，语言能胜任它的任务。这也标志着，他开始认识到自然语言的"生命力（vitality）"。其后日常语言学派的产生和发展可以说与此不无联系。维特根斯坦发现构建完美的语言实际上是："非常单向度地看待语言，实践中我们很少像逻辑演算那样精确地使用语言。这不仅因为我们在使用语言时不会想到语言的用法规则——语词的定义等,而且在很多情况下,要是让我们给出这些规则,我们也无法做到。"除此之外,他还说:"当我们谈及语言,把语言当作一种精确运算的符号时,我们脑中想象的是数学或科学中的运算。我们语言的日常用法只在很少的情况下能适合这样的精确标准。那么,为什么我们在做哲学的时候总是把语词的使用同严格遵守规则相比拟呢?"(Wittgenstein,1975)

维特根斯坦并不否认我们可以有数学语言或者科学语言,这些语言要求各项词条定义精确,但我们没有必要按照如此精确的标准去要求我们的自然语言,如果那样的话就是歪曲(falsify)自然语言的本性。

维特根斯坦的"语言治疗"方法建立在他新的语言概念之上,语言在正常情况下的使用为我们提供一个参照点(reference points),根据这些参照点我们可以判断它们的非正常使用(abnormal uses)。当我们为一些词如:时间、一、多、大、小等困惑不解时,我们只需要想象这些词是在什么语境下使用的就行了,在这些不同的语境下,这些令人困惑的词意是清晰的。根据维特根斯坦的观点,我们的问题在于我们认为**每一个词都有一个与之相对应的意义**。在《蓝皮书》中,维特根斯坦把这称为"对一般性的一种渴求(a craving for generality)";在《哲学研究》中,维特根斯坦认为这是一种错误的思想,因为并不是**每一个词都有一个与之相对应的意义**。语词有多种用法,语词的意义因具体使用语境的不同而不同,所谓语词的客观的意义并不存在。

维特根斯坦的方法和古代的怀疑论者(Sceptics)的方法非常相像。克里普克也据此把维特根斯坦解读成一个怀疑论者[1],当然克里普克的解读受到哲学界的一片质疑,陈嘉映先生对此有独到的分析和见解。怀疑论者认为,如果认为每一个语词都有一个相应的意义与之相对应,那是"教条主义者"的想法。后来哲学上的意义指称论就是从这些教条主义思想衍生而来的。同这些教条主义者的观点相反,维特根斯坦认为语词的意义在于语词在具体语境中的使用,他只是简单地列举词语在不同语境中的使用,在不同语境中的不同意义,这些用法之间有这样或那样的联系或相似,这些用法构成了维特根斯坦意义上的"家族相似性",维特根斯坦以此有力地反驳或者说是瓦解了**"意义指称论"**。通过对语词在不同语境中的具体使用的展现,维特根斯坦构列出语言使用的一个大的场景,使人们不再去为所谓的语词的客观意义烦心,因为本来就没有所谓的贯一的语词的客观意义。

---

[1] Kripke, S. Wittgenstein on Rules and Private Language[M]. Cambridge, Mass: Harvard University Press, 1982.

这里我们可以把维特根斯坦的治疗方法(therapeutic method)同怀疑论者的治疗方法进行比较,比如,塞克斯都·恩披里克(Sextus Empiricus)说:"怀疑论的**源因**(originating cause)是人们希望得到心灵的一种宁静(quietude),那时的智者为物/事(things)的内在矛盾现象感到不安,对于这些矛盾着的物/事/现象他们不知如何取舍,沿着这个路子他们追问这些矛盾着的物/事哪些是真实的,哪些是虚假的? 他们希望通过这个问题的解决以获得心灵上的宁静(mental tranquility),怀疑论最基本的原则是反对有关世界的任何一个命题,因为我们相信这样做我们就不会再教条地看待这个世界。"(Sextus Empiricus,1955)

对于"时间是什么?"之类的问题我们感到困惑不能回答,因为我们事前受困于这么一个观点,认为"时间"这个词有一个固定的意义。这个时候我们看一看这个词实际上是怎么使用的,在实际的使用中我们能够发现这个词的清楚意义,我们就不会再去寻找所谓抽象的词的意义或词的本质(essence)。对维特根斯坦而言,各种各样的哲学难题(various philosophical problems)都与这些困惑有关,而这些困惑会引起人"心灵上的不安"(mental cramp)。哲学的目的就是消除这种心灵上的不安。维特根斯坦把他的方法描述为:"我所给出的是一个表达式用法的形态学(morphology),我展现的是这个表达式有你以前从来没有想象过的用法。哲学上人们一定会以一定的方式去研究一个概念,我所做的是向人建议或者说是发明其他方法来研究这个概念。我建议一些你以前从来没有想到过的可能性。你以前只想到过一种至多是两种可能性,但是我让你想到了除此之外的其他一些可能性。而且我让你明白以一种或两种偏狭的可能性来理解概念是荒谬的,于是,你心灵的不安得到了消除。你可以自由地环顾四周,查看这个表达式在具体语境中的使用,描述它在不同语境中的不同用法。"(Malcolm Norman,1962)

这段话清楚表明维特根斯坦并不认为语言有所谓的本质,相反他强调语言的使用和语言的生命力(vitality)。简言之,语言的生命力(vitability)在于它有不同的功用(function)。为了同这一特性(characterization)保持一致,维特根斯坦又说:"语言指一种工具,它的概念就是工具"。他把语言比作工具箱中各种不同的工具:"想一想工具箱里的工具,那里有锤子、钳子、锯子、螺丝刀、尺子、胶锅、胶、钉子和螺丝钉。正如这些工具的功能各不相同,词的功能也是各不相同的(不过两者都有一些相似之处)"。同样我们可以把句子的意义看作它在具体语境中的使用,在不同的语境中它有不同的功能。维特根斯坦以此问道:"然而句子的种类有多少呢? 例如,断定、提问、命令? 有无数种。我们称为'符号'(Zeichen)、'词'、'句子'的那些东西有无数种不同的用法。这种多样性并不是某种固定的、一成不变的东西;我们可以说新的语言种类、新的语言游戏会出现,而其他一些语言种类或语言游戏会变得陈旧过时,被人遗忘。这里'语言游戏'这个概念旨在强调:说语言是活动的一部分,或者说是一种生活形式。"

在《哲学研究》开篇第一节中,维特根斯坦对奥古斯都的语言观进行描述并把奥古斯都的语言观总结为:"在我看来,这段话给我们描绘了一幅关于人类语言本质的特别图画。这就是:语言中的单词为事物命名(Benennung),——句子是这样名称的组合。在这幅关于语言的图画中,我们发现了以下想法的根源:每个词都有一种意义(Bedeutung)。这种意义与这个词相联系。它是词所代表的对象(Gegenstand)"。对于这种意义观,维特根斯坦并不是从理论上反驳,而是通过一些语言的实际使用有效地瓦解了奥古斯丁的意义观:"'五个红苹果'中'五'这个词的意义是什么? ——这里根本不涉及这样的问题,而仅仅涉及如何使用'五'这个词。"紧接着维特根斯坦生动地描述了一个语言使用场景:"建筑师 A 和他助手 B 之间的交谈,A 在用建筑石料进行建筑。这些石料有:方石、柱石、板石和椽石。B 要向 A 传递石料,并且要按照 A 需要的石料的顺序。为此目的,他们使用了一种由'方石''柱石''板石''椽石'这些词组成的语言。A 喊出这些词;——B 根据不同的声音进行相应的石料和方石的传递。——把这看作一种完整的原始语言。"我们注意到维特根斯坦这里描述的是一种原始的语言,这种语言设定在具体的情景下(particular situation)使用,我们还注意到这些语言的意义受行动的约束限定。A 语言的说出以及 B 因之而做出的相应的反应和行动给出了语言使用的一个范例(model)。维特根斯坦的"说出语言是行动的一部分,或者说是一种生活形式"的要旨:"方石""柱石""板石""椽石"这些词的意义与它们具体使用的语境分不开,要确定这些词的意义必须要参照与这些词相伴的活动。在德语中"方石"是一个单词,就像我们平常所说的"灯!"这个词,就语言学意义而言,它是一个词,还是一个短语,抑或是一个句子呢? 这要看具体的语境而定。

语词意义的确定与活动的不可分自然衍生另一个重要的概念——语言游戏(language-game)。维特根斯坦在《蓝皮书》中首次提到"语言游戏"这个概念。在这本书中他问:"符号(signs)是什么?",他接着回答道:"对这个问题我不是给出一般性的回答(general answer),而是我让你仔细观察在具体语境下我们是如何去运用(operate)这些符号的。"(Wittgenstein, 1975)

"如果要给任何构成符号生命的东西命名,我们就必须说那种东西就是符号的用法。"当我们仔细观察这些符号使用的事例(cases),我们就会发现它们和游戏有许多的相似之处。"这种使用语言的方式比我们使用高度复杂的日常语言的方式要简单得多。语言游戏是小孩开始使用语词时的语言形式。研究语言游戏就是研究语言的原始形式或者说就是研究原始语言。如果我们想研究真与假(truth and falsehood)的问题,命题与事实的一致和不一致问题,断言、假定以及提问的本质问题,我们最好看看语言的原始形式,与这些原始语言相伴的原始思想并没有高度复杂的思想过程,出现的背景也清晰。看一看这些简单的语言形式,笼罩我们心灵的语言日常使用的迷雾就会消失。我们看的是行动是反应,这些行动和反应轮廓分明,一目了然(clear-cut and transparent)。"

这里维特根斯坦对语言游戏进行了清晰的描述。与前期的思想相比,他展现了另一个不同的语言景象。这里维特根斯坦寻找的是语言的内在活动方式(inner workings),因此他用简单的语言活动形式(simples)来描述语言的特征。在《逻辑哲学论》中,原子命题是语言构成的材料(building blocks),而在其后期为了追求语言的"完全清晰(complete clarity)",他开始研究语言的最简单形式,有人甚至认为其前期的逻辑原子和后期的语言游戏在某种意义上是相通的,甚至认为后期维特根斯坦提出的"语言游戏"就是"逻辑原子"的一种"表意(ideographic)"因为二者都是最简单的形式:"维特根斯坦在其后期哲学著作中提到的语言游戏只不过是《逻辑哲学论》表意话语(ideographic utterance)的直接沿传(lineal descendant),后期的话语是前期表达的直接浓缩,不再矛盾或无意义,这些话语或许是或许不是事实的镜像,但它们不再是一些废话或自相矛盾。同样我们通过依靠一系列理想的语言程序摆脱了来自复杂语言程序的困惑。"(Findlay John N.,1953)当然这种观点也受到了许多学者的反对。

简单的语言形式到底是什么呢? 维特根斯坦并没有特别的交代,我们也无从推测。《逻辑哲学论》中的逻辑命题是语言逻辑系统的组成部分(elemental components),而语言游戏却不是什么语言的组成部分,它只是向人们展现语言的不同使用及使用的情景,人们在如此的情景下为了某一目的进行某一语言活动,语言、活动与情景结合在一起成为一个整体,语言游戏在一定背景下展开,是活动的一部分,是人类的生活方式。语言游戏是语言的使用,在语言游戏中语词的意义清晰明白。从心理上说,语言游戏或许源于其前期的原子命题,但在逻辑上二者又全然不同。为了了解这种差异,我们这里必须考察维特根斯坦对"简单的"这个词的使用,因为它与语言游戏相关。

维特根斯坦在其后期著作中反复使用"简单的""原始的"两个词,比如在我们上面提到的在建筑场地的一个例子,一个语言的简单形式可能仅仅是建筑者 A 喊出的"石板(block)""板石(slab)",一旦建筑者 B 学会这些词的用法,他就会无误地明白建筑者 A 的意思并根据 A 的要求进行相应的行动。维特根斯坦也提到"语言的原始形式",但很明显他并不是指人类学意义上的原始语言,**他指的是语言在最简单的可以想象的情景下的使用**——这个情景通过建筑者 A 和建筑者 B 得到了有效的阐明。维特根斯坦后期还说小孩是通过简单的形式学会语言的,当然他这里不是指通常意义上的累进的语言(funded language),他这里指的是触发小孩发音表达的情景。

维特根斯坦的"简单性(simplicity)"是通向明晰的一个步骤(step),维特根斯坦宣称:"只有在正常的情况下,一个词的用法才会得到清楚的规定;毫无疑问,我们知道在这个或那个情境下我们该怎么说。情况越不正常,我们越不知道该说什么。假如事情同实际情况大不相同——例如:假如我们没有用来表达疼痛、恐惧、高兴的特定语词;假如规则成为例外而例外成为规则;或者两者的出现差不多一半一半——我们正常的语言游戏就茫然失措了。""简单性"的标准是:在具体的语言游戏中使用的语词或表达式能否被清楚理解,并在它所意谓的意义上起作用。无论这些语词或表达式是出自小孩还是来自市井、科学家之口,只要它们在语言游戏中能被清楚地理解,在它所意谓的意义上发挥了作用,它就是一个简单的形式。维特根斯坦这里只是简单地告诉我们:当我们理解了一个语词或表达式在具体情景中的使用,没有必要对那个语词或表达式进行进一步的澄清和说明(further clarification)。

语言游戏就是维特根斯坦给出的一个简单形式的模例(model),语言游戏的要旨是:把语词或表达式在正常意义上的使用与非正常意义上的使用进行比较,在正常意义上语词或表达式的意义受到明确的规定。回到我们上面已经引用过的例子,当我们问"什么是'时间'的时候?"我们对这个问题感到困惑,因为我们以为"时间"这个词有一个意义与之相对应,如果撇开这个语词在具体情况下的使用,我们的困惑就会更加复杂。但是,当我们列举"时间"这个词在不同情景下的不同使用时,我们就会发现"时间"这个词的意义在不同的情景下的意义明确,轮廓分明。看以下的例子:

① We'll have dinner at eight, so be on time.

② Do you have a time table for the trains going east?

③ Goodness, how time flies.

类似的有汉语中"意思"一词:

① 一点意思，不成敬意。

② 你这个人挺没有意思的，来就来吧，还拿什么东西？

③ 这个词的意思你知道吗？

我们能够清楚理解每一个不同情景下"时间"和"意思"这两个词的不同意义，尽管我们不能明确说出它们的意义。也就是说，在实际的使用中我们并不会为这个词的意义感到困惑和不安。除此之外，"时间"和"意思"这两个词还有许多其他的用法，这些**各不相同的情景下的实际使用构成了语言的简单形式**。同样的是，我们很难给出"好（good）""善（kind）"这些词或概念的精确的定义，只能向别人展示如此这般的行为是"善的"是"好的"，如此那般的行为是"不好的"或"不善的"。根据我们的标准，在具体语境下的行为可以确定为"好的""不好的"；"善的""不善的"。我们都知道"虐囚"不好，"助人为乐"好，当然也有一些边界的情况，如不同时代或不同文化背景的人对同一种行为会有不同的认知，从而贴上不同的标签，而这些则不应列在维特根斯坦的"简单"之列。

在其前期著作中，维特根斯坦追求的是语言逻辑形式上的一种晶澈澄明（crystalline clarity），在他的后期著作中，他从语词的日常使用中找到了这种澄明。这也是为什么他坚持说我们无须超越语言的日常用法去寻找语词的意义，"意义"已经"在那"，在我们日常语言的使用当中。这也从另一个侧面解释了维特根斯坦为什么说他的方法是"纯描述性的（purely descriptive）"。哲学的任务就是向人们展现一个语词使用的实际情景，在这个意义上，语言游戏就是对词语实际用法的描述。根据维特根斯坦的观点，在我们列举语词的实际用法时，我们就是在显示语词的意义。也正是由于这个原因，他声称哲学上的一些论题（theses）是多余的，我们所要做的就是考察这些语词的实际用法。比如他说："我们不能理解的主要原因是不能综观语词用法的全部面貌。——我们的语法缺乏这种综观。清晰的图画能产生正确的理解，而理解在于'看出联系'。因此重要的是发现或发明'中间环节（Zwischenglieder）'，而对语词的用法进行综观对我们有根本的意义，因为它标志着我们看待事物的方式。"他又说道："哲学绝不干涉语言的实际使用，它归根到底只是描述语言的实际用法。因为哲学不能给语言的实际使用提供任何基础。它让一切如其所是。"

维特根斯坦的"中间环节（Zwischenglieder）"和"实际使用（actual uses）"是什么意思呢？在他的《蓝皮和棕皮书》和《哲学研究》两本书中他使用不同的术语意指同一样东西（thing）；他用过的术语有：paricular case/the way in which a word

is commonly used/normal case/the original home of a word/everyday use/
normal circumstance/particular circumstance。所有这些表明，在这些情境中，一个
词的意义有明确的规定，在每一种情境下意义都"绝对清晰（perfect clarity）"。在
特定的情境下，一个词的意义清晰确定。相反，如果撇开具体的使用情景去思考这
个词的"一般意义"，我们就对这个词的意义感到困惑，也不可能得到这个词的清晰
的意义。比如汉语中的"鞋"这个词的意义是什么？我们一定要看它在具体情景中
的使用才能确定：

① 踏破铁鞋无觅处，得来全不费功夫。
② 他好给别人穿小鞋。
③ 看你脸长得像鞋把子似的。

我们可以清楚看出在具体的使用情景中，"鞋"这个词的意义清晰确定，如果我
们撇开这些具体的使用情景去思考它的一般意义，那最终只是我们思想的空转，不
会有什么结果。维特根斯坦的意思是说，我们对在实际使用（actual use）中的语词
的意义是清楚的，但我们不能以此推出这个词在其他不同情景下的使用意义。这
里出现一个问题，我们该如何理解"实际使用"，语词的哪一种使用不是实际使用
呢？实际使用和特定使用又有什么关系呢？我们似乎可以这样理解，一个词的意
义在每一个特定的情境下是清晰明确的，所有的这些特殊的使用都是实际使用的
一个成分，这些各异的特殊使用构成一个词的实际使用。如果是这样，维特根斯坦
似乎要面对唯名论者（nominalist）必须面对的一个问题：每一个词可以成为一个专
名（proper name）。在这种情况下，他要么对通名（general terms）进行解释，要么就
抛弃这样的术语。

如果我们根据维特根斯坦"哲学就是治疗"的观点来考虑通名，我们可以发现
维特根斯坦的主要争点（vital issue points）是他要纠正我们的理解。在特定的情景
下，一个词的语境明确规定了它的意义，维特根斯坦是说这个特定的使用——这个
特定使用或特定意义又与**意义家族（family of meanings）**密切相连——意义清晰，不
会引起人的任何困惑。在普遍意义上思考一个词的意义，就必然模糊不清，让人困
惑。但在特定情景下的使用，我们则知道这个词在这个情景下就是这样使用的。
比如"train"在不同的情景下有不同的意义，它既可以意为"火车"，也可以意为"裙
裾"，也可以意为"训练"，依具体的情景不同而不同。当然，除了这些意义之外，它
还可能有其他的意义。重要的是，我们不能撇开一个词的具体的使用语境思考它

所谓的普遍意义,因为"普遍"近乎是"弥漫",让人困惑,不得要领。这也是为什么我们要特别关注一个词使用的特定语境,因为只有这样我们才能弄清这个词在这个语境下是怎样使用的,否则只能是枉费精力。

对维特根斯坦而言,"简单性(simplicity)"与"可理解性(understandability)"是联系在一起的。如果一个语言形式的意义是简单的,它就是清晰确定的,我们绝大部分日常使用的语言或者说日常语言本身就具有这种清晰。这些简单的形式通过语言表达出来就或多或少有点复杂,它们不能被最终分析成为语言的一个成分。比如,维特根斯坦说:"我们清楚简单的语言游戏并不是将来给语言制定规则所做的预备性研究——仿佛它们是向着充分的规则走出的第一步,暂不考虑摩擦和空气阻力。毋宁说这些语言游戏立在那里作为参照物,它们将通过相似性以及不相似性来帮助我们领会我们的语言是怎样的一种情形。"

这里很明显,语言游戏虽然是简单事物,但它和维特根斯坦前期著作中的原子命题不同,作为简单事物的原子命题可以是语言逻辑分析的最终结果。前期维特根斯坦认为语言通过逻辑分析最终达到原子命题,原子命题与原子事实对应,通过逻辑分析语言可以达到逻辑上的一种清晰。而后期维特根斯坦认为,我们的日常语言本身就很清晰,这种清晰性可以通过诸多的语言游戏展现出来,我们无须超越日常语言追求所谓的逻辑上的清晰,因为日常语言本身就很清晰,完全能胜任它的任务。维特根斯坦用"游戏"这个词喻指语言只是想表明:语言意义是通过具体的情景、活动的情景中展现出来的,它不是分析的结果。

这里我们应该注意到的是,如果我们用"游戏"来喻指语言,那就似乎是否认语言的一致性(unity)。每一次语言活动就是一次语言游戏。活动不同,语言游戏也不同,活动中语词各异的使用构成一个"使用家族",也会因之有一个相应的"游戏家族"。但情况并非如此,维特根斯坦并没有否认语言的一致性,相反他在《蓝皮书》中说:"符号(句子)从符号体系中获得它的价值,从它所从属的语言中获得价值。粗略言之:理解一个句子意谓着理解一种语言。"(Wittgenstein, 1975)在《哲学研究》中,他说:"我们认识到,我们称之'句子''语言'那种东西,并没有我们原先设想的那种形式上的一致性,而是由一些或多或少相互联系着的**结构所组成的家族**。——然而逻辑现在变成了什么?它的严密性好像在这里破裂了。——可是这样一来,逻辑不就完全消失了吗?——因为逻辑怎么可以失去它的严密性?当然不是降低它的严密性的要求而使它失去这种严密性。——只有把我们的整个考察方向扭转过来,才能消除这种晶体般的纯粹性的先入之见。"显然,维特根斯坦这里并没有否认语言的一致性,他想要做的只是"**把我们的整个考察方向扭转过来,**

才能消除这种**晶体般的纯粹性的先入之见**",他想说的是:语言并不像《数学原则》中描述的那样可以进行精确的计算。这些相互联系着的**结构所组成的家族又**包括哪些成员呢? 从语言学的角度看,这些结构可以是句法结构(syntactic structure)、音韵结构(phnological structure)、语义结构(semantic structure)等,这些结构共同形成我们称之为"语言"的特点。但维特根斯坦对这些结构并不感兴趣,因为他关心的是语言的实际使用。"我们谈论的是处于空间和时间之中的语言现象,而不是某种非空间非时间之中的语言幻象(phantasm)。"

第二节 意义即使用:维特根斯坦的 语言使用观

毫无疑问,《哲学研究》中最重要的一节是 43 节,在这一节中,维特根斯坦对"意义"进行了定义或者说给出了他自己对"什么是意义?"这个问题的回答。"在大多数——尽管不是全部——我们使用'意义'这个词的情况下,我们可以这样解释'意义'这个词:一个词的意义就是它在语言中的使用。"维特根斯坦后期的大部分著作都是对这个思想的阐述,这是他治疗方法的基础,理解这一观点对我们理解他后期的语言观至关重要。但这个定义一上手似乎就有困难:在大多数情况下,一个词的意义就是它在语言中的使用,那么例外又指哪些情况呢? 换言之,哪些词的意义不是它们在语言中的使用呢? 他是不是指"意义"这个词的意义呢? 但我们似乎又有许多的例子表明,意味或意思(mean)在不同的情境下有不同的使用抑或有不同的意义:

① Your kindness means a lot (is important) to me.

② One should seek the mean (middle point) between two extremes.

③ I don't understand what you mean (intend) to do.

④ What does this word mean (represent)?

这些例子表明"mean"这个词在不同的语境下有不同的使用和不同的意义。在上面四个例子中我们也不难看出,当我们在 sense 或 significance 层面上谈论 mean 的用法时,意义的范围就缩小了,③和④就是两个例子。换言之,和其他词一样,当"to mean"意指它自身时,它就不再有什么意义,"to mean is **to mean**",因为"每个符号自身是无生命的。什么东西给予它生命? ——在使用中语词才有生命。是否符号自身中就含有生命之源? ——或者说使用就是它的生命?"

除非我们知道维特根斯坦是在何种意义上使用"使用(use)"这个词的,否则他的"意义即使用"的观点就仅仅是泛泛而谈,"因为使用这个概念的一个缺点,在于它太宽泛……所谓宽泛,最重要的在于没有标识出使用符号和使用其他东西的差别,就是说,没有突出意义"(陈嘉映,2003)。也难怪奥斯汀说它"已经变得经常遭人嘲笑"。"意义即使用"观还会衍生另外一个问题:使用太多变了,而语言结构是稳定的,用法是多变的。因此有理由说,是结构而不是用法决定了一种语言的同一性,规定了一种语言不同于另外一种语言。语言的使用不同于泛泛的使用,它是一种受规则辖制的使用,有好坏之分,对错之别。我们发现维特根斯坦后期哲学著作中有两个相对的论点(theses),一方面,为了治疗,他强调一个词有各种各样的(multifarious)用法,我们不要抽象地去思考一个词的意义,而是看这个词在实际中是怎样使用的,"不要想,只要看"似乎是他的一个口号;另一方面,为了清晰(clarity),他又强调一个词在特定的语境下意义是特定的,是明确无歧的。"意义"和"用法"可以说是维特根斯坦后期哲学的两个关键词,是其整个后期思想的中枢(pivotal),但这两个词和其他词一样,其本身也具有多种不同的用法。如果我们通过强调词在不同语境中的不同用法可以消除我们心灵的不安,则这种情况同样适用维特根斯坦,他使用"用法"这个词时似乎应该首先明确他是在何种意义上使用"用法"这个词的。

尽管一个词可能有许多不同的用法,但显然一个词的使用范围有一个"合法的"(legitimate)界限,这就像一把工具一样,它的使用范围是有限制的。一把扇子可以用来扇风,可以用来遮阳,可以用来驱蚊,可以用来当作杀人的武器,可以当作装饰品,可以当作信物,还可以用来烧火取暖。可这种想象总是有边界的,比如我们不能把扇子当作针使。维特根斯坦自己也说,一个词的确有一个意义,这个意义是它在特定语境中的使用。

这一节,我们主要研究的是维特根斯坦对"用法"一词的使用。我们认为,主要的问题是如何清晰理解他的"一个语词的意义就是它在语言中的用法"这个论见,"用法"和"活动"紧密相连。如果说"语言是一种活动",这指的又是什么呢? 为了回答这个问题,我们把维特根斯坦的关于语言就是一种活动的论见(remark)同实用主义者米德和杜威的语言语用观进行对比。比如米德认为语言与身体动作(gesture)密不可分,深植于人的身体动作之中,语言的意义来源于社会活动。杜威把语言看作一种工具(instrument),词和概念则是这个工具的各种组成:语言的重要性在于我们能够用语言来做什么事。他们二人的观点都与维特根斯坦的"意义即使用"的观点有相通之处。

在《心灵、自我与社会》①一书中,米德提出了意义功用观(functional view of meaning),他的观点基本上与维特根斯坦的观点相同。②他既反对心智主义(mentalistic)语言观如乔姆斯基,也反对行为主义语言观如斯金纳(Skinner)。他试图证明一个语词或一个身体活动(gesture)的意义由它在社会活动语境中的功能决定。但不同的是,维特根斯坦更关心的是这种观点的治疗作用,而米德关心的是要对言语和语言的来源进行系统地阐述,他试图对言语和语言存在的条件进行描述。受自然进化论的影响,米德试图把意义的来源和成长纳入生物科学的框架内,他试图证明语言是一种自然现象,它源于生物形式与自然社会环境的互动。

在米德看来,动物的呼唤和叫喊(calls and cries)是言语行动的起源,而人类把这种呼唤与叫喊转变成独有的一种我们称之为"语言"的现象。动物的呼唤与叫喊构成交流的基本(rudimentary)形式,人类把这种最初的交流形式转变为一个有意义的符号系统。这个符号系统不仅能作为人与人之间相互交流的手段,人类还能以此进行各种不同的合作行动。呼喊和手势是行动的形式,有呼喊必然有应答,做出手势是为了让别人明白或传达某种意义,这些呼喊和手势天然包含着成员之间的互动。但是作为系统的符号体系的人类语言,就本质上而言是一种社会现象。**米德想要解决的难题是:这些呼喊、这些手势是如何转变成人类的语言的?**这里我们可以看到,就简单语言形式而言,维特根斯坦和米德有相似之处。维特根斯坦认为语言就其简单形式而言,起源于"活动、反应,这些活动和反应轮廓分明、意义清晰。"(Wittgenstein, 1975)他还说用语言游戏来描述语言"旨在强调:语言的说出是活动的一部分,或者说是生活形式的一部分。"维特根斯坦努力把语言还原为"简单的形式",以此让我们来看清楚语言的真正本质,把复杂的语言现象还原成一个一个简单的语言游戏、语言活动,这或许是他的语言"用法"之一。

维特根斯坦强调的是语词与行动、反应相连,而米德强调的是语词与身体活动/手势相连。对米德而言,身体活动或手势本身是一种次级语言形式(sub-linguistic form)。这种意义可能是隐含的。身体活动或手势本身并不构成一种语言形式,除非它有明确的意义。对米德而言,身体活动或手势"……是社会活动的

---

① George Herbert Mead, Charles W. Morris. Mind, Self and Society[M]. Chicago: The University of Chicago Press, 1963.

② 我们这里强调的是:就语词意义与活动的不可分而言,二者的语言观是相通的。

一部分,它与其他的社会活动相关并刺激其他活动的产生。"几条狗在争吃一根骨头,一条狗嘴里衔着骨头,在呜呜地叫,发出声音威胁其他的狗。它"呜呜"叫的声音会刺激其他狗做出相应的反应。但这里有一个问题,这条呜呜叫的狗虽然会引起其他狗相应的反应,但反应并不是一致的,有的狗会低声地吼,有的汪汪叫,有的则夹着尾巴逃跑。这些"低声地吼、汪汪叫、夹着尾巴逃跑"等姿势意义肯定是不同的。从这一点看,行为主义的刺激反应论在这里并不足以解释这些现象,因为在行为主义看来,有了一定的刺激,就会有相应的反应,反应应该是可以预见,可以操控的。在这里刺激的意义是相同的,可引发的反应却大相径庭。我们可以类似地推测,同样的语言活动或言语行为在不同的人那里会产生不同的反应。一个人生气威胁大叫,有的人听了害怕逃跑,有的人可能会置若罔闻,有的人可能会进一步地使你发怒。

米德指出,尽管刺激反应理论不足以解释这种现象,但意义的来源的确存在于外在的行为之中。他同样坚信有意义的反应以这些姿势的社会性为前提,这也是他为什么把"姿势"看作一种"社会活动"。对米德而言,"原始场景下的社会活动是不同生物形式之间的相互交往(interaction)。为了完成某个社会过程,生物形式之间的行为必须要相互适应与调节(adjustment)。"(Mead,1964)米德的这种思想和维特根斯坦的语言生活形式观相一致,维特根斯坦说:"说一种语言是一种生活形式。"

米德强调这样构想下的"姿势"是社会场景的一个外在特质(overt aspect),姿势在这些社会场景下的外在特点构成人们可能对公共意义进行解释的基础。和维特根斯坦一样,米德也反对心智主义意义观(mentalistic account of meaning)。但即便意义可能不是心灵的对象,但人们还是要说意义是客观的,并对这个事实进行解释。姿势是一种外在的社会行为,它如其所是地在那,对每一个参与共同活动的"生物形式"都是可及的(accessible),但单单的姿势本身在那并没有什么意义,米德所要做的就是从历史的角度上看,这些姿势如何获得了它的意义。相反,维特根斯坦对这些史前的东西并不感兴趣,也没有对此进行思考。他关心的只是指明一个事实:**如此的语词在如此的语境下就是如此使用的。**他强调的是做活动,是语言游戏,语言游戏必然与活动和反应有关。**虽然"做"和"活动"可以千差万别,但所有这些"做"或"语言游戏"都意谓着某种共同的东西,这种共同性(commonality)的存在先于语言的各种活动。**

米德现在要解释:这种简单的语言形式如"活动和反应"如何变成为有意义的活动和反应。我们这里关心的是身体行为(physical act)和有意义的使用

(significant use)有什么不同。根据米德,当一个姿势引发出另一个相应的姿势时,这个姿势就获得了意义。比如一条狗呜呜叫,龇牙咧嘴,它的这个姿势就会作为刺激(stimulus)源,引起其他狗相应的反应(response),如跑开、呜呜叫等。因为信号的发出者和接受者对信号的意义有共同的理解。人类语言的产生也是这样的。当说话人和听话人之间有一个共同的理解时,他们发出的姿势便有了意义,"它(gesture)便有了一定的意义。"(Mead,1963)

更具体地说,当发出的姿势会内在地引起相同的姿势反应时,姿势便成了有意义的符号象征。当一个符号能够以这样的方式起作用时它便获得了意义。那么,意义就不可能是心灵的实体,因而也不可能是一个客观的研究对象,但它也绝不是单单的姿势,也不是维特根斯坦意义上的单独的行动或反应。它不仅仅是社区成员(members of a group)选择的一种约定(convention)或习惯,这也是为什么维特根斯坦所说的"一个语词的意义是人给予的"可能会引起误解①。当然米德会同意维特根斯坦的说法:语词的意义是我们给予的,但这必须有许多限定条件。这个思想在米德那里得到了强调,在他那里**姿势是一种社会行为(a social act)**:"每一个姿势来自某个特定的社会群体,代表着特定的行为或反应。换言之,这种姿势在发出者那里可能引起的反应与在接受者那里所引起的明确反应是一致的。作为意义符号,这种特定的行为或反应就是它所代表的这种符号的意义。"(Mead,1963)但这并不意味着这种姿势的意义是可以任意给定的(arbitrarily fixed);它们能够固定下来是因为它们对于群体活动的完成必不可少。米德坚持认为:"语言也就是有意义的符号体系,本质上而言是一种社会现象。某一特定的符号或一组符号之所以能固定下来并因之获得了意义,是因为这个符号或这组符号对某一特定的群体非常重要,必不可少。"作为米德的追随者,杜威对这种观点有自己相应的阐发:"必定有/存在一种当下的意义,否则语词无法与之相吻合;一定要对使用这些固化媒介(fixed medium)的趋向(disposition)进行解释。的确有这么一个事实——在语词和意义之后有一个实存的东西。这种实存的东西就是'社会的使用'。"杜威接着又写道:"不可能把这种情况(姿势意义的获得)简单地归之于约定或其他任意性的手段……固化在术语中的思想或意义,表现出一种价值结构,社会共同体运用这个价值结构对需要考虑的事情(matter)进行评估(appraise),而评估的结果是不确定的(indeterminate)或者说并不是确实如此的(unassured),它们作为标准为全社会

---

① 当然人们也可以说维氏的意思是:人们可以用同样的语词达到不同的目的,在这个意义上说"一个语词的意义是人给予的"是有道理的。

成员遵守。"(Dewey，1958)

　　维特根斯坦的语言生活形式观试图强调的是语言是人类自然环境的一部分，他认为语言的简单形式根植于活动之中，与活动须臾不可分离。他这个观点也表明语言起源于**姿势/手势/动作**。他坚持语言的公共性质只不过从另一个角度强调语言是一种社会现象。这似乎和他坚持的"意义即使用"的观点有点不太吻合，因为意义即使用观认为特定的语词在特定的情境下意义是明确的、无疑的、固定的。或许对维特根斯坦而言，指出语词的意义在于它的使用，同一个语词在不同的情景下有不同的使用，就足以达到他语言治疗的目的。但为了获得对语言有一个更清楚的认识，换言之，我们要对**语词何以能够在使用中获得了它的意义**有一个更充分的解释。米德和杜威二人在他们的语言研究中试图对这个问题进行回答，米德在他的语言论述中再三强调："语言传达的似乎是一套符号，显然不同的符号使用者(different individuals)对这套符号的经验是大致相同的。如果有所交流的话，符号对所有参与的个体而言，意思都是一样的。"(Mead，1963)和维特根斯坦一致，米德和杜威都认为并不存在所谓心灵实体，但米德和杜威二人坚持认为语词的意义是客观的，我们从维特根斯坦的论见中也可以发现这样的意涵(indication)，因为无论是意义即使用观还是语言生活形式观等明显有这种意涵。

　　维特根斯坦在《哲学研究》的开篇中引用奥古斯都的《忏悔录》，并把奥古斯都的语言观当作一种传统的意义观加以对待，并对这种观点进行了批判，因为他认为这种观点并不能正确地反映语言的实际情况："在这幅关于语言的图画中，我们发现了以下想法的根源：每个词都有**一个**意义。**这个意义**与这个词相联系。它是词所代表的对象。"奥古斯都观点的错误在于他把语词的意义当作一个**客观的对象**，当我们寻找一个词某一用法的通常意义(common meaning)的时候，"我们易犯的错误可以表达为：我们在寻找符号的用法，但我们却把符号看作一个对象进行寻找，认为这种对象与符号本身共存。(这种错误的原因之一是我们又在寻找一个'与符号相应的独立实体'。)"(Wittgenstein，1975)

　　那么我们该如何对待一个语词的意义呢？我们知道一个语词的意义在特定的情境下是确定的，我们应该能够对这一事实进行解释。维特根斯坦认为一个语词的意义是由它的使用决定的，他说："但是如果要我们对符号的生命进行命名，我们不得不说是它的使用。"(Wittgenstein，1975)这种思想在《哲学研究》中又得到了表达"……一个语词的意义就是它在语言中的使用。"

　　这里维特根斯坦的"使用"一词的意思是什么呢？他对"使用"一词的使用和实用主义者对这一词的使用有点相像。实用主义者认为一个词的意义是我们能够用这个词来做什么。在这个意义上,意义等同于行动(activity),而行动则是一种外显的东西。"你的意思是什么?(What do you mean?)"这个问句天然预设一个前提:我们有物可以指示(We have something to point to.)——一张桌子或者是某种形式的活动比如说是散步,我们以此可以完成对问题的回答。当然这里我们还必须预设另外一个前提,在这种情境下,无论说话人还是听话人对所示之物都能理解,而且他们对行动意义的理解也相互一致。这也是为什么米德再三强调意义符号的重要性。

维特根斯坦没有对意义的共性——**客观性(commonality-objectivity)进行研究**。他对语言的描述所预设的前提是:语言的通常意义已经确立,人们这么说,这么理解已经成为人们的一种生活形式,而生活形式是给予的,是人们不得不接受的东西。我们在使用语言之前已经懂得这个词的意义,这个词在如此的情景下是什么意思。他的观点可以简单总结为:一个词可以有多种意义,这是一个事实,"bank"这个词既可以指"银行",也可以指"河岸",意义因情景不同而不同,因使用者不同的使用而不同。

一个词有"普遍意义"吗?维特根斯坦对这个问题的解答是通过"家族相似性"这个概念来解决的。家族相似有效地瓦解了共性的概念,但如果我们深入思考,维特根斯坦在某种程度上承认共性的存在,家族成员之间虽没有绝对的相同或共性,但家族成员之间毕竟有这样那样的相似联系,不同的家族有不同的特点,不同家族因不同的特点而相互区分,虽然这种共性不是各成员之间都普遍共有的绝对共性。比如维特根斯坦经常提到的"游戏"这个词,游戏这个词可以意指各种各样不同的活动,不同的游戏可以非常相似,也可以大相径庭,可以有输赢,也可以单纯是娱乐,可以有规则,也可以无规则;等等。尽管我们不能给游戏一个清晰明确的概念,但我们还是以"游戏"这个词对诸如此类的活动进行概括,各种不同的游戏形成一个"游戏家族",维特根斯坦反对的是"所有这些构成物都有某些共同点——即对这些所有共同属性的析取"而主张"有某种贯穿全线的东西——即那些纤维持续不断地交织,线的韧度并不在于某根纤维是否贯串其全长,而在于许多根纤维的重叠交织。"

维特根斯坦指出,我们不一定非得知道"游戏"一词的普遍意义才能理解它在不同语境中的使用;换言之,尽管我们不知道这个词的精确意义,我们仍然能够正确地理解、使用这个词。这是因为一个词有一个应用范围,它的使用不可能限制在某一个特定的用法上,比如"game"这个词不仅可以用来指各种不同的、有组织的活动,也可以用来指动物如我们经常说的鹿、熊等野生动物;"shoe"不仅可以用来指"鞋子"，也可以用来指"马蹄"，词的使用依情景的不同而不同。

但是我们也应注意察知或者说不能忽视一个词的普遍意义。如果我们在一开始就不知道一个词的多重用法，我们也不可能会使用这个词，更不会知道如何去恰当地使用这个词。这一点似乎没有引起维特根斯坦的关注，或许是因为**他的趣向仅仅在于语言治疗**。他强调语言的"家族相似性"，避免"公共意义"或"普遍意义"，因为后两个词容易让人联想到"本体论的对象（ontological object）"，但他这样做有一个不好的结果，奥斯汀对此有自己的论述，我国学者陈嘉映先生也有自己的看法。陈先生在其论著中指出："即便我们承认有些概念所指称的对象没有一个共同的本质，但至少我们得承认有些概念所指称的所有对象是有共同本质的。"通过进一步研究，他又说："……家族相似性质的概念一般都是上层概念，归属于这个概念之下的各类现象或许没有一个共同的性质，但这些子类概念所含的现象却可能具有共同的性质。"（陈嘉映，2003）

的确这样，归于"游戏"家族的各成员之间没有共同的性质，但我们说归于"棋类游戏"家族的各成员之间可能就有共同的性质了。诚然，意义虽然没有一个贯一的共性，但在一个词的每一次具体的使用中，它的意义是客观的确定的，一个词的意义是由语词使用的情景、话语人的社会心理、社会地位、心理意向等诸多因素决定的。我们要学会一个词在诸多情境下的使用，我们要首先学会它的基本义或普遍义，这个基本义或普遍义应独立于任何一个特定的语境，这似乎是一个悖论。一个词义的学习离不开具体的语境，但要是掌握一个词，我们必须要掌握它独立于语境的普遍意义。语言的起源或许和人类的起源一样永远是一个谜（mystery），语言"多源论"和"一源论"都有自己的证据，但无论"多源论"还是"一源论"都有自己克服不掉的困难。因为"从历史比较语言学的角度，多源论是无法加以证明的，虽然这种可能性也是无法加以否定的。而要证明一源论也只能像证明某些源之间的亲缘关系一样，从对世界各种语言不断深入的比较考察中积累同源的证据，只有在证据充分之后才能加以肯定……由于语言起源远古，千万年来又经历了巨大的变化，即使一源论符合语言起源的实际情况，学者们可能永远也找不出充分的证据。但作为一种假说，一种可能，一源论同多源论一样，同样是否定不了的。"（王刚，1994）因此我们可以说，在人类的起源没有弄清之前，我们不可能弄清语言的起源，语言和人类相伴而产生。但每一个词应该都有它自己的历史。词的产生和词义的发展、变迁应该有一个可以追溯的历史，如"果"的基本义是"植物所结的果实"，而其他的意义如"事情的结局、结果""实现、信实、胜、美足、饱足"等都是由基本义引申而来的，这些引申义也是"果"的词汇意义。《庄子·逍遥游》："适莽苍者，三餐而返,腹犹果然。"陆德明释文:"果然,众家皆云'饱貌'",后人把肚子饱或吃饱肚子叫作"果腹"。文化的入侵、思维的碰撞必然在文字上有所表现,如俞喆对"科学"一词的来源研究就是一个很好的例子。[①] 用维特根斯坦的话总结比较贴切:"我们的语言可以被看作是一座老城,错综的小巷和广场、新旧房舍,以及在不同时期增建改建过的房舍,这座老城四周是一个个新城区,街道笔直规则,房屋整齐划一。"老词在城市的中心,各种词枝蔓相连,而新词则好像郊区,用法笔直单一,无论位于中心的词汇多么枝蔓,即便我们很难给予清楚的梳理,它们还是有一个产生发展甚至变化的过程,有一个历史的脉络可循,清晰理出所有词汇的脉络可能是形而上学的冲动,但我们不能因之否认这种脉络的存在。

维特根斯坦自己也强调我们应该注意原始语言,因为从那里我们能看到语言是如何起作用的。有人认为维特根斯坦的"意义即使用"观有唯名论(nominalism)的倾向,是草率的。杜威则相反,他认为语言功能观并不强调什么唯名论,使用决定意义并不意味着意义是偶然的(adventitious)或任意的(arbitrary),"唯名论的缺陷在于它对社会交往与联系的否定。它否认语词是社会活动的一种方式,是实现社会联系的一种方式,但作为一种存在,这种即时的、个体独有的感觉、感情、映像等心理状态必然是特定的(particular)。"接着杜威对语言的一般性与特定性进行了比较区分:"……与语言有关的声响、手势、书写符号等都是特定的存在,但它们并不是**语词**,并不能通过断言其是一个心理存在就成为一个语词,这些特定的存在只能通过获得意义才成为一个语词。当它的用法确立了一个真正的行动共同体时,它获得了它的意义。"(Dewey,1958)接着杜威又把语言定义为:"……专门的一种交流形式,至少在两个存在之间进行,即说话人和听话人;它的前提是说话人和听话人属于同一个组织群体,从这个群体中说话人和听话人获得了他们的语言习惯。因此它是一种关系,不是一种特定(particularity),单单这一点就可以宣告传统唯名论的无效。"(Ibid.)

尽管维特根斯坦强调"实际用法""特定用法""特定情形(particular case)"这些表达式,但他同时又认为语词之间存在有"家族相似性",在他后来的著作中又有大量篇幅对语言规则进行论述,所有这些似乎都有矛盾,至少是前后有点不太一致。意义即使用观有效地瓦解了意义指称论,而"家族相似性"的提出可以看作是对意义即使用观的进一步深入探讨,因为意义之间或者说语词之间、游戏之间只有相似,没有绝对的共性,家族成员之间只有家族特点——家族之间的相似

---

① 俞喆. 概念中的日译词——以"科学"为关键词的研究[D]. 上海:华东师范大学,2008.

性,但我们可以追问这个家族相似性又是什么呢？是不是可以看作语词的一种使用特点或使用范围？这如果不是客观的意义对象或心灵对象(mental object),那至少我们可以认为：意义是客观的,是有它自己的适用范围和使用原则的。陈嘉映先生通过研究认为,维特根斯坦后期对规则的讨论可以看作是对意义即使用观的一种补充(陈嘉映,2003),我们认为这种观点是有道理的。**语词的产词义的发展有自己的规律,其规律是有史可寻的。**杜威认为,意义不可能是一个心灵的或客观的对象,但意义是客观。如果意义变动不居,我们怎么能够在某一个具体的情境下选用某一词来表达我们的意义呢？"每一种意义都是通称的(generic)或普遍的,对说话人和听话人而言,这种意义所指是共同的东西。作为一种概括手段,意义也是普遍的。因为意义是一种行动的方法,人们通过意义意指这个方法来达到共同的理解(shared consummation)。尽管意义的意指是特定的,但方法是普遍的。"(Dewey, 1958)

看一看"ball"这个词在多种情境下的使用可能会有助于我们的理解,当我们分别用"ball"这个词意指舞会和一场球类运动时,实际上我们用的是不同的两个词；或者说同一个词在不同的情境下有完全不同的意义。我们学习语言时,要首先学会"ball"这个词有"舞会"和"球类运动"等诸多的意义。儿童在初学语言时可以通过指称定义来学习,或者通过具体的情景来学习,但我们后来语词的学习或使用就不可能再受限于具体的对象或情景,我们可以脱离情景来使用这些词。维特根斯坦对指称论进行了批判,但对儿童学习语言阶段的指称定义或情景学习并没有否定,相反还认为这是一种重要的学习方式,陈嘉映先生对此有精辟的理解："我们通过各种各样的方式学习语词……实指或实指定义占特殊的地位,因为我们用来解释下定义的语词追本溯源也是通过实指方式学会的……通过实指方式学习语词不只是建立一个词和一个对象的关系,而且同时还是建立语词之间的关系。'勇敢'不仅和勇敢的行为联系在一起,同时也和懦弱、鲁莽等概念相联系。"(陈嘉映,2003)在我们看来,维特根斯坦的"意义即使用"的观点否定的只是那种普适的、各成员之间的绝对的共性、心理对象,而不是否认意义是客观的,这与他后来的观点是一致的,因为他认为"特定的情境下语词的意义或用法是确定的"。他的"意义即使用"的观点旨在说明：并不存在一个清晰的、客观的意义对象,也无需有这样一个对象,我们就可以根据特定的情景正确地使用语词。的确,每一个词都有自己的语法,而这个语法应该是有边界的、客观的,甚至在某种意义上说是普遍的。正如杜威所说："意义是客观的也是普遍的,作为一致的(concerted)或共同的(combined)始发方法,意义表明的是一种可能的互动,而不是一个分离的、单一的

存在。"(Dewey，1958)

如果我们对维特根斯坦的意义即使用观和米德以及杜威的语言语用思想进行比较,我们就会发现,从语言学研究的角度上看,维特根斯坦的意义即使用观需要进一步澄清和深入,语言使用和其他工具的使用毕竟不同,不是泛泛的使用,而是一种受规则辖制的使用。米德和杜威坚持认为意义从其本质上说为说话人和听话人所共有,语言的这种共通性(commonality)可以通过话语人的外显的(overt)共同语言活动得到很好的解释。如果没有这个共通性,话语人的交流就不能实现,可以说,正是语言的这种共通性才使语言成为语言,使人们之间的语言活动得以实现。和维特根斯坦不同的是,米德和杜威二人都不同意把语言简单地还原为活动,一旦一个手势或一个符号成为一个有意义的手势和符号,那么,即便脱离那个特定的情景,这个手势或符号的意义仍然为大家所理解。用杜威的话说就是"意义的固定(fixed)"。在杜威看来,语言是一种活动,这点和维特根斯坦是一致的;但杜威又认为,由于语言为一个社团所有成员所共享,在这种意义上说,语言的意义是客观的。如果不在特定的情境中,我们可能不懂"ball"这个词的意义,但仅止于此,我们也不可能对这个词的多种用法进行理解和判断。理解一个词的多种用法就是理解一种语言,而这种理解并不仅仅是我们初学这个语词时在某一特定情境下所获得那个意义理解,因为那个意义只是多种意义或者说多维意义的一种。塞尔认为,意义有习惯性或惯例性(convention),指的也是语言意义的公共性和社会性,用米德和杜威的话说是共通性。

莱布尼茨认为,意义是靠我们来确定的,人给语言符号以意义。语言符号的意义与客观对象、人的实践活动、人的认识活动、人的认识成果、人的符号活动和人的价值取向密切相关。语言符号的意义是多重意义的综合。语言符号有多重对应性,至少具有客观对象、主观意识、社会实践社会交往、语言系统的对应性,这些复杂的对应性决定了语言意义的综合性。语言有指物性定义、表达性意义、系统性意义,还有其他方面的意义,只看到一方面是错误的(车铭洲,1993)。

第三节　语境与意义

维特根斯坦说一个语词的意义就是它在语言中的使用。如果我们把"语言"理解为一套符号系统,那么他的"使用"就是一个给定的语词或符号与这个语词所属语言其他各符号之间的关系。这也表明一个符号只有在和其他符号发生关系的时候这个语词才有自己的价值,因此我们可以说,一个语词的意义至少部分地是由它与其他语词的关系决定的。

维特根斯坦为了哲学治疗的目的强调一个语词的意义就是它在语言中的使用,但语词的使用要受语境的约束、规则的辖制,语词的使用有好有坏,有对有错。换言之,语词意义的确立要受非语言的语境、规则、话语人意图等诸多因素的影响。我说"这个人的讲演听起来挺有意思"中的"意思"和"这个人真没意思"中的"意思"虽然同是一个词,可因为语境不同,意义判然有别。我们在说话的时候首先要考虑到语境,然后才去选择相应的词,或者说语词选择使用的过程就是语词被语境不断唤入(evoke)的过程,作为社会现实的语言和社会、话语人的心理、场景、感觉等诸多因素相连,离开这些因素单独谈论语言是没有意义的。影响语词意义的因素很多,这些因素的综合构成一个大的语词"使用"的语境。为了研究,我们把语境区分为两种:言辞语境(verbal context)和物理情景(physical situation)。一个语词的使用既受言辞语境的约束,也受物理情景的制约。和情景相比,语境包含的范围更广,它既包括言辞语境也包括历史语境、文化语境等。一本词典可以尽可能多地把一个语词的诸多意义包括进去,但情景则是一个比较复杂的东西,也不可能出现在词典的解释当中。换言之,词典给出的语词使用是出于对言辞语境、历史语境、文化语境等诸多因素考量的结果,至于这个词在实际中是如何使用的,这要看具体的情景。以此看来,无论一个词典多么全面,都不可能涵盖一个词的所有用法,因为人总是能根据新的情景来创造性地使用一个词,使这个词在原来的意义上生出新的意义。例如,"灯"这个词可以理解为一个词、一个回答、一个请求甚至是一个责怪,这要看具体的情景确定。与"语境""情景"的区分相对,我们还要对"语言"和"言语"进行区分,索绪尔在他的《普通语言学教程》里就注意到这种区分的必要性,乔姆斯基在其著作中对"语言能力(language competence)"和"语言行为(language performance)"进行区分,所有这些区分都是为了语言学研究的考量,就是说要先确定语言研究的目标。语言和言语活动是不是一回事?我们应该以语言还是以言语活动为研究对象,索绪尔有自己的看法:"在我看来,当前的困难只有一种解决的方法:从一开始我们就必须立足于语言,并把语言当作所有言语实现的规范,实际上在这么多的困难当中,只有语言似乎可能有一个独立的定义,为满足人的心灵提供一个支点。"(Saussure, 2001)因此,我们要想获得一个清晰的语言视景,我们就必须依照语言来理解我们日常的言语行为。我们所能给出的语言的最小的定义是:语言是一个符号系统。"系统"这个词本身天然蕴含着"统一(unity)"和"关联

(coherence)"，系统内各元素以这样或那样的关系，枝蔓相连，构成一个整体。这时我们想到了维特根斯坦后期哲学当中的**"语言游戏"**，我们使用**"语言"**，我们用语词做事，而我们所用的语词是一个语言所给定的，是语言中的一个元素。

但是我们该如何区分语言和言语行为呢？索绪尔对言语的定义与维特根斯坦对语言游戏的描述相一致，索绪尔也把言语看作一种活动："但是什么是语言(langue)呢？我们不能把语言同言语(language)混为一谈，语言只是言语的一个确定的部分，而且当然也是最基本的一部分。言语既是语言器官的产物也是社会规约的产物，这些规约是一整套的，必不可少的，它为某一特定的社会团体采纳，并使得该团体的每一个成员能够运用语言器官进行语言活动。总的说来，言语是多方面的(many-sided)，是由不同的成分形成的(heterogeneous)；它同时涉及多个领域——物理领域、心理学领域、生理学领域——它既属于个体也属于社会；我们无法把它归于人类事实的任何范畴，因为我们找不到它的统一体。"(Ibid.)但是索绪尔指出，我们不仅从言语行为的角度来理解语言，还要从它的统一性来理解语言。"与言语不同，语言是一个自足的整体(a self-contained whole)，一个分类的原则。一旦我们在言语事实中给语言以首要的地位，我们就在一个不容许做其他任何分类的大量无章的言语事实中引入了自然顺序。"(Ibid.)维特根斯坦在其后期哲学中并没有做这样的区分。在他那里，每一个语言游戏似乎就是一个相对独立的整体。戴维德·坡(David Pole)认为，按照语言游戏的观点，"语言活动的每一个复杂性都是它自身的承担，这个复杂性实际上被看作一个自足的系统。游戏内每一步(move)都是可错的，每一步也都是有标准可循的，但作为整体的游戏只有被接受。游戏有它自己的进行方式，我们只不过需要辨认各种各样的语言功能。"(David Pole，1963)

每一个语言游戏都有自己的规则，不同语言游戏的规则又各不相同，这就会让人想到会有许多不同的**语言**。因为这个原因，"维特根斯坦在坚持语言游戏的多样性(multiplicity)的同时，似乎忽视了语言的统一性(unity)。"(Ibid.)但是这里语言的统一性又是指什么呢？在我们看来，他不过是说**语言是一个具有句法规则和语义规则的体系**。

乌尔姆(Stephen Ullmann)在其《语义学原则》一书中承认，语义理论不得不面对维特根斯坦后期哲学思想中的观点，他认为维特根斯坦对意义的定义是完全可以操作的(purely operational)。对维特根斯坦而言："一个词的意义不仅仅通过使用得以确定：它的意义就是它的使用，他把意义等同于使用，这与人们根深蒂固的言语习惯、思想习惯相反，这也似乎表明他本人对他自己的公式持怀疑态度，他似乎感到一个词的意义不仅仅是它的使用，但这额外超出的东西似乎是无法分析的。"(Ullmann，1959)维特根斯坦对此似乎也有觉察，他接着又用许多篇幅谈语法、谈理解、谈规则，所有这些应该看作对他的意义即使用观的一个有效补充。

维特根斯坦从来没有怀疑，我们之所以能够使用语词的一个重要的原因是因为这些语词同属于一个语言系统。这个由更多因素构成的系统本身——索绪尔所称作的"语言"——进入语言的使用对意义的确立发挥着作用。当我们进一步观察语言，我们就会发现这些比"使用"多出来的因素是可以分析的。这也是为什么我们必须认真思考，为什么维特根斯坦一直要试图找到一个纯描述的方法。为了表明语词的实际用法，我们必须首先预设这些语词的用法不仅依赖于语词在特定情景中的功能，而且要依赖于这些语词在整个语言系统中的功能。为了更清楚地表达这一点，我们这里用"符号情景"来指代语词在语言系统中的语境，我们要对符号情景的多种不同维面进行认真研究。

我们研究一个词在特定语境中的使用时都该考虑到哪些因素呢？"符号情景"是我们从查理斯·莫里斯(Charles W. Morris)那里借来的一个术语，查理斯的《符号理论的基础》[①]研究的就是符号在特定情景下使用的各种维面。根据莫里斯的说法，他写这本书就是要为语言符号研究奠定基础。莫里斯认为我们在研究"符号情景"时要考虑到五种因素：说话人、听话人、符号本身、符号的意指对象、符号的意义，而维特根斯坦似乎更关心的只是符号以及符号的意义或使用，这样说对维特根斯坦或许不公，因为他后面又用了大量的篇幅谈"理解""知道"。我们这里想要说的是，尽管维特根斯坦的语言观是以语用的考量为基础，但他对这一维面的重要性并没有详加说明，他对符号使用中的其他相关维面也没有进行有效的展现。这也是为什么后来有人认为他对语用学的发展产生了重要的影响，有的人则不这样认为。或许我们可以肯定的是，维特根斯坦的后期哲学思想至少蕴含有丰富的语用思想。

为什么维特根斯坦会忽视语言使用中的其他维面的研究而仅仅关注语词的用法？我们或许可以用维特根斯坦的语言生活形式观来解释。语言游戏天然地包括说话人和听话人，包括游戏发生的特定的语境和情景，这是语言游戏的出发点，是我们不能怀疑的东西。因为"生活形式"是给定的东西，是我们不得不接受的东西，它是语言活动的基础。但作为具体的语言研究者，我们不能泛泛地说"语言即使

---

① Charles W. Morris. Foundations of the Theory of Signs[M]. Chicago：University of Chicago Press，1960.

用"，我们不仅要研究作为符号的语言本身，还要研究影响语言使用的多种因素，用莫里斯的话说就是语言使用的多种维面。莫里斯在他的著作中对影响语言使用的诸多维面进行研究，并对相关因素进行了三分，从而在语言学界引发了大家对语用学的兴趣，语用学并因此逐步成为一个独立的学科直至今天的一种显学（何兆熊，2000）。

莫里斯认为符号情景研究包括三个维面：句法（synactic）维面、语义（semantic）维面和语用（pragmatic）维面。每一个维面都是符号使用的一个重要方面，这些维面相互联系又各不相同。句法维面研究的是"……符号与符号之间的关系，这种关系是符号与对象或与诠释者之间关系的抽象……。"(Charles W. Morris，1960)符号学在这一领域的研究可能是最发达的，句法维面最关心的是语言的形式结构，关心的是符号系统中各符号相互联系的规则，语法是符号研究中的最重要的部分，它包括句子结构和语法形式。句法研究的方法包括规范语法（normative grammar）、描述语法（descriptive grammar）和解释语法（explanatory grammar）等。也就是说，一个研究者可能关心的仅仅是某一特定语言句子结构的类型，也可能关心句子在语言历史发展中的各种变化，也有可能把一个语言中的句子形式与另一个语言中的句子形式进行比较，也可能从一种语言出发试图找到其中的语言或句子的组合规则并根据语言来对得出的规则进行修正，以期能对一些语言现象进行解释。但重要的是，所有这些研究都是在句法层面进行的，关注的都是语言的形式研究。

如果我们要研究一个词在特定语境中的实际使用，我们一定要研究那个词在使用中的句法维面。但如果要研究句法与意义之间的精确关系，可能会出现一些问题。比如，一个句子只有合乎语法才能有意义吗？坐公交车去颐和园，上车后我说："买张颐和园"，这虽然不合句法，但却明白无误。"躲猫猫"合乎句法吗？是"躲猫"还是"猫躲"？"躲猫"这个动词词组或短语后面的"猫"是什么意思呢？"范跑跑"中的"跑跑"又是什么意思？应该怎样进行语法分析？相信这对任何一个语法学家来说都不是一个容易解释的问题。"慈悲没有敌人，智慧不起烦恼"该做何解释呢？所有这些问题可以归为一个：语法能够在多大程度上决定一个句子的意义呢？合乎语法的句子都有意义吗？乔姆斯基造的句子"无色的绿色的思想在愤怒地睡觉(Colorless green ideas sleeps furiously)。"合乎句法却完全没有意义；即便是字序比较自由的汉语也决然是不通顺的。无论是在英语还是在汉语里，"无色的"和"绿色的"的搭配或然率均是零，类似地，green 后面跟 ideas，ideas 后面跟 sleep，sleep 后面跟 furiously 的或然率都是零。但如果顺着乔姆斯基的例子我们进行类推则行不通，我们能说"静静的声音"吗？显然可以！佛教有语"面南向北"没有道理吗?"繁荣的沙漠"又该做何解释? 不一而足。为什么有些不合乎语法的句子仍然有意义呢? 平克认为:"不规则性是人类精神脉动的象征,但它却被禁锢在语词的建构系统里。"(平克,2004)伟大诗人和作家的创造从来不鲜于创造性地使用语言,但在这些创造性的语言使用上面生长出来的语言使用不可能不受语法的约束。"国"本是名词,可自从鲁迅的"国将不国"之后,"城将不成""人将不人"则是在这个基础上的自然生长。尼采说:"事物的称呼、名字——原来多一半是一种错误,一种任意性,像一件衣服加于事物,与其事质乃至表面无关——由于对它的信仰,以及一代代的生长,渐渐长到事物之上和事物之中,化作了事物的躯体;开始的现象最后几乎总是变成本质并且作为本质起作用!"(周国平,2005)有意思的是尼采的一些名言如"上帝死了"衍生了诸多的类似的"读者死了""作者死了"等,如果说前者没有理据或者是不规则的,但后者这些不规则语言现象则是有理有据的,是合乎规则的语言生长及使用。因此在某种意义上,我们可以说,说到底句子还是受语法辖制的,尽管我们不能说出这种语法或者说对这种语法进行清晰的定义。[①] 我们看以下几个例句:

> ① 蓝色的小鸟飞过天空。
> ② 小鸟飞过蓝色的天空。
> ③ 蓝色飞过天空小鸟。

前面两个句子有意义,尽管它们的意义不同,但第三个句子却不通顺,或者说没有任何意义,尽管第三个句子的组成单词和前两个完全相同。我们是不是就可以说第三个句子中的语词都是没有意义呢? 显然不能。那我们是否可以说前两个句子中的语词之所以有意义,是因为这两个句子有如此的结构? 从上面三个句子可知:**我们虽然不能说句法决定语词的意义,但至少我们可以说句法与语词的意义有关。**维特根斯坦并不否认语法形式是决定语词意义的一个重要因素,他的语言思想也意味着语法形式的在场(presence)。维特根斯坦注意到,我们关于语言有许多令人不解的事情,其中之一就是我们总是误用一些语言形式。"由于曲解我们的语言形式而产生的问题,有某种深度。它们在深处搅扰着我们;它们的根像语言形式本身的根一样,深深扎在我们身上;它们的意义重大,重如我们的语言本身。"

---

① 乔姆斯基的语言学任务就是要对这内在的对语言使用起约束作用的语法规则进行清晰地描述,具体讨论详见第四章。

我们可以把维特根斯坦对语言形式的特别关心理解为对某些表达式使用的关心。在他的后期哲学著作中，他一再通过对各种不同的语言表达形式的对比来阐发语言学也是哲学困惑的根源。比如他在《蓝皮书》中说："我们必须做的是：了解它的运转（workings）（也就是表达形式）、它的语法，看一看语法与表达式之间的关系……"（Wittgenstein，1975）

当维特根斯坦说，一个语词是它在语言中的用法的时候，他并不是没有注意到语言的句法维面，他只是没有明确地表达出来。当他谈及"语法"的时候，他指的并不是莫里斯意义上的词的语法，而是语言表达式的理解。[1] 他以两个疑问句"What is time?""What is a watch?"为例，因为这两个疑问句都有一个相类似的疑问表达式"What is（a）_____?"但我们不能因为 time 和 watch 这两个词在疑问表达式"What is（a）_____?"中有相同的价值就预设这两个词的用法相同。如果我们追问"时间是什么？"为时间的性质伤脑筋时，"我们似乎把时间当作一个特定的事物来看待……然而情况并非如此……正是'时间'这个名词的用法把我们引入歧途。"（涂纪亮，2005）维特根斯坦的"语法"和我们熟悉的语法这个术语的用法不一样。但他对语法新奇的使用并不意味着他否定我们一般意义上对语法的使用。只是强调点不一样，普通意义的语法是指语词使用的规则、规范，而维特根斯坦的语法强调的是理解，前者属于语言学范畴，而后者是哲学语法，属于哲学范畴，二者有许多交叉之处。根据"意义即使用"的观点，维特根斯坦的"语法"可以有多种用法，当然可以包括它在传统意义上的使用。

根据莫里斯的观点，语义学研究的是符号和符号所指之间的关系，这里所指既可以是具体的对象，也可以是符号的意谓（denotation）。莫里斯说："一个符号只要有它的语义原则（无论是否得到表述），它就有它的语义维面，这些语义原则决定着这个符号在一定条件下和一定情形中的使用。"（Morris，1960）最简单的例子是每一个词都有一个词典定义，一个词的词典定义规定了它的使用至少是它的通常用法。语词的语义原则规定着语词的使用，规定着语词的可能所指、可能的使用情景等。语义学家的任务就是对这些语义规则进行确定。和句法研究一样，我们研究语义问题也有不同的方法。在一个语言系统中，不同的语词有不同的意思（certain words denote certain things），同一个语词用法的变化或转换意味着指称对象的变化。我们这里想要指出的是当我们在特定的情景或言辞语境中使用某一个语词或表达式时，我们实际上不知不觉地承认了语义规则的运行。**一个语词的正确使用**

---

[1] 对维特根斯坦关于"语法"与语言学意义上的"语法"的不同研究可参看第四章第三节。

至少部分地由它的规约意义决定。正是出于对规约意义的考虑我们才能在各种特定的情境下使用语词,创造性地使用语词,或者说,规约意义是我们使用语词的基础,是语词使用的出发点。我们如何能够在特定的情景中使用语词达到我们的目的,这就要求我们考虑具体的语言情景,也就是语用——符号情景的最后一个维面是语用维面。莫里斯把语用定义为:"……研究符号和符号诠释者之间关系的科学……""绝大多数符号都有(如果不是全部的话)自己的诠释者。因此,我们可以足够精确地说,语用学研究的是符号指称或意指的过程。也就是说,它对在符号指称或意指过程中所出现的所有的心理现象、生物现象、社会现象进行研究。"(Wittgenstein,1975)

这是我前面所说的语言语用思想的基础,要想对语言的使用进行研究,我们必须要对语言使用过程中出现的诸多话语人的心理现象、生物现象、话语发生的社会场景进行研究。语词的意义是由它在语言中的使用决定的,但我们必须承认这只是意义的一个方面。在"语言生活形式"观中维特根斯坦要人们关注意义的语用维面,但他对"生活形式"并没有展开论述,在《哲学研究》中生活形式只出现过五次,可能在他看来"生活形式"是我们"语言游戏"的基础,是被给予的东西,我们不得不接受的东西,无须过多的解释。简言之,如果我们看不到语言使用的多种维面,单纯地以"使用"来定义意义会让人觉得太宽泛,语言的使用和其他工具的使用有所不同;另一方面,语词"用法"虽然多变,但这多变的"用法"毕竟要受除本身之外的多种因素的制约,言辞语境、社会情景等都是语词使用过程中必须要考量的东西。至少我们不能无条件地认为"用法"的使用总是有清楚的规定。我们应该对这些影响语言使用的诸多因素进行研究。莫里斯对影响语词使用的因素进行三分:句法维面、语义维面、语用维面,他的思想也为后来语言学界接受并得到发展。诚如莫里斯所说:"完全符号学意义上的一种语言是相互依赖的符号的集合,符号的用法由句法规则、语义规则和语用规则确定。"(Ibid.)接着莫里斯又说道:"……理解或正确地使用一种语言就是遵守那一特定语言社会团体当下流行的语言使用规则(句法规则、语义规则和语用规则)"(Ibid.)。

无论莫里斯是否完全给出了语言的特点,但他对语言使用中所涉及的因素的论述似乎要比维特根斯坦宽泛的谈论更具体更真实,至少从语言学研究的角度我们可以这么说。的确,维特根斯坦的语言游戏或者说是语言的简单形式帮助我们看清语言是如何起作用的,但我们必须要看到这只是语言研究的一部分。或者说维特根斯坦为语言研究指出了大致的方向,而我们应该沿着这个方向进行深入的研究。维特根斯坦虽然没有明确论述,但他的思想或研究所指引的大致方向和现代语言学研究的方向非常一致，因此乌尔姆（Ullmann）认为："显然，维特根斯坦后期哲学的某些观点和语言学思想非常相像——由于维特根斯坦似乎对语言学并不熟悉——这种相像就显得更加明显。"（Ullmann，1959）而乌尔姆发现他自己在语义学方面的思想表达在《哲学研究》里也多有体现，如，"……语境在意义确定中的重要作用；通过语词互换可以最有效地确定语词的意义的思想；语言是一个相互联系的整体，一种格式塔（Gestalt），语词的意义来自作为一个整体的系统本身。"（Ibid.）值得注意的是维特根斯坦后期哲学的思想与当代语言学的某些观点如此相近，但遗憾的是维特根斯坦对此没有进一步论述，他的论述仅仅是止于哲学治疗目的。我们想从新的角度切入对符号的语用维面进行研究。维特根斯坦使用了一些例子来阐明语言的功能，这些例子都与一些外显的活动有关，这些外显的活动中就有一些非语言的活动（non-linguistic activity）形式。

为了阐明哪些因素与语言活动有关，我们有必要研究一下马林诺夫斯基的相关观点。马林诺夫斯基在他的《原始语言的意义问题》①一文中对原始语言的意义进行了研究。和维特根斯坦一样，马林诺夫斯基认为我们最好通过语言的最简单的形式来理解语言，但不同的是，马林诺夫斯基研究的是真正的土著人的语言。马林诺夫斯基对意义问题的兴趣源于他在翻译土著人语言中所遇到的困难，在土著人语言研究中显然他不能进行逐字翻译。在他对 Trobriander 族语言的研究中，他清楚地表明："……本质上说，语言根植于文化、部落生活和一个民族的习惯等现实当中，如果不参考这些语言表达之外的更广阔的背景，我们就不可能对语言做出解释。"（Ibid.）

语言反映的是一个民族对他们周围世界的态度和行为，它起源于人们与周围环境的相互交往当中。根据马林诺夫斯基的观点，要了解一个民族的语言，我们必须了解这个民族的语言与他们的通常活动、他们的习惯以及他们的社会建制（social institution）的关系。但是在我们对语境中的语言进行研究的时候，我们一定要记住我们先前所提到的语言和言语之间的区分。我们对言语的理解蕴含着我们对言语所发生的语境的了解。理解一种语言要求我们不仅仅要对当下言语情景了解，我们同时还要了解这种语言发生的言辞语境。马林诺夫斯基发现："……如果要语境的概念完全为我们所用，它就应该得到很大的扩展。实际上它必须冲破纯语言学的限制，把它带入对语言发生的一般条件进行的分析当中。"（Ibid.）如果

---

① Malinnowski, B. The Problem of Meaning in Primitive Languages [M]//Ogden, C. K. and Richards, I. A.. The Meaning of Meaning. New York: Harcourt, Brace and Co., 1989.

情况是这样,我们对实际情境下语言用法的研究必须要超越语言发生的当下场景。正如马林诺夫斯基所说:"……对任何语言的研究,如果说这种语言的民族和我们生活的条件不一样,他们和我们的文化也不一样,那么这种语言的研究必须和对他们文化研究和环境研究结合在一起。"(Ibid.)

这种方法对我们研究自己的母语同样适用,但是我们在言语活动时意识不到这些广泛的语境因素的存在,因为这些因素只是隐含在我们的语言活动之中,我们司空见惯,或许说它们是我们言语活动的出发点,是生活形式。正如维特根斯坦指出的那样,我们在不知不觉中运用语法规则、句法规则、语义规则等;可当有人让我们说出这些规则时,我们却感到茫然。甚至更明显的是,我们很少意识到我们使用的语词与构成我们称之为文化的建制的关系。但这些关系的确存在,只不过我们在言语活动中没有意识到,或者说意识到却说不出来。这些规则内嵌于语言活动当中。诚如维特根斯坦所言,在特定的语境当中,语词意义是清晰明确的,但是我们对语言活动中有关语境的多种维面因素的无意识并不意味着这些因素不存在或没有研究的价值,相反,它们是意义构成的一个重要部分。马林诺夫斯基在对土著人语言的研究中发现语言研究离不开相应的文化和环境研究,这对我们的母语研究也很有启发。比如,假定有人听到"w-u-d"的声响,作为声响,它没有任何意义,当我们把这个声响放到一个语境中,这个声响就成了一个单词的发音,具有了意义。① That table is made of wood;② Would you bring me the blue ash-tray? 这里声响是同一的,可在不同的语境中它却被理解为两个不同的单词。一个单纯的发音表达只有放置在一个具体的语境当中才有意义。当然这不仅仅是发音表达和语境放置的问题,还要有其他的条件:发音表达必需是一个语词的发音、语词是英语语词、语词符合英语语言的语义规则。每一个语词都有自己的历史,尽管它的历史或许和人类历史一样久远,我们早已无从考证。除了这些条件外还有另外一些层面的语境。比如在第二个句子当中,听话人除了听懂所有的单词外还要对抽烟有所了解。

这里我们所要表明的是语词意义的确立不能仅仅依赖当时特定的情景来完成,它是由当下情景、社会、文化等更宽广意义上的语境共同决定的。英国语言学家弗斯(J.R. Firth)在他的论著中也强调"语境和情景"对语言意义确立的影响。在他的 The Tongues of Men and Speech 中他试图对影响语言的生物属性和社会属性进行研究,他认为行为可以按照不同的"类(sets)"进行型分,"如果我们可以假定'条件的(conditioned)'行为具有社会集体的特点,那么社会集体里的男孩、女孩、男人、女人就会按照特定的模式(typical pattern)来行动。我们就会发现,为了理解这个'类',我们就必须对成员所属的社会集体以及成员之间的亲属关系进行研究。学校、教堂、教育机构都与这个'类'有直接关系,因为这些东西在不知不觉中型塑(mold)了不同的'类'。"(Firth,1964)

弗斯有关"类"的概念的提出使我们认识到,每一个语言使用者在某种程度上都有一个他自己的"类",这也是话语情景的一部分。提到鲁迅的语言,我们会想到他语词的犀利、他的战斗精神;提到沈从文,我们会自然而然地想到湘西的文化风情等。也正是由于这个原因,"我们知道……通常情况下,一个人的语言组成与他所属的'类'相关,与这个类的其他相关的诸多属性紧密相关。也就是说语言行为不仅与特定的场合、实际的言语活动发生的情景有关,而且它还可以被看作话语人带入语言场景的'类'的表现。我们随身带有我们的'类',在我们达到成年的时候,我们的'类'已经做好了许多的记录,它们根据我们生活的场景进行自动调整。它们也是非常有选择性的。"(Ibid.)

和马林诺夫斯基一样,弗斯强调研究"语境和情景"的重要性。也就是语言使用的任何特定的情景都预设有与那个特定的情景相一致的言辞语境相关因素。我们可以看到,即时情景(immediate situation)构成言辞语境的一个层面,话语人之间相互重叠的"类"可能构成言辞语境的另一个层面,而相应的社会建制可能是更高层面的一个因素;最后则是文化层面的语境,它与社会层面的语境相互交叉再次构成一个语境层面。

有意思的是弗斯对维特根斯坦后期哲学思想似乎有所预见,只不过方式有点不同。弗斯在1937年对逻辑还原主义的思想提出了自己的看法。众所周知,逻辑还原主义思想是在维特根斯坦前期思想特别是《逻辑哲学论》的深刻影响下形成的。逻辑还原主义认为,日常语言由于缺乏逻辑的"明晰性(clarity)"没有什么价值,也没有什么意义(nonsense),而弗斯对此则持坚决反对的态度。比如弗斯在他的著作中指出:"日常通用的语言或类似的书写语言对科学而言不够完善。但这种语言比如'橘子两便士一个,七个一先令',实际购物情景下的语言,与时空世界中的直接当下的经验紧密相连,它们是我们现在称之为语言演算的起始。这些语言具有丰富的意义。"(Firth,1964)他的观点与维特根斯坦后期思想相一致:实际上日常语言是可靠的,至少对买橘子而言。

这只不过是再次强调语言起源于集体成员之间的活动的需要,与成员的活动相伴而生。马林诺夫斯基认为:"言语是交流的必要手段,它是创造当下联系的不可或缺的工具,没有语言,统一的社会活动是不可能的。"(Malinnowski,1989)维特根斯坦对此有类似的思考:"并不是'没有语言我们就不能彼此交流。'——可是,可以肯定,如果没有语言,我们就不能以这样或那样的方式对别人发生影响,不能建造道路和机器等等。"

和他之前的实用主义者一样,维特根斯坦发现语言不仅仅是一种交流手段;也不仅仅是传达思想的一种方式——它还是一个集体借以进行协调行动的一种手段,我们相信这也是为什么维特根斯坦更愿意说语言是一种活动。马林诺夫斯基通过对一群渔夫在咸水湖里捕鱼活动的描述很好地阐发了这一观点。"其中一个人发现了鱼,他发出暗号、声响或者是语词。有时候一个句子满是技术指称,指向湖湾或者湖面;有时候鱼群很近容易抓捕的时候,惯常发出的声音就不太大。然后整队渔船停下来排列整齐——每一个独木舟和独木舟上的每一个人都各司其职——根据他们惯常的程序。当然他们在敏锐地追逐、遇到困难时,感到焦急时,或者抓到鱼惊喜时或者没有抓到鱼感到失望时,他们会不时发出一些声响。再一次,命令的口令响起,一个技术的表达或解释旨在协调人们对其他人的行为。"(Ibid.)马林诺夫斯基所描述的情景和维特根斯坦在《哲学研究》开篇中所描述的情景非常类似。在开篇中,维特根斯坦要我们注意两位建筑者是如何进行建筑的。马林诺夫斯基也指出意义起源于具体的情景,正是那特定的场景表明了一个语词的意义。在这个情况下,收网的信号可能是一声喊叫(cry),或者是一个发声(utterance)。离开这个特定的场景,这些喊叫或发声甚至都不可能被看作是一个语词,但对当时场景中的每一个人而言,它的意义是清晰明确的。

我们是不是因此可以说语言从根本上来说是一种活动,或者说实质上就是一种活动呢?尽管维特根斯坦用语言游戏来表达语言的性质,但我们并不能因此就认为维特根斯坦把语言仅仅看作一种活动。从语言的最简单的形式(维特根斯坦的语言游戏和马林诺夫斯基的土著语言)上看,语言可以是一种活动,或者说语言的意义与当下的活动不可分,但如果把比较复杂形式的语言也看作仅仅是活动的话,则是没有什么道理的。如果这样,我们就会把意义仅仅局限于"用法",显然这也与维特根斯坦的思想不一致。我们必须承认语言的"用法"有语用的维面,这种语用的维面是复杂的、立体的;当下的因素、历史的因素、个人的因素、社会的因素、文化的因素等交互作用,构成当时言语活动的语用维面。但同时我们也不应该过度强调语用的因素,我们在某一特定语境下使用某一特定的词也不是任意的,因为一个特定的词在特定的条件下其意义是客观的。

我们不能忽视特定的情景在语词使用中的重要性,马林诺夫斯基说:"任何重要的语言形式研究都揭示出同样的语法和词汇的特质(peculiarity):每一个语词的意义依赖于话语人的实际经验,每一个话语的结构依赖于话语发生的当下情景。"(Malinnowski,1989)我们很难给汉语中的"吃"一个清晰的定义,但在具体的语境当中,如"吃饭""吃亏""吃酒""吃我一拳"等,这个词的意义却清晰无歧。英语语词"pull"可以有多种意义,可以指称不同的事和不同的活动,比如"a drawer pull"和"to pull something"。但如果我们是马林诺夫斯基例子中的捕鱼人,这个词又有了另外一个特定的意义,在渔网的不同方位的土著人对"pull"的理解要依当时的情景而定,这样才能完成相应的指挥。据此马林诺夫斯基说:"在语言的原始使用中,语言的功能是协调人类的活动,它是人类行为的一部分,它是行动的方式而不是一个反映的工具。"(Ibid.)

我们这里注意到,维特根斯坦在他的语言游戏观里对语言也有类似的描述,但他们所用的例子都是语言的原始使用,但如果从语言的比较复杂的形式上看,**语言至少可以部分地反映现实,是一种反映工具**。如儿童学习语言中的指物定义就是一个明显的例子,我们将要在下一章进行详细论述。

我们可以把一个语词看作一种言语发声(a speech utterance),也可以看作是一个语言符号。为了哲学上的治疗,**维特根斯坦强调语词在特定语境中的使用,这当然是有道理的。但他必然会承认这么一个事实:语词在使用之前早已如其所是地存在了,这个或那个语词在使用前在一个语言系统中已经有了一个位置**。这种观点在莱斯洛·安纳泰尔(Laszlo Anatal)的专题论文里得到了充分的讨论,莱斯洛·安纳泰尔关注的是语言学和语义学的问题,这和维特根斯坦在《哲学研究》中所研究的问题类似,他们关注的问题都是语词意义和语词使用情景的关系。比如也有一些语言学家认为意义是一种心灵实体,乔姆斯基就是其中的一个领军人物,我们将在第四章进行详细论述。莱斯洛·安纳泰尔把这种观点称为"心理学(psychologistic)意义观",这种观点把人看作是一种经验汇聚的中枢;另外还有一些结构主义学家倾向把意义看作语言形式结构的功能,而激进语境主义者认为绝对孤立的符号是没有任何意义的,任何符号意义都出自符号使用的相应的语境,无论是显式语境(explicit context)还是隐式语境(implicit context)。(Antal,Laszlo,1964)

莱斯洛·安纳泰尔认为意义理论一定要把一个词的意义和它具体的使用语境分离开来。作为语言学家,他主要关心的是语言学意义上的语境(linguistic context);也即是语言使用的语义和句法两个维面的研究。他还坚持认为意义一定是客观的,意义一定独立于符号的使用者,独立于符号所具体使用的语境。他把语词的意义定义为这个语词在一个语境中的使用规则,**是规则使得一个词的意义得以确立**。当我们理解了一个词的使用规则,我们也就知道了这个词的用法,一个词有多少种用法,也就相应有多少种规则。"我们经常说符号的意义只不过是符号的使用规则。在我们的言语活动中,语词的联系不是偶然的,它们是根据意义联系在一起的。"(Ibid.)这些使用规则有:符号的由音及词规则、由词及句规则、由句及篇规则,语词有意指对象规则等。他的这种观点和当时如日中天的生成语法理论有许多的相通之处,但不同之处也很明显。莱斯洛·安纳泰尔认为,理解一种语言就是理解那种语言的使用规则,这种语言规则或许是个先天的存在,但并不是这些先天的存在就可以得到乔姆斯基意义上的清晰描述。语言活动时,这些规则并不是对所有的话语人都是清楚的,但它们仍然都是语言的使用规则。任何一个语言系统都可以有多种的语言使用规则。"**我们如果根据意义来使用语词,那么语词的意义应该先于使用**,这正如语言的使用必定以那种语言的知识为预设前提。"(Ibid.)意义的先天性质并不必然带来形而上学的困难。莱斯洛·安纳泰尔主张的是一个语言系统实际上并不是作为一个社会情景存在,它有自己内在的联系,其中各语词各单位之间的联系有自己的规律。语词的语法规则、语义规则、内涵、外延——所有这些都是语言系统的一部分,一个人在学习说话时也在不知不觉中学会或者说获得了这些知识。

　　语言的使用是否以语言的知识为前提? 维特根斯坦在其后期哲学著作中并没有明确的回答,在他看来这似乎是一个悖论。他提出了语言游戏观,可如果追问是先有游戏还是先有规则时,则不是一个容易回答的问题,这就是有名的规则悖论。就语言使用和语言知识而言,这似乎是另一个悖论,但表现的形式却不一样。语言的使用以相应的语言知识为前提,但我们语言知识的获得是以语言的使用为前提的。有鉴于此,莱斯洛·安纳泰尔直率地提出了这样的问题:"如果意义不先于使用存在,而依赖于偶发的语境,会有什么样的结果呢? 可能的结果是,首先,我们没有确定语词使用的规则。因为显而易见的是,如果一个词只有在语境中才能被理解。那么,只要一个语词不能在语境中被观察到,我们就不知道该如何去使用这个语词,因为我们不知道该把这个语词放在什么语境下使用。由于有着数不清的语境,每一个词会有着数不清的意义。如此一来,语言就不会是一个系统,而是一种杂乱无章的排列。由于意义(作为语言使用的规则)在使用之前,显然在偶发的语境之前就存在,它独立于某一特定的语境,也独立于诸多各不相同的语境。"(Antal,Laszlo,1963)

　　维特根斯坦后期的语言意义观和莱斯洛·安纳泰尔的意义观相似。我们可以说,为了他哲学治疗的目的,维特根斯坦更倾向于强调语词在特定语境下使用的明晰性。我们起初(initially)并不能意识到所有的语言规则,正如维特根斯坦所说的那样,就算我们给出这些规则,我们也无法描述。但是这些规则内在于语言的系统之中,我们听到的语言越多,我们知道的规则就越多,尽管我们不能把这些规则都描述出来。这也不妨说,一个语词在特定语境下的意义总要比它的普遍意义(general meaning)更清晰。因为对一个语词普遍意义的了解是我们在了解这个词在诸多语境下诸多丰富用法前的准备。比如,

① You are invited to a costume ball.

② Bring a ball and we will play a game.

③ Ball! (umpire calling balls and strikes)

在这三个例子当中,语词 ball 所指的对象都不一样。我们还可以注意到,在②中 ball 所指的对象范围更宽泛一些,可以指足球、排球等。语词使用的场景对语词所指的范围有了很大的限制,对这一点,估计没有人怀疑。如果一个人手里拿着一个足球说"Let's play a game."很明显这里的"game"指的是足球而不是别的什么球类运动,但这并不意味着我们只知道足球而不知道别的运动。的确,正如莱斯洛·安纳泰尔所坚持的那样,**我们必须提前知道"game"可以指称多种运动,然后才能在这个特定的情景下把"game"理解为足球运动而不是其他形式的运动。**杜威对此也做了清晰的论述,他把语词的意义区分为近似义(proximate meaning)和最终义(ultimate meaning)。比如他说:"一个交通警察举起手或吹哨子。他的行动是指挥交通的信号,但它不仅仅是偶发的刺激(episodic stimulus),它体现的是一种社会行动的规则,它的近似义是它把当下的行人或车辆的交通行为协调起来;它的外在义(ulterior meaning)或永久义(permanent meaning)——本质——在于它能保证社会行动的安全。"(Dewey, 1958)

这里杜威的一个词"近似义"和维特根斯坦所称的语词的"实际使用"相符合,而最终义则是和语词的普遍意义相符合;粗略地说,最终义和维特根斯坦称之为"家族相似"的东西相契合。根据杜威的观点,尽管一个词实际使用的是它的近似义,但如果我们想理解一个语词的这个或那个近似义,我们必须要先理解这个词的最终义。在杜威刚才所给出的例子当中,如果一个人对警察的交通手势并不熟悉,遇到了当时的交通情形,他或许能够察觉警察手势和交通流动状况之间的关系。但如果他事先不知道手势是可以调节的(regulative),他就不可能了解这些手势的意义。说到最终义,我们只是说我们在理解一个词在具体语境中的使用时我们不仅仅考虑到该词使用的当下情景。语词的使用有张力,但这个张力有一定的限度。

杜威本人也反对把"意义"当作一个客观的对象,杜威是这样解释他对"本质"一词的意义的:"体现在警察口哨中的本质并不是一种叠加在感官或物理过程之上难以捉摸的实在(reality),也不是什么以某种形式驻足物理事件之中的神秘的"物质(substance)"。它的本质是综合的、持久的、标准的一种习惯规则,一种社会互动的规则,口哨在这种情况下才获得了它的意义。

这使我们又回到我们以前对言语和语言所做的区分,通过语言和言语的区分我们区别出特定意义和普遍意义的不同;语词的社会规约意义和个人使用意义的不同;语言系统均质统一和个体言语活动之间的不同。这也是我们为什么要认真对待维特根斯坦的关于"……一个词的意义就是它在语言中的使用"的论述。和他的一贯坚持相反,维特根斯坦又说:"只有在正常的情况下,词的用法才得到明确的规定;我们知道(也不会怀疑)在这种或那种情况下该说什么。情况愈不正常,我们对在这里应说什么愈有怀疑。"这两种表达似乎矛盾,似乎又是互补,或者反映了维特根斯坦本人的一种不安。**每一个语词都有自己的基本义或普遍义,但这种意义有一定的张力,在特定的语境里表现出不同的用法。**理解维特根斯坦后期哲学著作的困难在于:作为哲学家,他关注的是他的治疗方法,在语言研究中他只对言语活动感兴趣。**他强调的主要重点放在了语言的活动的一方面,这使得他似乎否认语言的统一性。但不难看出,他强调意义的多样性只是为了他特殊的哲学治疗的目的。**

通过以上的分析我们把自己的语境意义观总结如下:首先,我们必须对语境和情景进行严格的区分。在语言学意义上语境有多种维面。至少我们应该注意到莫里斯对语境的三种分类:句法语境、语义语境和语用语境。正如马林诺夫斯基在论文中所述,我们必须同时看到语词使用的语境和情景,语境不仅包括语词使用的当下情景,而且还包括更宽泛意义上的社会文化的因素。语境包括所有的事质对象(things),无论是对象、活动、建制(institutions)或者是态度。而且我们要从语言的系统出发来考虑语境,**要认识到一个语词只不过是语言系统中的一个符号。**其次,由于所有这些维面只是语词实际使用情景的一部分,我们不能**忽视语词使用的当下情景的重要性**。换言之,语词虽然有多种用法,可正是特定的情景使得语词具有这种而不是其他的意义,我们知道一个语词具有多种意义,还知道如此的语境规定(specify)了这个语词如此的意义。**语境是多样的,我们能够针对不同的语境做出我们的选择,因为我们事先就了解语词的多种用法。**乔姆斯基认为这种语词的多种意义先在于我们的大脑,作为一种语言知识是人的生物属性,设或他的内在规则假定是正确的,但人为什么会常常用错语词,而且会反复地用错一个词,这是他不能解释的。我们至少可以说,乔姆斯基并没有很好地解决这个问题。我们将在第四章对此进行详细论述。如果说一个语词在这特定的语境下,意义是明确清晰的,那么我们可以说我们的日常语言是明确清晰的,要比哲学语言或科学语言清晰。当然我们也不能说日常语言就可以代替其他语言,但我们可以肯定地说,在我们日常生活中日常语言是最好的语言,它完全能胜任它自己的任务。但是日常语言对于我们做科学(doing science)、做哲学(doing philosophy)不够严密,不够充分。正如维特根斯坦本人所说,"哲学"这个词和其他词一样有多种用法,而他自己的研究也向我们阐明了一种可能的看待哲学的方法。

第四节 本 章 结 语

这一章我们试图对维特根斯坦后期的哲学思想进行比较全面的梳理,梳理的整个过程的主要目的就是对他格言式的哲学论述进行解读,和其他与他持相同或类似观点的思想家的著作相比较,并按照自己的理解尽量把他简洁的话语展开。

维特根斯坦声称他给出了语言的真正的图景,他对"语言到底是什么?(What language in fact really is?)"这一问题尝试进行说明,并以此来治疗他所谓的"哲学病"。我们认为,把他和其他对类似问题也有研究的思想家进行对比是恰当的。以他的治疗方法为基础,许多学者专家倾向认为,维特根斯坦后期关于语言的论见的重要性在于它消解了哲学上的许多困惑。但我们认为,维特根斯坦后期有关语言的论见的重要意义不仅仅在于消解了许多哲学的困惑,而且为我们观察语言学习提供了一个很好的切入点。同时我们也认为他前期的观点和语言学、心理学、社会学、文化学、人类学等诸多学科不无关系。从语言学研究的角度看,维特根斯坦在研究中似乎忽略了一些重要的东西。比如,应该把语言与言语区分开来,因为前者是一个符号系统,而后者则是特定语境下的言语活动。这种区分和他之前语言学家关于共性和个性的区分有点相似。正如索绪尔所指出的那样,语言是规范(norm),语言是一个巨大的储存器(reservoir),我们所能听到或理解的言语活动只是从这个巨大的储存器中流出的一部分,维特根斯坦对这二者并没有明确的区分,这也是为什么他一直不能够对他称之为超出实际使用之外的"那部分(something more)"进行研究的原因。

维特根斯坦反对对语言本质的追求,但他似乎忽视了相应的语言和言语的区分。维特根斯坦或许是对的，我们找不到我们所称之为语言的东西(thing)，这似乎也与索绪尔的观点相契合，语言只是满足人们心灵追求的一种设定，用维特根斯坦的话说，这种研究只不过是一种形而上学的冲动。但我们不能因此就得出结论说语言只不过是一系列的言语活动而已。因为这对语言研究而言是远远不够的。维特根斯坦认为，作为一个语言符号的语词，属于一个符号系统，这个系统有自己的规则和惯例(rules and conventions)，无论这些规则和惯例是如何确立的，我们都称之为语言。无论如何，我们都应该把这些规则和惯例称作语言而不是我们日常的言语活动。

有两种事情与维特根斯坦对语言的思考有关：意义的确定和理解的确定(the determination of meaning and the determination of understanding)。通过本章的论述，我们试图说明，简单的语言形式与语言使用的情景不可分，但这并不意味着，所有的语词都是这样，**一个复杂语言形式的意义必然独立于它所使用的具体的情景和用法**。先有语词然后才有语词的使用。在这种意义上，一个语词的意义并不是由某一具体的特定语境确定的。维特根斯坦强调语词即用法只是为了他哲学的治疗，瓦解人们对语言形而上学的看法。从这个意义上说，维特根斯坦是有效的。从语言研究的角度看，我们似乎要对语言与言语进行区分，确定语言研究的对象，因为语言学家不可能满足于泛泛的"意义即使用"这一"口号(slogan)"，相反他要在此基础上，研究语言是如何使用的，有什么因素影响了语言的使用，语言使用的规则或规约是什么，所有这些都要求语言学家透过言语活动现象研究语言。**诚如维特根斯坦所言，语言并没有贯一的本质(或语言共性)，但语言的使用说到底是受规则辖制的使用，我们寻找的就是那些辖制语言使用的规则**。而且维特根斯坦本人也并不否定语言规则的存在，相反他花了很大的篇幅来谈论规则。语境是一个复杂的概念，它不仅仅是言语活动的当下场景，它包括更广阔的社会、文化、心理等诸多的因素。一个语词语言学意义上的语境通过语言系统内语词之间相互联系的规则表现出来，但是一个语词的文化、社会语境表达的却是那个语词在其语言共同体中所持有的价值。一个语词之所以有意义是因为它在一个语言系统里与其他的语词相互联系，同时还因为这个语词在使用时能指称或意指物理的、文化的、社会的、心理的、建制的等诸多对象，无论这些对象是一张桌子、一个事实、一个态度、一种情感、还是一个感觉，语言的这种指称功能对一个语言共同体的所有成员都是一致的，因为所有的成员有着共同的"生活形式"。

维特根斯坦思想的关键之处在于他对"意义"和"意义的理解"进行了区分，他正确地认识到我们在特定的语境下对一个语词的意义的理解是最清晰的，这也是理解他哲学治疗的关键。我们之所以有哲学困惑、哲学的纠缠是因为我们还没有弄清楚有些词的意义，如我们对时间意义的追问，把时间当成了一个具体的对象，像桌子椅子一样是一种可以上手的"what"或"something"。维特根斯坦的要旨还在于：在多数情况下，我们对一个语词的意义是不清楚的，我们不能给出这个语词的一般意义上的精确定义。如我们问"什么是'吃亏'?"或者问"你是在什么意义上用'吃亏'这个词的?"我们能够问"在什么意义上?"是因为我们知道这个词在有些情况下可以使用，在有些情况下不可以使用。我们还必须认识到"知道（understand）"这个词有两种不同的意义：**我们知道一个词意（signify），我们不仅知道有关这个词的一连串的"家族用法"（a family of uses）；我们还知道语词的这个特定的用法。**一般说来"猫"是一个名词，但在"猫腰"中却不是，在"躲猫猫"中又是另外一种不同的情况。词序的排列也会影响语词的意义，"大小姐"和"小大姐"这两个词有同样的三个词，但意义全然不同，前者是"大家闺秀"，后者则是指旧社会的"窑姐"。（周振鹤，2008）如果我们要获得语言的一个清晰的视景，我们必须知道这两种不同的"知道"。知道一个词的家族用法和知道一个词在特定语境下的使用的不同会产生另外一个问题，那就是，"我们是如何获得一个词的普通意义的? 对此我们该怎样解释?"换言之，"我们是如何学会一个词的意义的?"**维特根斯坦对这个问题的回答可以总结为：**我们准确了解一个词的特定用法，而对这个语词的一般意义最多只有一个含糊的了解（vague understanding）。但是如果承认我们在知道如何具体使用一个语词之前必须要了解这个词的一般意义，那么我们就必须承认一个语词的一般意义逻辑上先于它在具体语境中的用法（使用）。我们只有学会语词的一般意义（也就是语词的家族用法）之后才能学会语词在特定语境中的使用，反过来，如果我们不了解语词在具体语境中的使用我们也学不会它的一般意义。这就是维特根斯坦在意义学习讨论中所指出的一种"逻辑循环"。根据维特根斯坦的观点，这种逻辑循环的消解可以通过研究语言使用规则的语用概念来实现。

第三章
维特根斯坦的哲学治疗与语言学习

第一节　意义与意义的获得

维特根斯坦在其后期哲学著作中多次问："我们是如何初次学会使用一个词的呢？"他还说儿童最初的语言学习是通过语言游戏开始的。"我们是如何学会语言的？"这个问题好似一个主线，贯串维特根斯坦后期哲学著作。但这个问题本身也反映了现代哲学的一个重要转变。芬德利在他的《意义的教授》一书中指出了这个问题的重要性："现代哲学因为一个新问题的出现而著名：我们是如何给予日常或哲学话语中的表达式以意义的。以前的哲学家只是简单地研究这个或那个断言的真值，而不去提出更重要的问题，比如，这个断言的精确的意义是什么？或者说这个断言到底有没有意义？当意义问题提出的时候，又衍生了另外一个问题：意义如何被给予了一些表达式，或者说意义如何能够被给予一些表达式？顺着这个问题，我们可以接着问：一个表达式的意义是如何被教授的或者说是如何被传授的？以至于许多人能够以同一的方式使用这个表达式，赋予这个表达式同一的意义。显然这是一个核心的问题。"（Findlay, 1962）

当然，意义是如何教授或传递的问题不仅仅是一个哲学上的问题，它受到好几个学科的关注，是一个跨学科的问题。但它在现代哲学上显得尤为重要，这是因为好多语言哲学的问题通过它聚焦在一起。当我们问："你是怎样学会这个或那个词的？"我们问的是我们是如何学会这个或那个词的用法，这个问题的当然前提是我们已经懂得了一种语言。如果我们预设教授者和学习者对一种语言已有所了解，那这个问题就是一个翻译问题。在这种情况下，有人可能会问这样的问题"你的意思是什么？（What do you mean by ...?）"，对这个问题的回答就是一种解释，用其他的词对问者所意谓的词进行解释，而解释所用的词对教授者和学习者而言都是共有的。然而说这个问题比较难还有另外一层意思,假定我们问:"你最初是如何学会使用这个词的?",这就必然会引出幼儿或儿童语言学习的问题,儿童学习语言问题的困难之处在于:最初是什么时候或者说在幼儿儿童的什么阶段,最初之前,在幼儿没有任何语言知识或语言能力的情况下,我们是如何教授他们语词意义的?幼儿在这一阶段我们不可能用解释或翻译的方式教授他们有关的语词的意义。

维特根斯坦说,我们倾向和奥古斯丁一样思考儿童语言学习的问题,好像一个孩子只是简单地把他对世界的意识(awareness)翻译成成人的语言。"……奥古斯丁把人类语言的学习过程描绘成这样:仿佛某个儿童来到一个陌生的地方而且不懂当地的语言,这就是说,仿佛他已经掌握了一种语言,只不过不是这一种。换句话说,仿佛这个儿童已经会**思考**,只是不会说话。**思考**在这里意味着自言自语。"但清楚的是儿童不懂任何语言,我们必须以不同的思路来思考,看一看儿童是如何学会一个语词的意义的。

人们一般认为儿童是通过指物定义的方式学会语言的,"这是桌子""骂人是不好的""听话的孩子是好孩子"等,孩子通过指物指事学会"桌子""好""不好"等语词的概念意义。小孩的学习过程先从简单的语词开始如桌子、椅子等,随着年龄的增加逐步学会复杂的词如"善""恶"等抽象语词的意义。语词的学习达到一定量的时候,小孩开始把这些语词组成简单的句子,直到最后能流利地说一种语言。这种观点可以从罗素(1965)的著作《意义与真值研究》中找到恰切的例子。罗素把对象语言(object-language)描述为一种全部由对象词(object words)组成的语言,他把对象词定义为:"……可以孤立地具有意义。心理学上说,这些词可以独立习得,无须以其他语词的学习为基础。"但我们在任何其他语词都不知道的情况下是如何学习这些对象语词呢?罗素的回答是通过关联(association),他说:"一个对象语词的习得只能是学习者经常听到这个语词,而且这个语词的对象也在场。语词和语词对象之间的关联和其他任何习惯性的关联一样,例如看到和触摸(sight and touch)之间的关联。当这种关联一经确立,对象就使人想起语词,语词就使人想起对象……"

罗素的这种语言观得到经验主义哲学家几乎毫无怀疑的支持。在罗素的语言观里我们可以发现洛克(1997)在其《人类理解论》提出的"原子模型(atomic model)",在这本书里洛克认为有与简单经验相一致的简单观念,这些简单观念集合到一起形成复杂的观念。诸如此类,最终形成陈述、命题和判断(judgement)。我们这里想说的要点是:存在着一些简单的观念,它们与简单的经验相一致,就是在这种关联当中我们有了语言与经验的一致,罗素就是在这个传统的框架下工作的。这种早期的语言观点把语言学习看作一个简单的语词与对象之间的联系，但如果按照这个观点我们并不能解释语词是如何获得它的意义的。换句话说，我们不能解释语词如何能够对教授者和学习者而言都意味着同一的对象。用米德的话说，我们能够明白儿童如何能够学会对一个语词刺激进行反应，但我们不能解释他如何能够做出有意义的反应。

一个儿童通过关联学会了"红""红颜色""这个东西是红的"等。儿童在如此条件下学会了"红"这个词，但他怎么能够知道"红"这个词不仅能指称某种颜色，而且还可以指称其他条件下类似的"红"的颜色？我们大致可以教儿童学会"红""深红""浅红"这些词的意义，但居于"深红"和"浅红"之间的诸多的"红的颜色"，儿童是如何学会的呢？我们可以教会儿童"远"和"近"的意义，但我们却没有一个词来指谓"不远不近"，可儿童学习起来并没有多大的困难。对此现象，我们该如何解释呢？对象词和对象之间的相互关系并不能使我们解释"一般的概括"。就逻辑上而言，罗素的对象词是一种专名。但问题是，这些专名怎么就变成了一般意义上的词项（general terms）了呢？

关联理论的主要吸引力在于这种理论毕竟有事实上的依据。儿童的确是通过这种关联，即词与对象之间的关联学会语词的。正如罗素所指出的那样，这与语言理论无关。儿童到底是如何学会一种语言的？这的确是一个很难回答的问题。我们对这个问题的回答要依赖于我们对"如何"一词的界定。罗素以及和罗素有相类似观点的人指出，在儿童"看到（see）"——词与对象之间的联系的时候，我们无从知道儿童大脑的状况。我们所能知道的仅仅是他们做出了这种词与对象的联系，而这对我们实际研究而言就足够了。这将或许永远是一个无解的谜，因为婴儿牙牙学语时，大脑的状况我们无从知晓，我们只能根据婴儿在语言学习过程当中所发出的语言进行推断或解释，甚至我们对同一种结果会有不同的解释。因此许多哲学家、语言学家和心理学家都认为，意义和理解问题的最终澄清要依赖于神经生理学的发展。"无论语词的意义在我们大脑中的表征是什么，它们大体上是一种我们掌握的实在（reality）。我们现在还无从知道意义是如何如其所是地在那的。正如一些心理学家认为的那样，迄今为止，人们在语言研究中对意义的了解最少，'因为很有可能，意义反映的是人脑中的神经组织的一些原则。'"（D. Bolinger，1975）乔姆斯基甚至认为，语言学研究最终就是心理学的一部分，语言学研究的任务就是透过外在的语言现象，通过推理去发现内在的语言规则。而维特根斯坦却倾向认为，这种内在的东西即便有，也不是我们所要研究的对象，用他的话说"我们对隐藏的东西不感兴趣"。我们会说如此的语言因为我们有如此的生活形式。婴儿成长于一定的语言社区,会说那个语言社区的语言,是因为他有一样的生活形式,而生活形式则是被给予的东西,不可怀疑的东西。我们正是在如此的生活形式下开始各种语言活动的。我们正是在这种内在属性的基础上开始我们的语言研究的。

但是说一个儿童通过关联(association)学会了语词的意义和说一个儿童通过某种方式学会了把一个特定的词与一个特定的对象联系起来是不同的两件事。在第一种情况下,我们预设有一个学习理论,而第二种情况我们只是在陈述一个事实。从事关联理论研究的人并不是总能把这两种情况分析清楚。这种差异在维特根斯坦后期哲学著作中以稍有不同的形式出现。他说一个小孩通过学会一个语词的使用学会了一个语词的意义。根据他对意义的定义,一个语词的意义在绝大多数情况下是它的使用,一个人通过学会使用一个词从而学会了这个词的意义。我们之前论述过,每当维特根斯坦把意义看作使用的时候,他强调的是用法,是语词意义的多重性,但我们在研究中认为有必要区分一个语词的意义和这个语词在特定情景下的使用。

人们可能要问,如果没有相应的遗传之谜(genetic puzzles),儿童怎么会学会了一种语言呢?我们或许像维特根斯坦所建议的那样,只需看一看(look and see)儿童是怎么学会一种语言的就行了。但我们不应该满足于此,因为我们问的是**如何学会的**?我们问的是儿童在语言学习过程中经历了几个阶段,而且这些阶段都是可以描述的(definable)。如何学会了发音、有意义的发音、发出比较清晰的语词、由词及句等,这些阶段是如何发生或者说是如何实现的?语言学界和心理学家对此做了大量的研究。那么其中的一个研究办法就是观察小孩的语言学习过程,并收集相应的记录材料进行研究。如 1882 年,儿童心理学创始人德国的生理学家普莱尔(W. Preyer)的《儿童心理》就是作者对其儿子四岁前的语言发展所做出的系统记录,德国的另外一个心理学大师斯泰恩(L.W. Stern)于 1907 年出版的《儿童语言》和《六岁以前早期儿童心理学》就是他和妻子一起观察他们三个孩子的语言发展的资料记录。通过研究他们认为,儿童有一种言语需要,语言发展是一种自然而然的过程。简·斯迪威尔·珀斯(Jean Stilwell Peccei)在其著作《儿童语言》中对儿童语言发展的各个阶段进行了详细的记录并对这些观察到的现象进行了评论。[①]在儿童语言的初期研究中,由于受到条件的限制,人们大都是对自己身边的人或自己的子女进行观察,而儿童语言和婴儿双语并没有受到大多数语言学家足够的关

---

① Jean Stilwell Peccei. Child Language[M]. Beijing: Foreign Language Teaching and Research Press, 2000.

注,语言学文献所研究的内容也都是以儿童语言学习为主,但这些研究和设计都是片面的,因为这些研究设计都是旨在支持作者已有的观点,为这些观点做注脚。如果我们更进一步研究,就会发现,他们的观察是肤浅的,结论也是靠不住的,因为他们的观察结果以及结论与我们认真研究所得出的结果是冲突的。马塞尔·科恩(Marcel Cohen)认为那些人对儿童语言的研究稍有涉足就妄加揣测,遂下结论,他的观点的确是有道理的。如果对这种评论稍做变更,也同样适用于许多对婴儿或儿童语言进行观察的哲学家身上。

维特根斯坦对儿童语言学习有如此多的阐述,我们对此该如何进行解释,反过来,他的这种阐述与他整个哲学研究事业是如何有机地联系在一起的?

毋庸置疑,维特根斯坦首先最大的渴望是想向人们提供一个清晰的语言视景(language view)。他发现我们所称之为"语言"的东西实际上极其复杂,我们要知道语言是什么,懂得语言的功能(function),最好看一看或者去研究一下语言在简单形式下是怎样工作的。维特根斯坦认为如果把语言学习限定在简单的形式之下观察,那么无论这种语言有多么复杂,我们都能够看清它是如何运转的。语言的确有它的简单形式,这一事实自然而然能引导出以下观点:儿童就是通过这种简单的形式来学习语言的。事实上这也是维特根斯坦在用语言游戏表征语言的简单形式时所反复使用的观点之一。这种使用隐含了儿童语言与成年人语言之间存在着某种差异:儿童的语言是简单的,而成年人的语言则相对比较复杂。但在维特根斯坦那里,对于儿童语言而言,不仅仅是表面上的简单与复杂之分。维特根斯坦关于儿童语言以及语言学习的论见与近几十年语言学家和心理语言学家的发现相一致。他们思想相一致的根本原因是他们有着相一致的语言观——语言就是它的使用。

许多人错误地认为儿童的语言概念在某种程度上是模糊的、不确定的,当他最终能够理解成人语言的时候,他的语言概念就变得清晰起来。在研究婴儿或儿童语言学习的时候,人们只有抛弃这种错误的思想,相应的研究才能取得进步。比如,Leopold(1948)在他的《婴儿话语中的语义学习》(*Semantic Learning in Infant Language*)一文中指出:"成人语言的概念有几个不同的层级(levels),在不同的层级上,其抽象性和正确性各不相同。显然,儿童语言的概念没有成年人的语言概念那么抽象和准确。我们同样也要强调的是日常层面的成人语言的概念之间也不是界限分明,和儿童语言概念一样,只不过是模糊程度不同罢了。"儿童简单的语言形式应该和儿童简单的生活形式有关,他们没有成年人那么精确的语言,但这些简单的语言对他们而言就能胜任任务,而且从简单到复杂之间并没有一个边界分明的界限。成人语言和儿童语言之间的差别只不过是程度上的不同而已。情况如果是这样，我们可以通过研究儿童语言和儿童的语言学习来获得一个比较清晰的成人语言视景，这应该是一个有益的研究。这也是维特根斯坦把它的语言游戏比作简单的语言形式的原因之一，而儿童正是通过这简单的形式学习语言的。**他以"用法"来定义意义，使人自然而然联想到意义是可以教授或传递的**——通过教授这些语词在实际中的使用。从某种特殊的意义上说，他的这种主张是毋庸置疑的。但如果我们不再深入研究，就会把问题过于简单化，说儿童是通过学习一个语词的用法学会了这种语言只不过是重复关联主义的老路，无法给人以满意的解释。

维特根斯坦坚持认为，儿童最初的语词学习是通过这个语词在具体情景中使用实现的。维特根斯坦的意思是说，儿童通过特定的情景学会新的语词的使用，特定的情景包括一些非语言的因素（non-linguistic factors），这些非语言的因素使得儿童能够得出语词与语词所意指对象之间的关联（correlation）。换句话说，我们在语言学习过程当中必须将整个情景纳入我们的研究范围之内。我们需要教授的不仅仅是语词，还要教授与语词相关的特定情景，教授学生"勇敢"一词的用法，我们要指给他勇敢的行为，或者说指出一种怯弱的行为给他看，说这不是勇敢而是怯弱。教授儿童"投掷"一词的使用时，不仅仅教授这个词，更要伴随这个词做出相应的投掷的动作，如此等等。教授语词可以直接指物，如儿童初学"桌子、椅子"等，但指物仅仅是语词意义的一种。上面的两个语词——"勇敢"和"投掷"——的学习都不能靠指物定义来进行。

根据 Leopold（1948）的观点，人们对传统意义观（每一个语词都有一个与之相对应的意义）的抛弃使得人们能以新的角度来认识儿童的语言学习，他说："……长期以来，人们认为在一个发达的语言中，每一个语词都有一个界限分明的、逻辑同一的、不变的（unvarying）意义，这种观点只不过是一个迷信，但这种观点还很有生命力。早在五十年以前，Erdmann 就注意到，从描述的角度看，语词在不同的情景下有不同的意义，几乎没有哪个词——即便是在学术语言的圈子——能够拥有一个一成不变的意义。"

如果是这样，在这种语言观下儿童是如何学会一个语词的意义的呢？他是如何学会一个词比如"上升"或"生气"的用法呢？"大""小"这两个最常见或者说最简单的词又是如何学会的呢？"大老鼠"大还是"小公牛"大？小孩怎么能毫无错误地习得了这两个词的意义呢？① 而且他的用法和绝大部分的人的使用都是一致的。

---

① 陈嘉映.无法还原的象[M].北京：华夏出版社,2005.

传统的研究方法是问儿童首先学会的是个性(particular)还是共性(universal)？但这种提问的方式很快就失去人们的兴趣。共性和个性的问题对于成年人来说尚是一个难以解决的问题，更何况小孩特别是牙牙学语的婴儿了。维特根斯坦认为这样的问题只能使业已存在的困难更加复杂，解决的办法在于我们要从完全的不同的角度来看待语言的学习。但是维特根斯坦是如何回答语言学习的这一问题的呢？换言之，我们是如何最初学会一个词的意义的呢？

第二节　维特根斯坦的后期语言学习观

对有些语词或表达式的理解在哲学上经常产生困难并导致哲学上的困惑，维特根斯坦问道："我们是如何学会使用这些语词的？"他是出于方法论的目的提出这个问题，因为他关心的并不是我们是如何学会一个一个语词的，他想做的是让我们看清有多种不同的语境使我们可以学会一个词的用法，一个语词可以在多种不同的情景中使用。

维特根斯坦的主要关注点是各种不同的语言游戏，在不同的语言游戏中我们可以"玩(play with)"一个特定的词。在他的《美学、心理学和宗教信仰的演讲与对话集(1938—1946)》一书中，Wittgenstein(1966)作出以下论述："在讨论一个词的时候我们总要做的一件事是问：我们是如何学会这个词的？这样做一方面可以摧毁许多错误的概念/想法(misconception)，另一方面可以给我们带来一种使用这个词的原始语言。"这里维特根斯坦再次通过原始语言这个概念来意指一种情景，语词在这个情景下意义是清晰明确的。他承认原始语言和成年人的语言不同，他在文中继续写到"尽管这种语言不是你二十岁时所谈论的语言，但是你得到了一个将要进行的语言游戏的大致概况(approximation)。"

"我们是如何学会一个语词的？"这个问题仅仅给我们一个与这个语词有关的语言游戏的大致概况，以及与这个语词相关的其他语词的大致概念。在这一点上，维特根斯坦关注的并不是一个词的实际起源。我们不可能记起我们使用的众多的语词是如何学会的，但是我们能够猜想我们学习一些语词的具体情景，而这才是维特根斯坦所要表达的意思。他给出我们一个学习"美丽的(beautiful)"一词的可能情景："如果你问自己一个儿童是如何学会'美丽的''好的'这些词的，你就会发现儿童大致是把这些词作为一个感叹词学会的(beautiful 这个词不常使用因为人们很少用到它），人们一般先用像'good'这样的词来说食物的好坏，在语词教授中非常重要的是夸张的手势和面部表情，语词是作为一种手势或一种面部表情的替代物教授的。"

这种早期语言学习中的手势与语言的相互关系使人想到米德的相关讨论，我们因此有理由说，这种语词和手势之间的关系是维特根斯坦所称的"原始语言"的一个特点，维特根斯坦用原始语言的例子指出了我们在复杂语言中容易忽视的一些东西。"语言是一大系列活动——交谈、写作、遇到一个人等等——特征的一部分，我们注意的不是'好的''漂亮的'这样的语词，而是这些语词说出的场合情景。这些词本身没有任何特征，一般来说，它们仅仅是主语和表语（如 This is beautiful!）。在复杂的场景下，这个审美表达（aesthetic expression）有一席之地，在一般场景下，这个表达式自身则几乎可以忽略不计。"

这里我们应该注意的是：**在语言游戏中我们并不能发明语词的用法**，①而是在寻找语词使用情景中的非语言因素，这不是单单考虑语词的语言学意义上的语境问题。维特根斯坦和杜威在大致相同的意义上使用"情景"这个词，情景是我们在初次教授或学习语词时必须考虑到的因素。我们再回头看一看上面维特根斯坦给出的语词学习的例子，"好的"这个词使用的情景可能极其复杂，我们不能给出明确的界限，但很有可能的是，一个儿童初次学习这个语词的时候，这个语词可能是以感叹、赞许、同意或满意等的形式出现的。在这种情景下，这个儿童面对的不仅仅是一个词，另外还有父母、玩具、好吃的东西、赞许的表情等——所有这些因素或许更多因素参与了"好的"这个词的词义生成。维特根斯坦给出这个例子的要旨是：当我们试图理解一个词的意义时，我们首先要做的不是去看语词本身，而是要注意语词所使用的情景，理解一个词，我们必须要考虑所有与这个词使用相关的因素。

维特根斯坦对语词学习问题的思考有两层意义，一方面他提醒我们一个语词可以有多种使用方法，可以在不同的情景中使用，可以有不同的意义；另一方面他要我们关注影响语词使用的多种情景因素。因为所有的这些因素都参与了语词意义的合成，或者说这些语词都是语词当下意义的一部分，正是这些语境因素，这个语词的意义才清楚明晰。在上面所给出的例子当中，维特根斯坦使人想起与"好的""漂亮的"这样的语词学习情景相伴相随的多种因素。这里我们要思考的是，当我们考虑或者关注研究语词使用的情景时，我们的研究就不仅仅是语言学意义上

---

① 我们这样说是指语言的创造性使用是有边界的，或者说语词本身就蕴含有如此的意义，我们只是把这些新颖的意义"发现出来"而已。

的研究了。

我们这里首先要考虑的是语言学习问题的第一层意义。在《哲学研究》中,维特根斯坦真正关注的并不是语词或概念的起源(genesis),他的兴趣在于让我们关注语词的多种用法。假定我们以某种方式使用一个词,那么我们一定在某种语境、实例(actual instance)或特定情况下学习过这个词。针对这种情况,维特根斯坦说:"我们构造理想语言的目的并不是为了用理想语言取代日常语言,而是为了消除有些人心中的担心,他们以为已经找到了一个常见语词的精准用法。这也是为什么我们的方法不仅仅是列举(enumerate)一些语词的实际用法,而是有意地发明一些新的用法,其中有些是因为它们荒谬的外观(absurd appearance)。"(Wittgenstein,1975)

"我们是如何学会一个语词的?"这个问题与"列举语词的实际用法"有关,我们可能已经学会了一个语词的多种使用方法,理解一个语词使用的多种情景,我们不必再劳神烦心去思考我们实际上是如何学会这些语词的,去考虑语词使用的不同的方式。语词不同用法的列举可以让我们不再去做一些抽象的思考,去想象每一个语词只有一个用法或意义。维特根斯坦说,当我们对美学或伦理学中的一些词感到困惑的时候,我们会发现对这些词的用法进行一一列举会很有帮助。"遇到这种困难总是先要问你自己:'你是如何学会这个词的意义的? 比如 good 这个词你是从什么的例子中学会这个词的? 在什么的语言游戏中学会这个词的? 那么你就会比较容易地发现这个词一定有一个'意义家族'(a family of meanings)。"

这里维特根斯坦再次让我们注意语词使用的各种情形,在这些不同的情形中语词的意义清晰明确。当我们这样去做,考察语词在各个情形中的不同使用时,我们会发现并理解语词在不同情景下的意义,我们就不会再执着于寻找一个语词的所谓本质。当我们认识到语词并没有贯一的用法时,我们对普遍性的渴望(craving for generality)就会得到消解。当然一个词的各种用法有着这样或那样的相似之处,但我们看到的是一种重叠交错的状况,一种"家族相似性"。维特根斯坦对"我们是如何学会一个语词的?"这个问题进行了回答,在语言游戏中他强调的是"游戏""娱乐""活动"等。新颖的是他认为我们可以随意发明一个语词的不同用法。我们可以想象一个完全不同的情景,在这个情景中新发明的语词用法可能很恰当。他也许是指语言创造性地使用,哲人、诗人等可以创造性地使用语言也应当是这种情况。上一章我们提到的圣严法师的"慈悲没有敌人,智慧不起烦恼"就是一个例子。我们这里要指出的是维特根斯坦关心的并不是建立一些语义原则,他更关心的是语言学习的方法。

现在人们所称的"典型实例讨论(paradigm case argument)"就是源于维特根斯坦的语言游戏,艾耶尔(A.J. Ayer)通过下面的例子对这种讨论的特征进行了描述:"那么,当一个哲学家和许多哲学家一样说语词的'意义'不一定有其相应的物理对象,人们可能会问他,像'桌子''椅子'这样的词是如何进入共同使用的呢? 他不是通过这些词所代表的样本(specimen)学会这些词的用法的吗?"(Ayer, 1981)我们这里不想对这种典型实例讨论展开讨论①,我们想指出的是这种讨论与我们如何学会语词的讨论无关。正是因为这个原因,我们的讨论也限于语言学习问题。因此我们可以自由地发明一些语言游戏,与游戏唯一真正有关的是人们试图寻找一个词的本质,而这些人最终会发现他们所寻找的本质只不过是一种虚幻的目标(will-o'-the-wisp)。

但是维特根斯坦还在另外一个不同的意义上对语言学习进行了思考。当他问我们是如何学会这个或那个语词的时候,他关心的是为语言学习划界(circumscribe)的情景。在他对"意义""理解""知道"等词的语法进行讨论时,他关注的是容易使人想起这些语词的早期用法的情景。当然是我们在进行不同的语言游戏,但游戏的焦点(focal point)不是我们,而是游戏本身或者说是作为游戏的活动或者是游戏发生时当下的情景,正是这些活动或当下的情景引起了(occasion)一个语词的使用。他试图通过对一个表达式,比如"我明白了……"的可能使用情景的考察来发现这个表达式的意义。我们知道,如果把一个语词的用法和我们学会这个语词的语境分开就会陷于一种逻辑上的尴尬,显然维特根斯坦并没有陷于这种逻辑尴尬之中。如果"知"和"做"涉及的都是同一件事,那么当我们**知道某事**的时候我们就应该考虑到我们在**做**什么。在这种意义上,我们关心的不仅仅是语言,而是语言以及和语言相伴的活动。

根据我们第一章勾画出的语言图景,我们不难发现,对维特根斯坦而言,语言学习就是学习语言使用的规则。他坚持认为学习语言就像学习一种游戏的规则。在语言游戏中也同样有一些语言规则,这些规则——比如句法规则、语义规则和语用规则等规定着哪些语言活动是"合法"的,哪些语言活动是"不合法"的。这些语言规则象征着一个社团中人人必须遵守的习俗规范。但就是规则这个词本身也有问题,象征语言用法的规则能不能和语言的使用分开(stand apart)呢? 也就是,我

---

① 我们在特定的语境下学会了一个词的用法,这个词的意义是确定的明晰的,也可以说是如此的语境使得这个词有如此的意义,但这个词其他的意义是如何获得的呢? 我们反过来就会认为这个词的意义不可能是某个特定的语境给予的,具体可参考 Ernest Gellner, *Words and Things*, London: Victor Gollancz, 1963: pp30 - 37。

们是不是一定要先会规则，然后**才能运用这些规则呢**？维特根斯坦通过"语用"这个概念对这个问题进行了回答（莫里斯所称之为"语用维面"）。他通过对语言学习过程中非语言因素的研究打破了逻辑上的循环。这种非语言的因素是一个词的功能或者说是维特根斯坦的"一个词的用法"，但我们更愿意把这些非语言的因素称为外显的活动，莫里斯（Morris C.W.）似乎也清楚表明了这样的观点，他说："实际使用中的规则是作为一种行为的类型（type of behavior）起作用的。在这种意义上，所有的规则（句法规则、语义规则和语用规则）里都含有语用的元素。"（Morris，Charles W.，1964）如果我们把意义定义为语言的使用规则，那么我们教授意义就是教授语言使用规则。在教授意义的时候则必然要注意两种事项：**决定语词用法的规则**和**根据某一特定的规则语词在实际中的使用**。在语用的层面，语言规则和语言规则的运用统一起来，我们也正是以此打破了逻辑循环。**学习**（learning）、**知道**（knowing）、**懂得**（understanding）等都反映在我们的**所做**（what we do）之中。因此，理解一个规则就是我们知道该如何去运用这个规则，只有在运用的过程中才能表明我们理解了这个规则。维特根斯坦说："显然，'know'这个词的语法和'can'和'is able to'的语法密切相连，而且和'understand'这个词的语法也密切相关。"不仅如此，"'知道'一词也有这种用法：我们说'噢，我知道了！'——同样，'噢，我能了！''噢，我会了！'"。知道一个词就是知道这个词的用法，知道该怎样去使用这个词。同样，知道一个公式或一个表达式，就是知道在何种情况下运用这个公式或表达式，所以他之后在《哲学研究》中评论到："理解一个句子意味着理解一种语言，理解一种语言意味着掌握了一门技术。"

"理解"与"做"相关，学习语言就像学习掌握一门技巧，维特根斯坦后期哲学思想中的这些观点充分表明他的语用倾向（pragmatic orientation）。和实用主义者一样，维特根斯坦认为语言在其简单的形式上和行为的方式密切相关："遵守一条规则就像服从一道命令。我们是被训练成这样行动的；我们以特有的方式对命令做出反应，另一个人以另一种方式做出反应，那可怎么办？哪一个人做得对？设想你作为一个探险家来到一个陌生的国家，完全不懂它的语言。在什么情况下你会说那里的人在下命令、理解命令、服从命令、抗拒命令等等？**人类共同的行为方式是我们借以解释陌生语言的一个参照系。**"规则是训练的结果，有时候是一种默会（tacit）的知识，有时候我们虽然不能明确描写这些规则，但这并不影响我们按规则地去做。换句话说，不仅仅做出的"反应（response）"重要，更重要的是有意义的"反应"，这也是米德的观点。"反应"必须要符合习俗惯例，只有我们把进入当下情景的行动和反应看作米德观点里的"社会行动"，这些行动和反应才能得到解释。维特根斯坦的问题指向如下的事实：反应必定是一种模式化的反应(Reaction must reflect a patterned response.)，在如此的场景下，你必须做出如此的反应，这种反应作为一种习俗惯例为大家所接受。如果你没有做出如此的反应，那么人们会说你错了，因为你的反应和其他人或者说是和相关的社会习惯不一致，所以维特根斯坦又说"——人们所说的内容有对有错；就所用的语言来说，人们是一致的。这不是意见的一致，而是生活形式的一致。"话语双方一定以同样的方式理解命令，按照米德的话说，反应一定是"有意义的反应(significant response)"，这里的"有意义"与社会行为的惯例相连，与其他人的判断相连。维特根斯坦也有类似的观点："人类的共同行为是一个指称系统，通过这个指称系统我们对未知的语言进行诠释。"①我们应该补充说，这个系统还是儿童开始语言学习的系统。

在《哲学研究》的开篇里，维特根斯坦(1997)对意义的教授进行了的研究，他把奥古斯丁的语言观总结为："语词为事物命名，……句子是这些名称的组合。在这幅关于语言的图画中，我们发现了以下想法的根源：每个词都有一个意义。这种意义与这个词相联系。它是词所代表的对象。"在简单的语言游戏中，奥古斯丁的语言观无疑是恰当的，但它并不能包括我们所有的语言。"我们可以说，奥古斯丁描述了一个交流系统，只是没有把我们称为语言的东西全部包括进去。……这种描述是恰当的，但只是适用于一个狭窄的范围，而不能适用于你原先声称要描述的全部范围。……奥古斯丁的语言观像这样是一种过于简单的语言观。"因为显然我们不能找到"五个苹果"中的"五"的对应物是什么。"——'五'这个词的意义是什么？——这里根本不涉及这样的问题，而仅仅涉及如何使用'五'这个词。"在维特根斯坦看来，我们可以通过学习事物的名称来学习语言，儿童就是通过这种方式学会语言的。"……儿童就是通过这样的方式学会'糖''桌子''男人'等等这些词的。"当然有些词比如"今天""大概""或许"则不可能通过这样的方法学习。我们还可以通过指物教授(ostensive teaching)一些语词的意义，也就是说，我们指着一个对象，然后说出它的名称。但语言中也有许多词并不能以这种方式教授。我们可以指着桌子教孩子"桌子"这个词，但"无""麒麟""大概""租赁"等这些词却不能通过指物来教授，因为在生活世界里我们根本找不到这些词的指称对象。但这些词的语法又镶嵌在它们所出现的各种的具体的语言环境当中，我们可以通过这些

① 马林诺夫斯在原始语言意义问题中对"实体范畴(real categories)"进行了讨论，他说"……所有的人类语言都具有基本的语法范畴，这种语法范畴只能通过语用指称才能得到理解。通过语言的使用，这些原始语言范畴一定对后来的人类哲学产生深远的影响"。(pp.327-328)

词使用的具体环境来学会这些词的意义和用法。

根据维特根斯坦的观点，我们可以构想出一种比我们的语言简单得多的语言：这种语言只是由一些简单的、可指称定义的语词组成。它有点像罗素的"对象语言"。维特根斯坦给出的典型例子就是建筑工地上的两个建筑者之间的对话，在这种对话里，语词"板石""砖"等与他们工作中的对象相对应。他说："让我们想象只有这么一种语言系统的一个社会。小孩通过成人的训练学会了这种语言。我用'被训练（trained）'这个词在严格意义上是和动物'被训练（trained）'做某事是一致的，这种训练是通过例子、奖赏、惩罚等等手段完成的。"（Wittgenstein, 1975）

维特根斯坦并没有在一种复杂或发达语言的——比如我们日常所说的语言——意义上描述语言，给出的例子也只是为了比较。他想让我们知道我们是可以以一种特殊的方式来思考语言的。我们也可以把这些例子看作对儿童语言学习的一种**可能**解释，儿童学习语言是从最简单的语言形式开始的，这些简单的语言形式逐步成长为比较复杂的语言形式，以致最终能够用他所生活的语言社区的语言进行交流。儿童在一开始可能通过一种维特根斯坦上文所提到的训练学会一些简单的语义规则，然后就能够把这些词作为一种言语刺激，与对象或功能联系起来。这种过程一直持续下去直到小孩自己能够发声表达组词成句。但是在第一阶段，我们还不能说小孩已经学会了语言。为了阐述这个观点，维特根斯坦（1975）用了下面的例子："在这种语言的实际使用中，一个人大声喊出语词发出命令（call out words as orders），另一个人根据命令做出相应的行动。但是学习和教授这种语言包括如下步骤：小孩只是对一些事物进行命名，也就是，当教授者指向一些事物对象时，他给出这些事物对象的名称。"当代儿童语言研究的结果也证实了这一观点，我们将在下一章进行比较详细的论述。

这看起来似乎是关联主义（associationism）的经典情形，但我们应该关注的是，在小孩能够对事物对象进行命名之前的语言学习过程，维特根斯坦对此过程不厌其烦地描写表明他在提倡一种语用理论。但是他没有详细深入论述，或许这根本就不是他的兴趣所在。**命令的意义在于对命令的反应。换句话说，意义的理解不在于把语词贴上相应的标签——不同的语词有不同的意义因而也就有不同的标签——而在于教授语词时对当下语境的注意。**

简单的语言形式比如上面提到的命令、请求等本身在意义上就是完整的。就语法规则而言，如果儿童学会了这种语词与语词意谓之间的关系，他也就学会了这个词的语法或使用规则。维特根斯坦考虑到命令句"砖！"和"把那砖拿来！"之间的不同。我向小孩说"砖!",想要他把那砖拿过来,可小孩可能会有不同的理解,也可能并不像我所期望的那样把砖拿过来。因而被教授的孩子必须要先理解命令的意义才能按照我的意图把那砖拿过来。但这两个命令之间到底有没有不同呢?如果对这两个命令的反应是一样的,那么我们可以说这两个命令意谓着同一件事。独词命令句只不过是一种简单的语言形式,正如维特根斯坦所说,它是更简单语言的一部分。维特根斯坦把他的语言形式扩展到更为复杂的数词上,他认为数词也可以以同样的方式教授。"对数字的记忆也是这种语言学习的基本特征之一。数词也是通过指示(demonstratively)来教授,但是同一个词比如'三'可以通过指示来教授,可以指示石板或者砖头或者立柱等等。"(Wittgenstein,1975)

但是在教授数词时我们会进入一个不同的简单语言,"……一个完全不同的工具……"。在教授"板石""砖头"等词时,这些词是当作一些"命令词(command words)"来教授的,而"三""四""八"等这些词是作为"计数词"来教授的,也就是说这些词在语言中有不同的功能。维特根斯坦接着又考虑第三个交流工具的可能性,这就是专有名词。当我们指出"这是一块砖头,那是一块石板。"时,我们就会用到这样的词。我们再一次通过指示(demonstration),学会这种语词。很明显这种指物教授和刚才我们提到的命令词和计数词的教授指物是不一样的。"然而这种差异不在于指示或发音的不同,也不是指示或发音时相伴的心理活动的不同,而在于在整个训练过程中指示(指出与说出)所扮演的角色的不同,在于这种语词在交流实践中所起作用的不同。"(Wittgenstein,1975)

如果我们在马林诺夫斯基的"语境"意义上来诠释这两种不同,那对我们加深对维特根斯坦的相关思想是有帮助的。因为它指出了这样一个事实:不仅仅是语言,而且还有当下的情景在语言学习中扮演重要的角色。我们或许能够记起我们在前文引用过马林诺夫斯基对捕鱼场景的描述,捕鱼人的喊叫在当下的情景下获得了意义。"Up"的意思可能是"Pull up on the net!"。在当时的情景下,更多的语言是多余的。同样,"here""give""take""good"等这些词的教授也与这些词教授过程中的当下情景密切相关,还有一些词如"红的""圆的""甜的"等词的教授也是如此。这些词的教授离不开当下的情景,也可以说这些当下情景构成这些词汇意义的一部分。

在学习这些不同的交流系统的时候,我们也是在进行不同的语言游戏。"它们或多或少类似于我们日常语言中所称作的游戏,儿童通过这种游戏学会了他们自己的母语,这些学习甚至还带有游戏的一些娱乐的性质。**但是这里我们并不把语言游戏看成是一种不完整的语言活动,因为作为人类交流的系统,它们自身是完整**

的。想象在一种原始状态下,一个部落全部的交流系统就是这种简单的语言,这对理解这种观点是有益的。"(Wittgenstein,1975)

维特根斯坦所指的简单语言是各种不同的言语行为(speech acts):命令、名称、列举等,它们的共同之处是它们属于同一种语言。维特根斯坦是否同意这些言语行为构成了简单语言我们不得而知,但我们至少可以把这些语言形式看作是一种语言体系内的不同的言语行为。按奥斯汀(1962)的观点,这些言语行为在适当的情境下都能够做事。比如,命令的行为、计数的行为、命名的行为等,我们不能把这些语言看作是一种独立的语言,因为根本就没有什么独立的命令的语言、计数的语言和命名的语言。

就"语用学习观"(view of pragmatic learning)而言,维特根斯坦认为学习一个词实际上就是在使用一个词。然而这里出现的一个困难是:维特根斯坦预设一个人已经知道了该如何有意义地使用那个词。但我们知道有时候小孩只是简单地说出一个词而不知道这个词的用法。在这种情况下,语词的使用肯定不等同于它的意义。维特根斯坦(1975)还做了相应的类比:"一个小孩或成年人学习一种专用技术语言时,例如,图表的使用、几何学、化学符号等等,他在学习更多的语言游戏。我们关于成人语言的图像好像一个语言的迷宫,他的母语四周是一些离散的/个别的(discrete),或多或少界限分明的语言游戏、技术语言。"《哲学研究》第 18 节中的语言城市说是对这一观点的发展,"我们无需为语言(2)和语言(8)[①]都是由命令组成的而感到困扰。你若要说:它们因此是不完备的,那么请问我们自己的语言又是否完备呢?——在把化学符号和微积分符号纳入我们的语言之前,我们的语言是否完备呢?因为这些新符号就像我们语言的郊区。应该有多少房舍和街道,一座城市才能称其为城市?我们的语言可以看作是一座老城,错综的小巷和广场、新旧房舍,以及在不同时期增建改建过的房舍。这座老城四周是一个新城区,街道笔直规划,房舍整齐划一。"在其前期的《逻辑哲学论》中,维特根斯坦认为语言反映世界,命题是对事态的描述,复合命题对应的是复合事态,复合命题可以分解为原子命题,而原子命题摹画的是原子事实,语言和事实或事态严丝合缝地意义对应。这种语言的图像在《哲学研究》中变成了语言城市说,位于城市中心的语言迷宫是我们的日常语言,它是我们用以命名、发布命令、问候、讲笑话等日常生活中使用的语言。人类语言的历史有多久远,我们的语言城市就有多古老,我们现在的语言是历

---

① 指哲学研究第二节和第八节中维特根斯坦列举的建筑工地语言和命令语言,这些语言的特点几乎都是独词句或者说是极其简单的语言形式。

史多年的沿传,或许每一条街道、每一个路口、每一个建筑都有自己的历史,但我们现在要清楚地一一地说出来却是不可能的。这些语言已构成我们的生活形式,我们就是在这样的形式之上生活的。我们根据新的需要发明或创造出一些新的语言游戏,但新的语言游戏是在原来的语言游戏之上的自然生长,一座城市无论怎样发展,向哪个方向发展,它都还是一座城市,完整的城市。我们不会无意义地去说某个城市是否是一座完整的城市,只要其功能齐全就行。日常生活中,我跟一个人说"在那等我一会。"没有人会问"那"到底是哪个地方? 也没有人会问"一会"到底是多长时间? 所有这些日常词被维特根斯坦称作语言城市的中心或内核。维特根斯坦反对把语言看作一种抽象的对象,某种实存物(entity)。的确,语言是由诸多分散的或个别(discrete)语言游戏组成,我们不能据此就把语言当作一种本体(ontology),看作一种实存的对象。维特根斯坦给出的语言模型只是解释了语言的两个方面的性质。位于语言城市中心的迷宫一般的是我们的日常语言,这是我们语言的内核;还有一些位于语言城市边缘的极其精确、界限比较分明的数学语言和技术语言,这是语言城市的外围,只有通过专门的训练才能学会这种语言游戏。但位于这两者之间有没有中间的过渡呢? 如果有,这种过渡语言会是什么样子的呢? 城市与郊区之间的过渡是什么呢? 是一种我们现代意义上的城乡接合部? 或者难以清晰地界定? 维特根斯坦没有给出解释,我们也无从理解,但我们相信正是这城乡接合部的语言才是最有生息的语言,最值得人们去研究关注。维特根斯坦满足于他的语言二分法,一方面是模糊的、不准确的语言内核,一方面是精确的、界限分明的外围语言。显然儿童语言学习是从语言内核即日常语言学习开始,而界限分明的数学语言或其他技术语言是后来人们为了某种特殊的目的而发明的语言游戏,需要专门学习。

维特根斯坦坚持认为他的语言游戏只是为了比较,为了驱除我们心中关于语言的迷雾,他只是让我们想象一下不同方式的语言游戏。和马林诺夫斯基在人类学中的原始语言研究不同,他只是让我们想象原始社会状态的某个部落使用的简单的语言形式,马林诺夫斯基的实地研究证实或者说契合了他的思想。他提出语言游戏只是为了对比,在这个意义上,语言游戏并不是对语言的一种描述。里兹(Rush Rhees)也表明了这么一种观点,认为维特根斯坦"提出语言游戏……并不是试图对语言进行分析。如果我们把他的语言游戏称作'更简单的'或者'更原始的'语言,但这并不意味着这些更简单的、更原始的语言揭示了什么东西,比如一种更复杂的语言必须具有的成分(elements)。它们是不同的语言——并不是语言的成分或性质(aspects)。"

　　儿童习得的简单语言形式有它自己的一个特点，但我们要认识到，这些简单的语言形式对儿童和成年人都是一样的。在这个意义上说，儿童语言和成年人的语言是相互联系的。那么我们该如何诠释维特根斯坦关于简单语言的思想呢？维特根斯坦只不过是把"说语言"比作玩游戏。我们既不能把语言游戏看作是对语言的描述，也不能把语言游戏等同于我们日常所说的语言。语言通过它的使用表现出它的特征，但我们不能因此就说语言就是它的用法。尽管有这些困难，我们按照维特根斯坦的思路去思考语言学习问题也是有益的。语言学习最好通过进入整个语言学习情景当中的活动和反应来解释。实际上，维特根斯坦似乎在说学习语言必定要考虑与语言学习当下场景相关的非语言因素，这和米德对意义符号发展的概括是非常相似的。当然最大的问题是，维特根斯坦的思想大都是一带而过的，没有详细的论述。换言之，他的相关思想大多是一种意涵而没有明确的表述，因此虽然有人认为维特根斯坦的后期哲学思想对当代语用学的发展产生了重要的影响，但也有人持不同的观点，因为维特根斯坦没有明确提出语用的观点，而且对此没有详细的论述。我们认为，虽然维特根斯坦没有明确提出"语用学"这个概念，但他的"语言即使用观""语言生活形式观""语言游戏观"等概念无不蕴含丰富的语用思想。不仅如此，他还首次提出了"语境"来质疑概念；从这些方面讲，他对当前语用学的发展产生了重要的影响一点也不为过。

　　我们可以把维特根斯坦的有关语言学习的思想总结为以下三点：第一，维特根斯坦以外显的社会行为来理解意义，这一点非常重要。比如他说："要记住的是，在这种情况下，指示的手势本身就是交流行为的一部分。"（Wittgenstein，1975）这一点他与米德以及其他实用主义者的思想非常相近。正是活动、活动的外显的性质构成了客观性的基础，正是由于这种客观性，意义的公共性才成为可能。换言之，这种客观性是意义公共性的基础。在这些语言简单形式的学习中，我们看不到"逻辑循环"。在这种情景中我们不是用语言（in terms of language）来教授语言，而是以活动（in terms of activity）来教授语言，当然这里我们必须在最宽泛的意义上来理解"活动"这个词。正如我上面指出的那样，如果我们按照语用观或功能观来看待语言学习问题，婴儿语言和儿童语言研究就会有一个比较好的突破。（Lewis，M.M.，1963）我们这里要提及的是，维特根斯坦的语言学习思想和乔姆斯基的生成语法理论下的语言学习正相反，二者的异同我们将在第四章论述。

　　第二点似乎是随之发生的东西，但无疑它是非常重要的。这一点表现为"孩子通过语言游戏学会了他们的母语，这里的语言游戏甚至带有一些游戏的娱乐的性质。"(Wittgenstein，1975)罗杰·布朗（Roger Brown，1958)对此的评论是："维特根斯坦已经证明，语言和游戏之间并不是偶然的相似（casual similarity)，如果有人想学桥牌，他可以通过看别人打桥牌学会桥牌。他学会桥牌后就不一定非要像他观察到的牌手那样出牌叫牌，他就可以根据自己当下的情况出他以前从来没有观察到的新牌，他记住的不是他观察到的特定的出牌的集合，相反，他从特定的观察到的出牌的集合中提取出了相应的打牌规则，而这些规则使得他能够根据当下打牌的情景出牌叫牌。言语活动也是如此。"罗杰·布朗在他自己对语言学习过程的论述当中，首先使用了一个短语"原初语词游戏（the original word game)"，并以此来涵盖语言的最初学习过程，即游戏过程。毫无疑问，这个短语是从维特根斯坦那里类比得到的。

第三，有意思的是维特根斯坦在他对语言学习的论述当中认为，儿童是在教授者或父母的鼓励下学会了把一个语词与一定对象或活动联系起来的。这里父母或老师的鼓励非常重要。他触及了当今的儿童语言研究的范畴。无论是在《棕皮书》还是在《哲学研究》中他的这种思想都有所反映。比如在《棕皮书》中他就注意到我们如何能够训练一个人在语词和图像之间得到关联："当我们第一次教授学生'桌子'这个词的时候，无需给予他特别的训练，只是鼓励他去使用这个词、这个图像。这种鼓励的行动是多种多样的，只有小学生做出反应，以特定的方式做出反应，我们的鼓励行为才是可能的。"(Wittgenstein，1975：89 - 90)

在《哲学研究》中，他问道"在训练一个人使用某一条特定的规则时，该怎样去做呢？""——我又怎样对某人解释'合乎规则''一致''一样'的含义呢？——对一个只会讲法语的人，我会用对应的法语语词来讲解这些词汇，但对一个还不具备这些'概念'的人，我会通过'例子''练习'来教他使用这些词。——这时我教给他的东西并不比我自己知道的少……我示范，他跟着我的样子做；我用同意、反对、鼓励、期待等各种表情影响他，我让他做下去，让他停下来等等。"而且他认为在这种教学情况下完全可以避免逻辑上的循环，他接着说"设想你目睹这样一场教学。这里没有哪个词可用那个词本身去解释的，没有什么逻辑循环。"他还问道："你是如何知道他自己怎样独立地按照一个模式（pattern)继续进行呢？"但是紧跟着，维特根斯坦表达了重要的思想，他说："当一个我所害怕的人命令我把这个系列继续做下去，我会做得很快，毫不犹豫，而缺乏依据并不会让我感到为难。"维特根斯坦这里所表达的观点和操作行为主义（operant behaviorism)非常相像，学生对老师的教授做出反应，期盼着老师的表扬、批评、赞许、同意、鼓励等。

第三节　规则与规则的遵行

维特根斯坦在其后期哲学著作中有大量的篇幅谈论规则及规则的遵行。下棋有相应的棋规,同样语言活动也有相应的语言规则。但什么是规则呢？维特根斯坦并没有给出一个明确的答案。语言规则是对语言行为的解释还是规定呢？规则是内在于人脑还是外在于人的语言活动之中呢？维特根斯坦关于规则的论述在理论语言学界、认知心理学界、数学哲学界和语言哲学界引起了广泛的讨论。1982年,克里普克出版的《维特根斯坦论规则和私人语言》一书便是一个明显的例子。克里普克针对维特根斯坦的"遵行规则"问题提出了自己的解读,认为维特根斯坦继休谟之后提出了一个新的"怀疑论者"悖论以及对此悖论的"怀疑论式的解决"。根据克里普克的解读,把一个人隔离开来看,那么我们无论根据他的内心还是根据他的外在行为都无法判定他的言论？行为？是否和过去的意图一致,因为"一条规则不能确定任何行动方式,因为我们可以使任何一种行动方式和这条规则相符合。刚才的回答是：要是可以使任何行动和规则相符合,那么也可以使它和规则相矛盾。于是无所谓符合,也无所谓矛盾……"根据克里普克的观点,维特根斯坦是怎样解决这种悖论的呢,他列举了三个关键的概念：一致或同意、生活形式、标准。如果某人的做法与我们不一致,那他的生活形式可能与我们不一致,我们可以说他是在自己的生活形式里遵行规则。简言之,克里普克认为维特根斯坦有关遵行规则的诸段落是私人语言论题的核心,由于遵行规则要依托于一个共同体,一个人如不能遵行规则,私人语言是不可能的。克里普克的观点引起了如潮的反驳和讨论,陈嘉映(2003)对这些讨论有一个大致的介绍和评论,特别是乔姆斯基对克里普克的反对有详细的陈述并提出了自己的洞见。这里我们不进行深入讨论。

假定一个语词就是它的使用,我们仍然有个疑问："我们是如何知道一个语词就是如此使用的呢？"如果一个语词是它的使用,那么,一个人在使用某个语词前必定知道这个语词的意义,否则他就根本不可能正确地使用这个词。一般情况下我们假定对一个语词使用者而言,他不是第一次使用这个语词。

我们实际上是如何使用一个语词的呢？维特根斯坦通过这个问题的提问对**理解**这个概念进行了研究。也就是,我们实际上是如何使用**理解**这个语词的呢？或者说在什么情境下表达式"我懂了。(Now I understand.)"用起来最适切呢？维特根斯坦认为这里存在一个困惑,因为我们把理解当作一个"心理过程(mental process)"。维特根斯坦警告我们说："努力不要把理解当作一个心理过程，因为那是一个让你感到困惑的表达……在某种意义上，的确存在着一些具有理解特征的过程（包括心理过程），然而理解不是心理过程。"为了进一步表明他的观点，他让我们看一看在语言游戏中**理解**这个词是如何使用的，在理解这个词的语言游戏中，我们会发现这个词有许多不同的用法，这些用法的集群（cluster）大致可以用短语"能够继续下去"来表达。一个比较简单的例子可以阐明维特根斯坦的观点。假定一个人在教一个小孩学习使用"球"这个词。房间里有各式各样的、颜色大小不一的球，因此也就有许多不同的"球"的对象。困难在于如何能够让小孩把"球"和一个特定的对象联系起来。假定我们教一个小孩说"球"；然后小孩能够说出"球"或者是跟着我们重复这个词的发音。再假定我们递给小孩一个球并重复发出"球"。小孩指着我们递给他的球说"球"，这时我们可以说小孩已经学会了"球"这个词的用法，因为这时他已能够把一个词和相应的对象联系起来。但是如果我们要是再问："我们怎么知道这个小孩理解了'球'这个词呢？"我们如何知道小孩不仅仅知道我们递给他的是一个球，而且房间里还有颜色大小各异的对象也都是球呢？小孩看出了这个特定的球和其他各种不同的球之间的相似或相近了么？

假定我们把一只球和其他不同的对象放在一起，接着我们向小孩说"球"并指着那堆在一起的对象，如果小孩给我们拿来的不是球而是其他一些什么东西，那么我们会说小孩还没有学会"球"这个词，如果这时小孩指向或拿来的仅仅是我们最初递给他的那个球，那我们也无从知道小孩是否学会了"球"这个词的一般用法。但是如果小孩能够识别出好几个颜色大小各异的球，那我们可能会说小孩已经学会了"球"这个词，因为在这个意义上，小孩能够继续下去了。因此维特根斯坦说："……在这种情况下，他理解了，他知道如何继续下去。"

小孩对一个词的理解是通过他对这个词的使用能力表现出来的，这里的"使用"包括小孩对语词使用规则的默会的理解。困难的是我们筛选（single out）不出是哪一条规则标志着小孩已经理解了这个词的用法。在这个简单的例子当中我们可以假定小孩已经学会了"球"这个词的语义规则，当然还有语用规则。小孩要是可以用"球"这个词来指称各种不同的球，那我们就可以说小孩懂得了"球"的用法或者说是学会了"球"这个词。

重点当然还是要落在**使用**上，维特根斯坦说："**知道（know）**一词的语法显然与**能够（be able to）**、**有能力（can）**等词的语法密切相关，但也与**理解**一词的语法相关。……'我现在知道了'类似于说'我现在会做了'和'我现在理解了'。"我们可以通过观察一个人是否能够根据一个词的用法规则使用一个词来确定他是否知道了或者是懂得了一个词的意义。

但是如果我们认为理解意味着一种遵守规则的能力，那么是不是说我们在遵守规则之前必须要先知道如何遵守规则呢？哪一个在前哪一个在后呢？是理解还是使用？就语言规则而言，这个问题可以转换为：我们是不是在运用语言规则之前先要理解语言规则呢？对维特根斯坦而言，我们必须在语词的使用过程中学会语词的用法，儿童是在学习语言的过程当中学会了语言规则。维特根斯坦在陈述观点时再三强调规则的语用性质。语用因素在维特根斯坦的语言规则学习中的作用可以说是不可或缺。简单地说，他的立场就是，在语言的具体使用层面，规则的使用和规则的理解是统一的（identical），应用规则（applying a rule）和知道如何去应用规则是一回事。以此看来，问规则在前还是使用在前只不过是一个没有由头的问题（an idle question）。

既然语言是一个系统，它有自己的顺序、规范以及规则，我们学习语言也是学习它的顺序、规范和规则。但是根据维特根斯坦的观点，这是一种错误的看待语言学习的方法。语言的规则不是任意性的，它有着自己的结构和顺序，改变这些结构和顺序必然会影响到交流。比如，维特根斯坦说："不可能只有一个人，只有唯一的一次遵守规则这样的事情。不可能只有唯一的一次做报告、下命令或理解命令等等。遵守规则、作报告、下命令、下一盘棋，都是一种惯例。理解一个句子意味着理解一种语言，理解一种语言意味着掌握一门技巧。"当然维特根斯坦也认识到语言是一个系统，但使他最感兴趣的是我们在没有意识到这个系统的情况下就能使用语言。我们学习语言并不是从学习语言的规则开始的，教授孩子语言也不是从教授语法开始的。正是由于这个原因，维特根斯坦从简单的语言形式开始，这也是为什么他把这些形式都称作**语言（languages）。当小孩学会了把语词组合成简单的话语（utterances）的时候，我们能说他只是会说一些话，还没有学会那种语言么？在什么时候我们能说他已经学会了那种语言呢？**

维特根斯坦对语言学习的研究是和语言游戏结合在一起进行的，他给出的一个例子就是数学公式的教授。假如我们在教加法，我们写下一连串的小圆点"··········"，然后示意他接着写下去，如果他懂了他就会接着写下小圆点"··········"，维特根斯坦问道："公式意指方式的标准是什么？例如，它可以是我们经常使用公式的那种方式，是我们被教授使用公式的那种方式。"如果再继续写下圆点有什么规则的话，这个规则就是每写下一个圆点就增加了一个圆点，新的圆点系列也就与原来的有所不同，小孩如果知道了这种差别，我们就可以说他掌握了规则。我们可以说学习一个特定规则就是知道在特定的情况下如何继续下去，如果一个学习者能够按照一定的规则继续,那我们就说他掌握了那个特定的规则,这两者应该是合二为一的。那么掌握规则的意思又是什么呢?维特根斯坦的回答是:"我们在思考过程中提出一个接一个的解释,仅从这个事实就可以看出我们在这里有误解;似乎每一个解释至少可以使我们暂时满意,接着我们又想在它之后的另外一个解释。我们以此表明,对规则的掌握不完全是对规则的解说:这种掌握从一例又一例的应用表现在我们称之为'遵守规则'或'违反规则'的活动之中。"

"规则"的意义天然与"普遍""顺序""习俗""惯例"等联系在一起。规则的"普遍性"内嵌于"规则"的意义之中。因此当一个人学会了如何遵守规则,他也就知道了这个规则的一般用法。例如还回到我们上面的例子,我们教授孩子"球"这个词,在某种意义上我们可以认为"球"这个词可以当作一个规则,因为它可以用来指各式各样的球。假定现在孩子指着一个球说"球",我们知道的仅仅是小孩能够说出"球"这个词,还无从知道这个小孩是不是能够在维特根斯坦的意义上使用这个词。小孩或许接着指向一个洋娃娃也说"球",如果是这样我们就知道,小孩还没有学会"球"这个词的"用法规则"。假定通过一段时间的努力之后,我们指向不同的球,小孩都能说出"球",那我们就可以说小孩已经学会了"球"这个词的用法规则,因为他能够继续下去了,在这个意义上,我们说,小孩学会了或懂得了"球"这个词的用法。

维特根斯坦的观点是**规则也就是用法的某种普遍性,它内嵌于语言之中**,没有这种普遍性也就没有语言,为了阐释这一观点,维特根斯坦让我们想象一种假定的情形(hypothetical case):"设想你作为一个探险家来到一个陌生的国度,完全不懂它的语言。在什么情况下你会说那里的人在下命令、理解命令、服从命令、抗拒命令?"紧接着他对这个问题给出了自己的论见:"让我们设想那个国家的人进行通常的人类活动,并在活动中显然使用一种清晰的语言。如果我们观察他们的行为,我们将发现这种语言是可以理解的,似乎是符合逻辑的。可是当我们试图去学习这种语言的时候,我们发现做不到这一点。因为他们所说的话、发出的音与他们的行动之间没有任何有规律的联系……"。

如果他们的话语与他们的行动之间没有什么规律的联系的话,那么他们的这种话语活动就不能叫作语言,准确地说,就是这种话语与行动之间的联系使我们能够理解,他们的话语和我们的话语一样,也是一种语言,起着语言的作用。

但是维特根斯坦接着问:"我们怎么解释'规律的(regular)''一致的(uniform)''对任何人都是**相同的**'这些词的意义呢?"如果这仅仅是把 uniform 这个词从一种语言翻译到另外一种语言也不会产生什么问题,但维特根斯坦接下来却说:"但是,如果一个人还没有掌握这类词的概念? 我就得用例子或练习来教他使用这些词。——当我这样做的时候，我跟他交流的东西比我自己知道的一点都不少。"

在教授"红"这个概念的时，我们给出例子："这是红的；那是红的；这个也是红的等等"，每次都指向不同的对象，为了教学，我们还要把"红的"与"非红的"区分开来。在这些情景中，"相似性（likeness）""同一性（sameness）"或"差异性（difference）"可以分别展现给学习者看，但我们如何向他们教授"同一的"或"规律的"呢？我们给学习者展现些什么呢？我们能给学习者举什么样的例子来说明问题呢？**我们无物可指**，尽管如此，我们还是有些例子可举："在这样的语词教授当中，我给他们一些相同的颜色、相同的形状、相同的长度，让他们找出它们来并把它们陈列出来，如此等等。例如，我将指点他在接到命令时以同样的方式把一系列的装饰图案继续下去。"

但这仍然是一个训练的问题，"我先做，他跟着我做，我用同意、反对、期待、鼓励的表情影响他。我让他按自己的方式做，或制止他，如此等等。"接着维特根斯坦说："想象亲自看到这样的教授方式，没有哪一个词是用这个词本身进行解释的，这里也就没有什么逻辑循环。"通过这种方式，逻辑循环得到有效的克服，换句话说，我们是借助语言之外的东西——训练中的活动——达到这一目的的。

这里还有一些超出语言之外的东西，我们不用其他的概念来对概念进行定义，或者说我们不用其他的语词来对一些语词进行定义。当我们理解了某一概念过程中相伴的活动时，我们也就理解了这个概念，而这个观点也是米德和杜威所要坚持的观点。因为在他们看来，语词就是"一种行为的形式"。

但维特根斯坦要说的还不止这些，他说我们是通过学习一些语词或概念在合适情景下的使用来理解这个语词或概念的。的确一条规则有着"普遍的适用性"，但为了证明它的普遍性，一条规则必须在不同的情景下使用。维特根斯坦这里想说的是，当我们学会了在特定的情景下应用一条规则，我们就理解了所有与这个规则有关的东西。

我们还可以以不同的方式来看待规则学习的问题，维特根斯坦继续以游戏来类比规则的学习，假定我们在教一个人下棋，"一个人让另一个人去看国际象棋里的'王'，说'这是王'，但这并没有告诉他这个棋子的用法，——除非他已经知道游戏的规则，只是不知道'王'的形状。你可以设想他已学会了下棋的规则，但从未见过实际的棋子。棋子的形状在这里与一个词的声音或形状相对应。"

维特根斯坦这里似乎在暗示，**尽管一种语言的语词是任意的，但这种语言的语词使用规则却不能是任意的**。但是在教授一个人这种语言的时候可能有一个最初的阶段，在这个阶段我们只是教授他说出一些词而不教授他这个词的用法。比如一个孩子,我们可以教他说出"球"这个词,而并不一定非要让他知道知道这个词指称某种特定的对象。但是小孩在学习说出"球"这个词时,他学习的是一个汉语词,他当然也可以以这种方式学会其他语言的语词而无须知道这些词指称什么对象。像学会其他任何一门技巧一样,他们也可以学会这些词。维特根斯坦在《哲学研究》第 31 节中继续提道:"但我们也可以设想某人学会了一种游戏,却从没有学过或制定过规则。也许最初他通过旁观学会了非常简单的棋类游戏,然后逐步学会了比较复杂的游戏。这时仍然有可能向他解释说'这是王'。例如,拿给他看的是一套他不熟悉其形象的棋子。即使在这种情况下,我们也可以说,只因为这个棋子的位置已经准备好了,对这个棋子的解释才教给他棋子的用途。这倒不是因为我们向其做解释的那个人已经知道了规则,而是因为在另一种意义上他已经掌握了一种游戏。"

维特根斯坦这里的观点是我们可以从简单的游戏开始逐步教授复杂的游戏。简单游戏的教授通过训练(training)和范例(example)来进行。一旦学会了简单的游戏,我们就可以进行比较复杂的游戏,直到最终我们能够教授学生下棋或者更复杂的游戏。在这个逐步发展的过程中,学生可以利用他在简单游戏中学习到的知识来学习比较复杂的游戏。

在这个从简单到复杂逐步发展的过程中,有没有一条分界线:我们在这个时候就可以说学生真的学会了如何去做一个游戏?即使是简单的硬纸板游戏(board-game),没有棋类游戏(chess game)那么复杂。同样地,当一个小孩学会了一个简单的语言形式,我们能说他还不会说这种语言么?一个小孩是什么时候开始能说一种语言的?

然而重要的问题不是简单语言是不是真正意义上的语言的问题,重要的问题是"这种简单的语言形式是如何和比较复杂的语言形式连在一起的?"这种发展是如何实现的?维特根斯坦说是语言的用法或语言的功能使得这种连接得以实现。根据维特根斯坦的观点,语言规则的获得与语言的使用不可区分,与活动密不可分,这样可以避免逻辑上的一种循环。无疑这对语言学习的思考提供了一个新的进路。但这种回答的不足是"使用"这个概念本身比较模糊宽泛,且**活动有各种各样的活动,这些活动是生理层面(a biological level)的活动还是社会层面的活动,维特根斯坦没有进行区分,只是以"活动"一词概括。**而实用主义者对此进行了区分,正是因为如此,米德和杜威特别强调语言的语用维面。米德认为,语言是一种社会现象,离开了社会这个大的场景,也就不存在什么语言,我们也必定是在社会这个大的场景下来理解"活动""功能""规则""用法"等,至少我们在使用这些概念的时候是这样。

"一个人来到异国他乡,有时候需要当地人的指物定义来学习语言,他还要对这些指物定义进行猜测,有时候猜对了,有时候猜错了。"孩子初学语言也要进行猜测,有时候也会猜错,但是小孩主要的关切(prime concern)是把要学的东西猜对。只有猜对,他才能理解别人和被人理解,这或许是一个游戏,但对孩子而言却是一个认真的游戏。

第四节 本 章 结 语

维特根斯坦在其后期哲学著作中明显表现出了一种语用观,"使用"是其中的一个关键的术语,无论是在儿童早期还是后期的语言学习中,情况都是如此,语言的学习和教授与语言的使用不可分离。通过使用,学习者把特定语词与特定的对象关联起来,学会了语词的意义。简言之,一个语词的意义是语词教授或学习的情景中的一个外显的因素,我们可以说语词最好理解为一种活动而不是一种实存的对象,语词在活动中意义才能够得到显现。以此看来,语词意义的教授可以从形而上学预设前提(metaphysical presupposition)的重负下解放出来。意义不再是一个独立的实体(entity),它是语言场景的一个有机的组成部分,与语言使用的当下场景不可分。我们也会摆脱心灵主义的纠缠,心灵主义把意义看作是某种独立的东西,甚至是先天的东西,教授语词的意义就是从教授者的一个心灵状态迁移到学习者的一个心灵状态,但这何以达到呢? 这也是困扰人类多年的一个问题,如果用维特根斯坦的观点看,这些问题的前提就不存在。因为,意义是在场景下生成的,而不是所谓的某种实体。

查理斯·莫里斯(Morris,1964)警告不要把意义当作一个事质(thing),因为"在这种情形下,人们寻找意义就像寻找大理石一样:意义被看作一种对象,一种确定的东西,一定在某个地方。"莫里斯(1964)接着又说:"作为符号学术语,符号载体、所指(designatum)和解释这三者只能相互定义,因此它们都不是独立的存在,而是象征着一些事和其他一些事或者是一些事质的特点与其他一些事质的特点之间的关系。"

意义是符号使用的规则,而这些规则包括符号过程(semiosis)的各个维面。莫里斯(Morris,1964)说:"符号过程中,意义在任何地方都不是一种有待人们发现的存在,语词的意义通过整个语言活动表现出来。'意义'是一个符号术语而不是事质语言(thing-language)中的一个术语,说'意义'在本质上存在等于在断言有一类实体和树、岩石、颜色、有机组织一样存在着，但是这些对象和性质是在符号过程内起作用的。"

和维特根斯坦一样，莫里斯强调的是，符号过程并不是某事在大脑中的发生，而是在活动中某事引起了活动参与个体的关注，而意义则是活动的一部分，诚如维特根斯坦所言，意义根植于人类的生活形式之中。"……既然一个符号的意义完全由它的用法规则所规定，所以原则上说，任何符号的意义都是由其客观的使用情景（objective situation）所决定。"

维特根斯坦认为我们对一个语词规则用法的掌握起源于我们能够在具体的情境下对这个语词的恰当使用。与简单语言形式相关的是简单的规则，在简单语言规则的习得过程中，我们看到了活动与手势的不可或缺，而在比较复杂的语词使用情景下，一个词的用法规则或功用就非常不同了，也就是在这时我们要从完全不同的角度来考虑语词的使用和功能。当我们跨越语言的这种无遮的语用维面（bare pragmatic dimension）的时候，语言游戏的模型也就失去了它的意义。

说到底我们如何学习一个词的意义的问题实际上就是我们如何理解一个词的意义的问题。但这里衍生了一个问题，什么是理解？我们对理解该如何理解？当我们说一个人理解了一个词的意思时，我们在意指什么呢？换言之，他理解了什么？然而更重要的问题是，"从语言游戏的意义上看，语言学分析能在多大程度上为这个问题提供有效的解答？这个问题要么仅仅是一个修辞学上的问题，要么我们可以通过诉诸非语言的因素解读这个问题，并对其进行回答。"①

我们同意维特根斯坦的观点，理解并不必然是一个心理的过程，理解与活动相伴，我理解了我就知道如何继续下去了。但我们应该承认，理解有不同形式不同程度的理解，维特根斯坦感兴趣的似乎是语言的简单形式，这会产生一个误解：对简单形式的理解和对比较复杂形式的理解是一样的，这种误解也同样来源于他的语言游戏观。因为在他看来，语言游戏无疑都是一些简单的语言形式。维特根斯坦对这种误解似乎也有警觉："——也许有人会这样反驳我'你避重就轻！'你谈论各种可能的语言游戏，但在各种场合也没有谈论游戏的本质，因而也就没有谈到语言的本质。所有这些活动的共同点是什么？是什么东西使得它们成为语言或语言的组成部分？因此，你避开了这项研究中曾经使你头疼的部分，即关于命题和语言的

---

① 惠特尼认为，理解在思想的各个层面发生，任何论述都不可能与之全部符合。就理解的简单形式而言，理解激起人心理的某种状态，而"心理印象（mental images）"则是理解过程中偶现的东西；从比较复杂的层面上讲理解与人的言语经验或行动相关。（C. H. Whiteley. On Understanding: Mind[M]. LVIII, 1949：pp.339 - 351.）

一般形式问题。"

维特根斯坦承认:"——我没有指出所有被我们称为语言的那种东西的共同点:这些现象没有一个共同点使我们能够把一个同一的词用于一切现象,——不过它们以多种不同的方式相互联系着。正是因为这种联系或者这些联系,我们才把它们都称作'语言'。"维特根斯坦接着提出了他的家族相似思想,我们可以说家族相似思想主要是针对语言本质这个问题的回答。

维特根斯坦说这些游戏并没有贯一的共同之处,它们以不同的方式相互联系着,但这些语言游戏是如何相互联系的,维特根斯坦并没有给出回答,只是让我们"look and see"。所有这些语言游戏有一个共同点,它们都是社会行为,具有社会行为的性质。所有这些游戏都是人类进行沟通的手段,更重要的是它们能促进社会团体内各成员之间的合作,协调他们的行动。在这个意义上说,不同的语言游戏之间的确存有共同点。当然与语言各种用法相联系的各种活动可能是多种多样的。但它们都是某一社会情景下的活动,这一事实也解释了**为什么这些语言活动或语言游戏以这样或那样的形式相互联系并构成一个所谓的游戏家族**。

如果考虑到儿童语言,这一事实就更加重要,儿童语言学习的过程就是其认知社会化的过程。通过训练儿童学会了一个词与一定的活动、一定的事物相联系,但并不是一个一个孤立的活动使一个语词有意义,而是儿童注意到这种活动以某种方式对他所生活其中的集体有意义。作为社会一分子,为了理解别人和让别人理解自己,使自己成为社会一员,他必须接受这些,并按照这些标准去行动,因为这就是他所生活的社会的生活形式,是给予的,他不得不接受的东西。

维特根斯坦并没有用简单的语言游戏来描述一个发达社会的语言特点,他本人也没有这个意图。但他的确坚持认为在早期语言学习阶段,手势、表达、外显的活动等在语言学习中起着重要的作用。他把这些呈现(posit)出来只是想让我们以另外一种方式来看待语言,他简单的语言形式只是比较对象,但是他还坚持说这些简单的语言游戏仍然是语言。

当我们把活动当作语言特点的时候,我们应该从两个不同的意义考虑这个术语,这两种意义还代表着语言学习的两个不同的层面。在学习的最初阶段,语词的意义是由与语词相关的活动决定的,但这个时期的活动是外显的。根据维特根斯坦的类比,一旦我们习得了简单的语言形式的用法,我们就能由此习得比较复杂的语言形式的用法。就像我们如果学会了简单的棋牌游戏,我们就能够懂得棋牌游戏相关的规则,并由此学会或类推出比较复杂的棋牌游戏的规则。同样我们可以把这些思想运用到语言学习中,小孩学习到了一定阶段就可以以词学词。在这个阶段,"用法"或"功能"就有了完全不同的意义,外显的活动被一些符号活动所代替。

　　"我们是如何学会使用一个语词的?"这个问题的解答不必局限于维特根斯坦的方法,有关这个问题,人们已经做了相关的研究。下一章我们将对这一方面的研究进行介绍,并试图发现这些研究与维特根斯坦后期哲学思想之间的联系。

第四章
乔姆斯基的儿童成长与语言获得观

第一节　儿童语言的获得

　　一个儿童最终是如何学会了一种语言？这个问题一直困扰着不同时期的哲学家和语言学家,大家从不同的角度对这个问题进行思考,也提出了不同的理论,如乔姆斯基的语言器官假说、皮亚杰的认知建构理论等,再往前可以追溯到柏拉图的回忆说以及洛克的白板说。几乎每一个有影响的哲学家或语言学家都对语言问题进行过自己的思考,提出了自己的观点。这些理论看似不同,而且不同的理论之间的争论也颇多,但细究起来,这些理论并不像它们所声称的那样迥然不同,只是侧重点不同罢了。到目前为止,关于儿童语言学习的问题还没有一个令人信服的理论,至多是一种假说,从某种意义上说儿童是如何学会一门语言的这个问题是我们无法回答的(unanswerable),因为我们无从知道儿童是**什么时候开始说话——说出有意义的语词的**。但无论这个过程多么难解,我们还是可以通过观察得到一些信息,对儿童的语言学习过程进行大致的阶段区分。儿童在不同的阶段有不同的语言习得,许多心理语言学通过研究有了大致相同的发现,如现在语言习得理论研究者发现,儿童的语言学习大致可以有:独词句阶段、电报语言阶段等。当然不同的人对这种现象的解释不尽相同,甚至是相反,如乔姆斯基和皮亚杰关于语言学习问题就曾发生过一系列的论战。[①] 乔姆斯基似乎成了这场辩论的赢家,但和所有的天赋论一样,"他很难解释这些先天具有的知识源于何处。如果他接受生物进化能带来这些复杂的、具适应性的知识的观点,那么他所持有的简单的系统不能自己升

①　Massimo Piattelli-Palmarini. Language and Learning, The Debate between Jean Piaget and Noam Chomsky[M]. Harvard University Press, 1980.

级为更具适应复杂性的系统的基本观点就站不住脚了。乔姆斯基以及他的支持者所持有的人类概念知识均为天生的观点或许是对的。他们所提出的新的更复杂的更具适应性的体制不能从已有的更为简单的体制中形成的解释则明显是错误的。"[1]在 G.齐科看来,即便有先天的、内在的语言知识,这种语言知识也不可能是一种事实性的知识(knowledge-that),相反这种知识随着人们生活形式的改变发生着改变。语言既不是斯金纳的完全的刺激—反应的结果,也不是乔姆斯基的先天具有的,语言的学习是一个选择的过程。我们认为齐科的观点是有道理的,如果一个人在没有兄弟姐妹的家庭里成长,与外界又相对隔绝,他会理所当然地认为"妈妈"这个词指的是在他身边,给他喂食、穿衣、洗澡并拥抱她的那个女人。当他走出封闭的世界,他会发现"妈妈"这个词并不仅仅指某一个具体的人,也不是单单指他的妈妈,他对"妈妈"这个词的理解也会随之发生改变,进行调整。平克(2007)也认为,人的语言知识或许是天生的,但从语言产生开始起,这种语言知识就会受到社会、文化等环境的影响。换言之,语言知识是变化的,随着环境的不同,这种语言知识发生着改变或进化,不可能是乔姆斯基意义上的内在的、事实性的知识。

我们问一个小孩是如何学会一种语言的,或者说他最初是如何学会这个或那个词的?我们感兴趣的是能够通过观察或研究指出这些不同的学习阶段,从而表明每一个发展阶段在儿童语言成长过程中的重要性。我们这里并不是要解释这个发展过程,或者说像维特根斯坦所说的那样"给出理由";这是一个描述,对儿童语言学习过程的描述。

在儿童语言学习过程中我们至少预设以下四种因素:① 教授者(tutor)或一个懂得语言的人;② 学习者,儿童本人;③ 所教语词的指称对象或事质;④ 某一种被教授的语言。Gardiner(1960)列出任何言语活动中的四个必要因素,当然也适合婴儿语言,不同的是,婴儿在开始学习语言的时候还不懂语言。这里我们要注意的是,对一个初学语言的儿童而言,外界的任何语言对他而言都是全新的,小孩如何能理解我们所教授的意义?这里自然而然会出现奎因指出的的指称的不确定性问题。当然这不是我们论述的重点。我们要做的是对小孩学习的外在表现进行描述,并不去解释为什么会有这些现象的原因。乔姆斯基假定小孩在学习一种特定的语言之前已先天地具有语言知识,奎因却宁愿称这种语言知识为

---

① 齐科.第二次达尔文革命——用进化论解释人类学习的过程[M].赖春,赵勇,译.上海:华东师范大学出版社,2007.

一种"趋向（disposition）"。无论是哪种情况，我们可以在婴儿语言学习之前预设有一种待学的语言、语言系统、语言规则等，这种语言已先于语言学习存在着。语言与语言的学习情景相关，是一个社会事实。教授者只能按照这个社会事实来教授语言和语言规则。而除此之外，我们还必须假定婴儿之前没有任何一种语言知识（这和乔姆斯基的普遍语法不同，我们将在下章对此进行比较），这或许是一个最难的问题。如果用一种语言来学习另一种语言，情况就不会那么困难，那只是从一种语言向另一种语言的翻译问题，但就婴儿语言学习而言我们要面对的是奎因（Quine，1965）的"原始翻译（radical translation）"问题。在正常的翻译中，我们只需在一种语言里找到与另一种语言相对应的词就行了，因此一个语词意义的教授只需口头上教导（instruction）就行了，比如，英语中的"red"和汉语中的"红"相对应。

　　反过来，如果我们设定婴儿事先已经懂得一门语言或已经具有一定的语言知识，我们就可以设定他可以对教授的语词进行一些思考，或者说我们可以设定他可以猜测被教授语词的意义，或者说对被教授语词的可能意义形成一个自己的假定（hypothesis）。当然，我们假定他之前不懂任何一门语言或没有任何一门语言的知识，这就把所有上述可能都排除了。

　　那么婴儿是如何学会把一个语词和相应的对象或事质联系在一起呢？正是对这个问题的研究不断促进人们对婴儿语言的研究。我们这里应该着重强调"言语行为（speech）"这个词。人们之所以在研究中有这样或那样的困难，主要是没有对言语和语言进行很好的区分。在语言学习中，儿童是在没有任何语言知识的背景下学会了语言。在语言学习中的一个重要的阶段是，儿童在什么时候学会了把声音语词（words as sounds）过渡到符号语词（words as symbols）？从广义上说，我们研究的是两个不同的方面（phases），这两个不同的方面需要不同的技巧。学会说话首先要学会发音动作技巧（motor skills），不同的语言有不同的发音特点，甚至同一种语言的不同的方言之间也有着不同的发音特点，如美国英语、澳洲英语以及苏格兰英语之间都有着显著不同的特点，汉语的南北方言之间的发音更是大相径庭。单从发音而言，我们甚至很难想象它们属于同一种语言。这些研究至少可以部分地通过一些生理学的概念（physiological concepts）来研究。学习一种语言也就是学习理解有意义的发声（utterance），这需要不同的技巧。

　　我们日常所谈论的语言一般与索绪尔定义的语言概念一致，在索绪尔看来，"语言是一种社会事实，一种行为。语言行为也有外部制约，那就是一种抽象的语言系统，这种系统和一切的语言惯例一样，是一切成员共同遵守的、约定俗成的社会制度。这种系统是通过教育强加给社会成员的,使每个成员没有其他的选择。"(刘润清,2002)索绪尔(2001)给语言下的定义是:"语言是言语能力的社会产物,又是必要的社会惯例的总汇,这种惯例为社会群体所接受,使每个人能进行言语活动。"这些语言惯例通过语法规则和使用规则表现出来,使言语交流和相互合作成为可能。

维特根斯坦认识到,在学习纸板游戏时我们首先要知道的是棋盘中的每一个棋子都预先准备好了。这也就是说我们可以通过类比认为,在语言学习之前,每一个语词的用法或意义都已经得到了确定。否则我们就无从学会一种语言。语词的用法规则就是我们的惯例。就此而言我们可以撇开具体的语言使用情景来讨论语言,当前许多语言学家这也正是这样做的。一个语言中的许多因素可以独立于其使用的具体情景,在语言系统内得到检查(examine)。比如说,每一种语言都有自己的发音形式和发音特点,这些发音形式和发音特点使得该语言和其他语言区别开来。汉语是单音节词而英语语词既可以是单音节词,也可以是多音节词,甚至有人认为:"语音系统的背后,还有一个更限制的、内部的或理想的系统……一种语言通过它的语音的理想系统和基层的语音格局(也可以说是符号的原子系统)来表现它的特性,就像通过自己的语法结构来表现一样。语音结构和概念结构都显示出语言对形式的本能感觉。"(萨皮尔,1985)潘文国(2004)先生在其著作《汉英语对比纲要》中对中英文的语音的不同特点有独到的发现。[①] 这些发音的组合以及组合的形式受一定规则的制约,这就像语词成句和语句成篇也受一定的规则制约一样。所有这些给定的因素都先于语言学习的过程而如是地存在着。

有些语言学家认为,儿童首先学会一些语词,然后把这些语词根据一定的规则组合成句子,但这种观点忽视了语言发展的早期阶段。更准确地说,儿童首先学会了发音、发声,然后是声音—形式(sound-forms),接着才是语词。经过这些阶段以后,儿童才开始学会说话,用他学过的语词去表达。毫无疑问的是,儿童是在学会一些简单的语言形式之后才逐步学会比较复杂的语言形式的,我们需要的只是从一个比较合适的语言单位来开始我们的研究工作。从上述观点来看,维特根斯坦仅仅用"简单的语言形式"来描述语言的特点似乎有点失之简单。至少从语言学研究的角度看是这样,因为简单的语言形式可以再进行区分。我们从简单的语言形式开始,然后把简单的语言形式组合成比较复杂的语言形式,这无疑是正确的。但我们也应该看到,一个词无论多么简单,它都是一个比较复杂的语言实体(lingustic

---

① 潘文国.汉英语对比纲要[M].北京:北京语言文化大学出版社,2004.

entity)。我们可以确定,一个婴儿在发出第一个有意义的语词之前必须学会许多其他的技巧。比如罗曼·雅各布森和莫里斯·黑尔(Roman Jakobson and Morris Halle)指出:"说话(speech)意味着对一定语言实体的选择,并把这些语言实体结合成更复杂的语言单位。在词汇层面这种情况是显而易见的:说话人首先进行选词,然后根据一定的句法、语义和语用规则把这些词组合成句子,句子组合成语段。但是说话人在语词的选择过程中并不是完全自由的,他选择的词必须是他和其他话语参与者共有的词汇(个别的新语词除外)。"(Jakobson and Halle,1956)

雅各布森(Jakobson)把话语参与人所共有的词库称作"语码(code)",这里的语码无疑是一个语言社区各成员共有的惯例习俗,这些共有的东西使得成员之间能够合作活动。要理解这些语码,就必须把语言分解成不同的语言单位。在许多情况下,语言分析者关心的只是语言实体本身而罔顾这些实体的意义和这些语言实体之间的互构规则(根据一定的规则,一些实体可以结合成为另外一些语言实体)。我们知道,最基本的语言实体是音素(phoneme),音素是一种语言的每一个独立的发音。比如在单词"pig"中就有三个不同的音素/p/、/i/、/g/。当这些音素结合在一起就构成了一个词形(word-form)"pig",如果变化其中的某一个音素我们就可以得到不同的单词,如 big、dig、fig,等等。当然我们还可以把这些音素和其他的音素形式结合在一起,构成新的单词如,fig-ure、dig-nity、big-ot,等等。但是我们必须注意到的是,我们正在研究的只是声音和声音形式(sounds and sound-forms),dig 与 dig-nity 这两个词除了它们共同具有 dig 这个声音形式之外,意义上没有任何联系。

每一个语言都有自己独具特点的发音和发音形式,在发音组合上不同的语言的自由度是不同的,罗曼·雅各布森和莫里斯·黑尔指出:"在语言单位组合中的自由度是逐步上升的,在不同的发音组合成音素时,话语人的自由度是零。在一个给定的语言中,语码已经对该语言的各种可能的因素进行了确定。音素也不能自由组合成语词,其组合也有限制(circumscribe),这种限制仅限于语词构造的边缘情景,用语词造句时话语人所受到的限制则不会这么大。最后在连句成篇时句法规则的强制性作用就会停止,任何一个话语人创造新的语词使用情景的自由就大大提高,尽管许多规范的语篇也不容忽视。"(Ibid.)汉语以单音节词也就是以字为单位,而英语最基本的语言单位是词,汉语是一种音足型语言,而英语则是一种形足型语言。根据潘文国先生的研究,英语和汉语在音韵上有着不同的特点,如英语是音势敏感的语言,而汉语则是一种音高敏感的语言;汉语构成音节的方式非常单纯,而英语的音节构成则比较复杂;英语语词音节之间有明显的拼合过程,而汉语

由于元辅音之间的区分并不明显,因而也就没有明显的拼合过程。(潘文国,2004)

对任何一门语言而言,音素和词形相对比较固定,这些语言单位可以独立于语言系统单独研究如音位学和语形学,通过这种方式的研究,我们可以形成各种不同的声音合成规则,当然这些研究仅仅限于声音层面而与意义无涉。在这方面汉语与英语有着明显的不同,汉语都是单音节词,而英语语词不仅有单音节词,还有双音节词或者是多音节词。正是语言这方面的研究特点使得语言研究比较适合经验研究的方法。但是我们必须认识到编码的固定性(fixity)——在这种情况下表现为某一特定语言的特定的声音与声音形式——是由语言的功能引起的。如果我们问:"为什么是如此这样的声调群?"我们只能回答:"没有一个共同的编码,我们就不能进行交流。"另外我们还可以加上维特根斯坦的话,没有一个共同的编码,我们"……就不能以这样或那样的方式对别人发生影响,不能建造道路和机器,等等。"我们千万不能忽略的事实是:"最终我们仅仅对话语感兴趣是因为只有言语才是有意义的,因为言语较大的单位指称对象或事件(objects and events)。因为指称需要言语范畴与非言语世界范畴的相互协调。正确的言语意味的不仅仅是正确的发音,它还意味的是'意义单位(meaningful units)'的恰当选择和组合。一个人如果还没有形成制约的(governing)非语言概念,他不可能学会一种语言。那么第一语言的习得就不仅仅是学会发音运动技巧(motor-skill),它是一种认知的社会化过程。"(Roger Brown, 1962)儿童在语言学习的时候也在习得与语言相关的各种社会文化,不同的语言有着自己的特点,反映着不同的社会现实。

除了我们上面提到的语言实体之外,我们还必须考虑这些实体结合的规则。有辖制音调结合的音韵规则,有辖制构词成句的句法规则。如果我们把语言比作游戏,语法规则、句法规则、语形规则、音韵规则等共同构成语言游戏的规则。学习一门语言远远不是仅仅学会语词与对象或事质的联系。如果仅此而已,语言游戏的类比不仅没有益处而且也不会有什么结果。

我们在上面对儿童语言学习过程中必须应对的一些语言实体(linguistic entities)进行了讨论。我们认为,儿童最初的语言学习是以语词的习得为目标。这个过程我们可以总结为:发音——有意义的发音——音调形式——语词的习得。在讨论中我们还认为,在儿童的语言习得过程中,有比维特根斯坦后期哲学著作中提到的简单的语言形式更为简单的语言形式。这也是儿童语言学习研究的重要性所在。从语言学习的较早阶段开始,我们可以无须为"儿童是如何学会使用语词的?"这一问题所困惑。

语言学习过程的最初阶段是儿童必须首先获得发音动作技巧(motor-skill),这样他才能学会发音说话并进而学会一种语言。他先学会发出相应的声音,然后要使发出的声音与他要学习的语言相一致。在这一阶段,小孩直接感兴趣的并不是意义。从严格意义上说发音不是学得的,它是人类的一个本能,是生物性的,这就像小孩学习走路一样自然。但是学会发音和学会走路又不完全一样:学习走路几乎是完全决定于相应的生理结构,而学会说话既有生理方面的原因也有社会方面的因素,生理因素决定一个小孩能牙牙学语,最后能学会一门语言,而社会因素则决定小孩到底会学会哪门语言。萨丕尔(Edward Sapir)说:"当然从某种意义上说,小孩天生就能说话,但这应完全归因于他所出生的社会环境而不仅仅是本性。他生长于某一个社会之中,理所应当会适应这个社会的传统和习俗。没有社会的作用,我们也完全有理由相信他能学会走路。我们同时也完全相信,如果没有社会,他根本就不可能学会说话;也就是说,他不能根据一个社会的传统的制度与人交流思想。"(Sapir,1921)

言语源于声音,小孩天生就能发出相应的声音(vocalized),他能发出声音并对声音做出相应的反应。正是由于这种能力小孩才能学会说话,但是我们要问的是:小孩是如何把这种单纯的发音能力转变成了说话能力的? 换言之,小孩是如何学会说话的?

在小孩最初的牙牙学语阶段,我们可以看到小孩语言行为的雏形,小孩能够对声音进行区辨(discriminate)标志着小孩语言能力的增长,直到小孩最终学会发出构成他要学习的母语的各种音节。我们可以从小孩最初的叫喊或哭声中发现意义,小孩感到舒心时发出的声音和不舒服时发出的声音显然有不同的特点。比如,咯咯地笑和不停地哭叫就是这两种不同情感的表现,而这两种发音行为都有相应的非语言的因素相伴。刘易斯(Lewis,M.M.)注意到,这一阶段小孩的发音与周围环境非语言因素的关系是小孩声音行为(vocal behaviour)意义的最初表现。他说:"……婴儿发出的声音是对他身体环境变化进行反应的声音元素(vocal element)。当他哭叫或发出'舒心的声音(comfort sound)'的时候,他的听觉和动觉经验——他的表达意识(awareness of utterance)——在那一时刻就开始深深嵌入他的身体经验之中。由于在语言行为的最初阶段,形式与功能不可区分。由于他后来的语言能力产生于他最初的语言行为,他早期的语言的本质——在形式和功能上——有力地影响了他语言的生长。"(Lewis,1963)

刘易斯认为,在其语言发展早期,儿童就开始对其听到的声音进行区分(discriminate),并且在这一阶段开始就把语言行为和其他形式的行为相联系。小孩饿了,就可能发出不舒适的哭叫,同样当小孩感到身体愉悦时也会发出舒心的声音。在这两种情况下,我们不仅有明显的语言行为方面的差异,而且还有相应的一些非语言方面的不同。当然我们不能下结论说小孩哭叫就是意味着他饿了,或者说当小孩咯咯笑(purring gurgle)的时候就意味着他非常舒心。但这种行为上的不同的确表现了儿童早期声音的不同以及与这些声音相伴的非语言经验的不同。刘易斯指出,这种舒心的声音以及不舒心的哭叫引起不同的声音(sounds),而这些不同的声音可以粗略地区分为元音和辅音。这些元音和辅音接着形成不同的声响(noises),进而成为小孩所要学习的语言的音素。

接着便是我们所称作儿童牙牙学语(babbling)的阶段,牙牙学语声起源于小孩舒心的声音(comfort noise),这一阶段小孩逗玩这些声音(playing with these sounds)。对婴儿而言,这一阶段极其重要,因为正是在牙牙学语阶段小孩学会发出音域不同的声音。小孩牙牙学语的时候不是简单地模仿,"小孩在牙牙学语的时候,他给我们的印象是他在发出他自己的声音,他从自己的牙牙学语中得到了某种满足,他在逗玩这些声音,正如玩耍身体一样,他在尝试用自己的发音器官发出一些声音。"(Ibid.)

这种玩耍游戏使小孩获得了不同音域发音的技巧,他还能自由发出一些声音,无须指涉任何特定的对象。他是为了发音而发音,刘易斯推测:"……孩子们乐于发出一些声音,乐于听到他们自己发出的这些声音,这是他们后来乐于听写的根本原因之一。从这些早期的运动开始以及在他的整个童年,他有可能一次又一次地表现出对语音和句法模式(pattern)的喜爱。"(Ibid.)

除了喜欢当下发出的声音之外,小孩牙牙学语阶段还有第二个收获,刘易斯指出,"……通过反反复复的练习,它是小孩获得发音技巧的一个手段。其他形式的玩耍使小孩获得一个基本的技巧,并在这个简单的技巧上小孩逐步获得比较复杂的技巧。同样,牙牙学语是小孩更复杂语言技巧的开始,在这个基础上小孩逐步学会发出言语的声音。"(Ibid.)

这里我们可以看到一个儿童语言发展过程中循环发生(recur)的一个模式(pattern),即小孩在学会说话之前必须要先学会发音。反过来,小孩要学会一门语言必须要先学会说话,这里隐含的一个事实是:小孩在不会说话的时候就可以发出一些声音,在不会使用语言的时候就可以说话。小孩在牙牙学语的时候可能会发出一个声音比如"mamama",但我们不能把这个声音当作一个单词看待。在后来的阶段,小孩可能能够说出"mama"和"papa"这些词,但我们不能据此就认为小孩学会了说话,或者说我们就可以认为小孩完全理解了"mama"和"papa"这两个词的用法。

下一步我们看一看小孩的牙牙学语是如何"细化（为语言）（narrow down）"的，也就是说这些牙牙学语如何变成了可能形成某一语言的可以区分的发音（sound）。

孩子出生后，他的每一种行为都不可能不受到社会的影响，他的舒心的以及不舒心的声音都是对他周围环境的一种反应（response）。但是父母对孩子哭声的反应会进入孩子的行为模式，影响孩子的行为。换句话说，小孩与他们的父母之间存在着一种互动的关系，这种互动构成了米德所称的"社会行动"的基础。

下一个阶段是模仿阶段，这一阶段标志着小孩开始对外界的言语刺激有了反应。作为对小孩哭声的反应，妈妈可能会过来发出舒缓宽慰的声音（soothing voice）。在语言的最初阶段，孩子和父母都有使用有声姿势（vocal gesture）的习惯，小孩不舒服的哭声不仅仅带来自己身体所处的环境的不舒服，而且还伴随有相应的有声姿势。在这里，有声姿势表现为他妈妈舒缓宽慰的声音，在这种情况下，小孩有可能逐步模仿父母，发出相应的有声姿势。

这一阶段小孩并不能对他听到的声音进行准确的模仿。"在小孩出生最初的几个月，他对我们语言的有声反应（vocal response）当然不会非常精确。但在通常情况下，他对某种特定声音的反应则是有规律的，而正是这种规律性使得他最终学会模仿。"（Ibid.）小孩和父母之间的互动在其模仿能力的发展中起到重要的作用。孩子对父母声音的模仿在最初可能是偶然的（haphazard），但可能由于父母的鼓励，这种模仿会得到加强。比如，孩子在开始只是简单地发出"ma ma ma ……"的声音，妈妈可能就把这种声音当作孩子在学说话，然后跟着他发出"ma ma ma ……"的声音。为了鼓励孩子，妈妈不断地重复孩子的发音，这在某种程度上使孩子的发音得到了强化，逐步能够清楚地发出某一个清楚的音。[①]

"这种认可给任何跟我们相近的声音范型（sound pattern）角色定位，小孩有更高的动机（increased incentive）重复他的声音范型；这种声音范型极有可能成为他牙牙学语中经常出现的一种。由于小孩不断地发出这种声音范型，这种声音范型对孩子而言就逐渐习以为常，这种不断的强化选择结果（selective result）是小孩的发音越来越接近他听到的语音范型——他母语的一种语音范型（phonetic pattern）。"（Ibid.）

这样看来，小孩说话技巧的获得似乎全然是一个生理活动，但这些技巧获得的语境又是社会的。我们可以认为小孩的发音、渴望与外界的交流等都是生物性的

---

① 刘易斯认为越来越多的证据表明，同正常家庭养大的孩子相比，生活在孤儿院的儿童的语言发展表现得迟缓，这种迟缓从开始的牙牙学语一直贯串到小孩的整个童年。

或者是生理性的。但我们再次强调的是，这些生物性和生理性的因素在社会因素条件下才能发挥作用。没有社会因素，小孩是不可能从简单的发声到发音到发出相应的语音范型。小孩不仅仅是在学习发出声音，他认识到他发出的声音能够像他的手一样起作用，具有一定的功能。他可以用手推、拉、抓等，类似地他也可以通过他的声音姿势来达到他的目的。正如刘易斯指出，当研究者"……观察到婴儿最初学习语言并不是符号系统的获得，而是婴儿行为模式的生长，这种行为模式很快成为他有限公共活动的一个重要工具。"(Ibid.)

小孩在很早阶段就能对与他们身体条件相关的特定言语的型式作出反应(response)。"他知道当他对这些声音进行反应时，他可以得到周围其他人的赞许，他还知道他自己也可以通过发出一些相应的声音来引起其他人的行动。"当他能够发出这些相应的声音的时候，根据刘易斯的观点，他就到达了"有意义的模仿阶段。"(Ibid.)

刘易斯的这种观点同米德的"有意义的姿势(significant gesture)"的思想相一致。小孩不再是简单的声音模仿，正如米德说："这里有一个选择的过程，通过这个选择过程小孩选择出公共的东西。正像别人对他的影响一样，模仿取决于不同的个体对其自身的影响。因此，在小孩使用相同的有声姿势(vocal gesture)的时候，他不仅受别人的影响同时也受他自己的影响。"

当发音姿势对小孩和它们的父母意味着同一样的事质或对象的时候，我们就可以说发音姿势具有了意义，当然米德反对把语言学习看作简单的模仿的观点。刘易斯指出的确模仿在语言学习中起着非常重要的作用，但是简单的模仿行为一定要过渡到有意义的模仿，而这一过渡离不开社会因素的作用。这里米德的评论对我们应该是有帮助的："模仿并不是看了别人在做什么就简单地跟着去做，这里的机制是，个体自身能够发出反应，而这种反应他在另外一个人那里也能够得到，结果是这些反应在他那里获得比其他反应更大的价值，这些反应逐步组合成为一些'反应的集(sets of responses)'，成为一个占支配地位的整体。"(Ibid.)

只有考虑到这种有声姿势的独特性(uniqueness)，我们才能领会到这种反应的特定性质。小孩不仅自己能够对别人的姿势做出反应，他还能对自己的姿势做出反应，也只有这种有声姿势才能使这些成为可能。

婴儿可能会碰巧说出"mama"这个词，他听到自己发出这个声音，他一定会考虑到他自己以及其他人对他说出的话语的反应。"如果我们想成功地完成一个有声交流，我们必须不断地对我们自己做出的姿势做出反应。我们正在说出的话语的意义是对这些说出的话语进行反应的趋向(tendency)。你让某人搬一把椅子来，你就会激起某人搬椅子的趋向，如果那人行动迟缓，你就可能自己去把椅子搬来。对有声姿势的反应是做某一具体的事，你会激起你自己同样的趋向。"(Ibid.)

现在的问题是，当别人说话时，小孩是如何懂得了他们的意向？这里我们可以谈到孩子"意向的成长（growth of intention）"。在这一成长过程中，小孩和父母所起的作用可能是一样的大。它是由有声手势独特的反身性质（reflesive character）引起的。小孩把自己的意向和对有声姿势的使用联系起来，这种联系在后来可能会得到纠正，但重要的是他**语言使用的机制正在发挥着**作用。

我们可以对孩子早期语言学习进行总结，小孩在这一阶段学会发出他所在语言社区的声音，他的发声动作技巧（motor-skill）在这一阶段也获得了发展，这使得他能够发出某种语言的声音或声音形式（sounds and sounds-forms）。我们还应该注意到，在这些技巧发展的过程中形式和功能是统一的，是不能分离的，小孩不可能单独获得某种声音的形式或功能，尽管我们可以把这一过程区分成不同的阶段并对这些阶段进行描写，这一过程本身是一个连续的整体（continuum）。比如说这些过程中有一个意义模仿阶段，在这一阶段，小孩能够进行有意义的模仿，但即使是小孩最初的哭声也不是毫无意义的，在从简单的模仿到有意义的模仿过渡中，一个重要的因素是小孩的模仿得到了父母的不断强化。当然我们也应该认识到，正常情况下，父母在小孩语言发展过程中的作用也是连续不断，贯串始终的，从简单的发声到牙牙学语一直到最后有意义的言语。

小孩语言学习早期主要是努力获得说话所必需的运动技巧，至此小孩的主要任务是学说话，学会发声、发音，下一个阶段就是学会具体的一门语言，他自己的母语。

第二节　意义的成长

小孩是如何实现从简单的模仿到有意义的模仿的呢？他什么时候开始习得一个词的意义的呢？

正如我们已经观察到的，从小孩发出的第一声的时候，意义的雏形就出现在他的语言"使用"当中。我们应该认识到的是，在小孩学习语言的过程中没有哪一个时间节点的语言学习可以和其他技巧的学习分开，或者说，孩子的语言是不可能单独习得的，语言学习是整个情景不可分割的一部分：包含各种形式行为或行动的情景和许多其他复杂因素在语言学习中起到不可或缺的作用。在生活的环境中小孩形成了相应的习惯,学会了相应的社会惯例,通过与周围世界的接触学会了对周围非语言环境的范畴分类。罗杰·布朗(Roger Brown)认为:"假定小孩有感官属性(sensory attributes)上的优势(prepotency),他可能根据这些感官属性进行范畴分类。他或许把所有光面向上的硬币和光面向下的硬币看作既是相同的也是不同的,他可以根据教授者(tutor)的要求做出不同的回答,回答可能是口头上的也可以是非口头上的(verbal or non-verbal)。"(Roger Brown,1962)

我们还有理由认为小孩在这一阶段正对语言现象进行分类。如果是这样的话,小孩"一下子"能够进行有意义的发音模仿就不再是一个问题,更令人疑问的是,情景中的这些复杂的因素是如何引发了语言的特定使用。但是只是在小孩初步获得了语言的能力之后,他才能够对非语言的世界进行范畴区分,也才能够进行布朗所称作的"最初的语词游戏(original word game)"。

只有在学会把语言范畴和非语言范畴进行联系之后,小孩才能实现从简单的模仿到意义模仿的过渡(transition)。也就是说,他必须先知道语词"红"同一定的感官属性相联系,他才能按照规范去使用"红"这个词。

这种语言和非语言现象之间的联系只有在语境中才能得到实现:对牙牙学语的儿童而言,语言是一种行动的模式(a mode of action),而不是一种思想模式。小孩在发展的最初阶段使用语言和使用手非常相像,都是为了达到一个目的。它是一种反应,是本能的东西,具有生物的属性。我们这里必须假定在儿童语言发展的最初阶段,米德所称作的"姿势对话(conversation of gestures)起着非常重要的作用。小孩不舒服时妈妈宽慰表明的无非是一种刺激反应情景。但由于这种刺激反应是在一定的社会语境下发生的,这种活动的性质理所当然也受到影响,妈妈不仅仅是在用舒缓的声音安慰小孩,她同时还在使用一种语言,意义嵌于情景之中的语言。"(Roger Brown,1962)

儿童的发声表达中有两种结果标志着小孩开始了意义理解。刘易斯把这两种结果叫作操作性的(manipulative)效果和陈述性的(declarative)效果。"当小孩的发声表达能够引起其他人的行动时,我们就称他的发声表达具有操作性的效果——随着双方经验的增加,最终别人的行动能满足他的要求;当小孩的发声表达能够在另一个人身上引发一种感觉表达(expression of feeling)时,我们说他的发声表达是陈述性的——随着双方经验的增加,最终这种表达能满足小孩的要求。"(Lewis,Language,1963)

刘易斯给出了一个操作性效果的例子,在这个例子中小孩伸手去够滚到婴儿围栏外面的一个球,但无论如何努力他都够不到。这时小孩开始"mamamama"地叫,如果他妈妈听到他的声音过来给他捡球,那小孩发出的"mamamama"就具有一种操作性的效果,在这种情景下我们,就有了"意义姿势(significant gesture)"的雏形。这里,小孩把他的有声姿势(vocal gesture)和重新得到球的"意图"联系在一起。他妈妈对他的姿势的反应同小孩的"意图"相符合。在这个例子当中有一种三向关系(triadic relation),米德认为这种三向关系表现出了意义的特点,"……也就是在一个个体所发出姿势的三向关系中,由第二个个体对这种姿势做出反应,第一个个体发出姿势所引发的社会行动完成。"(Mead, George Herbert, 1963)在选择(single out)小孩语言操作性效果的时候,刘易斯指出了语境在语词使用中的重要作用。马林诺夫斯基在著作中也对这一点进行了强调:"对孩子而言,语词……不仅仅是表达的手段,而且是一种有效的行动方式。可怜地呼喊一个人的名字有着神奇的力量,可以让这个人马上出现;在大多数情况下,呼叫食物的名字,食物也会出现。因而这些经验会在婴儿心里留下深刻的印象,一个名字对它所意指的人或对象拥有魔力。"(Malinnowski, 1989)

有种观点认为言语能力的获得仅仅是吸收同化,同这种观点相反,我们发现,"人类的本质生物属性使得儿童早期清晰发出的语词(articulated words)有着它所意味的效果。对一个儿童而言,语词就是他随时可以使用的力量(active forces),语词使得他对实在(reality)有个基本的把握,语词为他提供一个移动、吸引、拒绝外部事物(outer things)的有效手段,他可以借语词使所有这些相关的事质(things)发生改变。当然这不是说小孩能够意识到这一切,但它是一种态度,通过小孩的行为意指出来(imply)。"(Malinnowski, 1989)

马林诺夫斯基的观点同维特根斯坦的后期观点非常相近:一个人可以通过学习使用一个词来习得这个词的意义。尽管比较复杂的语言形式的特点并不仅仅是这些,但它给我们一个洞见,让我们能看清楚语言的基本特点。重要的是小孩通过学习语词的用法学会了一个词的意义,从这个意义上说,维特根斯坦对意义的教授提供了语用学研究的一个进路。

维特根斯坦坚持从语言的最简单的形式出发来研究语言的特点,我们在儿童语言学习中和原始语言研究中也会发现同样的语言的最简单的形式——从语言的最简单形式入手我们可以发现一个事实:语言基本的功能是一种交流,语言本身则可以看作是一种工具,维特根斯坦本人也把语言比作工具箱中的功能各异的工具。当然我们说语言是一种工具并不意味着语言只能用来做事,语言也可以是一种表达,也可以看作是一种文化的符号记录,从不同的角度切入,我们会有不同的研究进路。我们在此只是从语用或者说从语言的功用着手来研究语言,其他方面的研究则不在此次研究范围内。从语言的最简单的形式入手,我们可以从不同的进路来思考意义问题,我们不再把意义当作一个客观的实体存在,意义存在于语词使用的具体情景之中,也可以说意义内嵌于相关的情景之中。我们不会再抽象地去研究意义问题,而是在语境中去看、去观察。正如维特根斯坦所说,我们"不要想,只要看",看看语词在实际中是怎样使用的,就可以发现语词的各种用法。马林诺夫斯基也说:"对土著人或儿童而言,意义并不是来自于玄想(contemplation),也不是来自于对事件的分析,而是来自于实践,来自于他们对相关情景的亲知(acquaintance)上,一个语词的知识是通过对这个词在一定语境中的恰当使用而得到的。"(Malinnowski,1989)

在这里我们可以清晰地看到维特根斯坦的意义使用观的影子,或者说马林诺夫斯基和维特根斯坦通过不同的研究得到了相同的结果。我们强调语词使用的情景,但这并不是说上下文并不重要,我们只是说,在语言发展的最早阶段,句法的重要性远远不如相应的语词情景重要。重要的是在这一阶段,儿童在一定的情景中通过语言能够对周围的环境进行操控(manipulation of things)。儿童语言的陈述性效果也是以同样的方式在起作用,小孩处于一个比较满意的状态时,可能发出"mamamama"的声音,"这种声音可以在另一个人身上唤起愉快的表情。它是满意的一种基本表达,它会导致与另一个人的情感交流。"(Lewis,1963)这里我们研究的依然是意义符号象征的自然形式(crude form)。有声姿势可以在另一个人身上得到同样的反应,小孩当然不会完全明白姿势的意义,但是意义所指出的关键之物就在当下,在当下的情景之中。

小孩下一步面临的问题就是意义的稳定和固化(stabilize),正如我们上面的分析,婴儿发出的一个有声姿势(vocal gesture)如"mamamama"表达的不只是一个意义,它既可以是婴儿让妈妈来帮他捡球,也可以是婴儿本人高兴时发出的声音,婴儿还可以用这个有声姿势呼唤爸爸,甚至是任何一个在场的人。但是随着婴儿的成长,"mamamama"这个词的所能意指的对象逐渐变窄、逐渐明确,这个过程我们称之为"意义的稳定过程(the process of the stabilization of meaning)"。婴儿可以有几种方法使意义稳定下来,就"mamamama"这个词而言,可能的情况是妈妈比其他人更多地对这个词做出反应。"……妈妈走近婴儿说,'妈妈在这'或其他诸如此类的东西,妈妈模仿婴儿的发音,模仿的不仅仅是婴儿的发音,还有婴儿发音的意义,因为是她把这个语词带入了情景,对婴儿而言,这个情景在功能上已经与情景密切地联系在一起了。"(Malinnowski,Bronislaw,1989)

这也表明一个事实，就是我们无论如何强调社会语境的作用都不过分，"mamamama"这个词从婴儿最初的发出到意义的逐渐固定与妈妈的强调或无意识的训练有关。刘易斯对此有比较精辟的论述："即便是简单的分析，我们也会发现这一过程的复杂性是显著的（remarkable）——即便如此我们也可能会错失许多因素。当然有一点是清楚的——孩子母语学习的最初发展是在他与周围环境的相互关系中实现的。无论如何，我们有时漫不经心使用的一个术语（term）在这里却有一个精确的用法：儿童的语言发展是一个社会的过程。"（Lewis，1963）在这个复杂的过程中，一个词的意义要么是扩大要么是缩小，而这是儿童语言发展的下一步。

维特根斯坦所称作的传统语言观认为每一个词都有一个意义，或者说每一个词都有它自己的所指。**根据这种观点，小孩只有在学会一个词和某一对象的联系之后，他才有可能学会这个词的意义，而语言学习过程揭示的却是另外一种情况。实际上小孩在语言学习的过程中也在不断调节他对一个词的理解。**我们不能说在某一个点上小孩获得了某一个词的绝对固定的意义，从这一点上看，维特根斯坦的观点是正确的———一个词的特定的意义是通过它所使用的情景才能得以"固定（fixed）"。

在小孩语词意义扩展或收缩的时候，他们尝试对语词的各种意义进行归纳（generalize）和列举/详述（particularize）。刘易斯指出，一个词的指称范围的扩大或缩小要依据这个词的使用情景而定。他在著作中引用达尔文所记录的一个例子来说明婴儿语词意义的扩大。达尔文记录说，通过指着一个鸭子他的儿子学会说"quack"这个词，然后小孩就扩大这个词的用法，用它来指称水、鸟、昆虫甚至是法兰西硬币上的鹰的图像（Ibid.）。一般情况下，小孩学会"doggy"这个词后，也常常用它来指称所有四条腿的动物。学汉语的小孩，学会"叔叔"这个词后，会把它扩展指称所有和他爸爸年龄相当的男性，见到所有的年龄大的人称"爷爷"等。

刘易斯还注意到，小孩在还远没有学会一个词的约定用法（conventional use）前就能根据某个情景扩大一个词的使用范围，他举出一个一岁九个月大的小孩的例子："看到飞机飞过窗外，小孩会发出'啊啊（eh）'的声音（小孩在许多情景下都发出这样的声音）。12天以后，再看到飞机，小孩就会发出 paypay 的声音，一种近似 plane 的声音。第二天他看到一个风筝也会发出 paypay 的声音。"（Ibid.）刘易斯强调的是词义扩张在小孩还没有学会规范地发出一个词之前发生。这也表明，在某种程度上小孩试图形成（formulate）自己的语言。接着小孩会很快认识到，他的不规范的语词使用并不能带来他想要的结果。小孩在语言学习过程中还试图对语词的意义进行缩小，当小孩把某一个词当作某一特定对象（a particular thing）的名称时,这种情况就会发生。正如刘易斯所指出的那样,我们并不是能经常注意到小孩能够对一个词的意义进行限制。我们假定一个小孩学会了一个词的正确用法,"在经常情况下,或者说是在绝大多数情况下,一个词对小孩来说是一个专名(proper name)。如'wood'这个词并不是一般意义上的'wood',而是小孩在餐桌上学会的某一种图画,如树林或木头等。一个小女孩把她妈妈的黑袖套叫做袖套,但她不能把这个词的用法转到她自己的白袖套上来。很自然地,小孩容易把'爸爸'这个词当作一个专有名词,专指他自己的爸爸。"(Jeserson, Otto, 1959)

有一种错误的观点认为,"小孩从学习第一个名称词(a name for a thing)开始就进行归纳和分类,然后扩展或缩小这个词的使用。"而我们通过观察认为这种观点是站不住脚的。"小孩对自己言语(speech)的工具性使用源于他最初的发音表达,在与他有相同经验的人的不停的指导下,他不断扩展或缩小他的声音范型(sound pattern)的运用,以此来尝试满足他自己的需要。在他用规范的语词取代他自己原来的原始声音范型的过程中,他最终意识到语词可能就是事质对象的名称。"(Lewis, 1963)

儿童早期语言学习的发展证明,语言从其最简单的形式上看是功能性的,同时我们还可以看到婴儿在语言发展的早期并没有清晰的概念,使用语词时他未必需要懂得这些词的精确意义。我们还可以辨识出小孩语言学习的不同阶段,我们也可以看到小孩使用语言的能力以及意义理解能力都是逐渐获得的。维果斯基(L.S. Vygosky)通过对正常儿童和聋哑儿童的研究,对自己的研究结果进行总结说:"① 小孩发现词与对象之间的关系,但这并不是立刻意味着小孩能够对符号与符号所指之间的关系有一个清晰的意识,有一个成熟的思想。在他还未掌握符号所指的内在关系之前,在很长的一段时间里,那个词似乎就是它所指对象的一个属性或性质。② 事实上小孩的发现并不是一下子实现的,并没有一个精确的瞬间是可以描述的,是一系列长期复杂的'分子(molecullar)'变化导致了这种言语的发展。"(Vygosky, 1961)

至此,我们可以清楚地看到,小孩是在其声音形式与事质对象相互联系的过程中获得了最初的语言能力。在这一阶段小孩显然并没有把语词看作符号,而是把语词看作事质对象(things)本身。语词和它代表的对象是一回事,或者语词就是对象的一个属性或性质。随着语言用法越来越复杂,语言使用的情景越来越多变,对小孩的语言能力的要求就越来越高,越是在这个时候,小孩越是倾向把语言看作"符号性的(symbolic)",也就是说,他开始发现语词并不是一些对象本身,而只是指称对象的符号。

马林诺夫斯基通过对土著人语言与儿童语言的比较发现了这种转变,和儿童语言一样,在土著语言中,"意指一个器具(utensil)的一个词,是在行动中使用的,不是评价它的质地、反映它的性质,而是用来使器具出现,递到说话人的手里,或者向另外一个人指示它的用法。一物的意义是由它在当下使用(active uses)中的经验构成的,而不是智力玄想的结果。"(Malinnowski, 1989)马林诺夫斯基通过研究发现,土著语言和儿童语言反映着同样的模式,他对此评论道:"因而,一个野蛮人并不是通过解释、一系列的统觉(apperceptions)学会了一个词的意义,而是通过学会如何操作这个词来学会这个词的意义。对一个当地人而言,一个词就意味着这个词所指对象的正确使用。准确地说,当一个词可以作为一个使用的工具(implement)时,它就有所意谓,当这个词不在当下使用或没有当下经验的时候,它也就没有任何意义。"(Ibid.)

那么我们就不难发现传统语言学习观如此根深蒂固的原因。语词就是其所指对象的名称,这种思想在小孩的心里留下深深印记,当然这种观点似乎也是土著语言的一个特点。

到此为止,我们发现了这样的一种情景:小孩在学习语词发音时已经获得了一定的技巧,他还获得了在多种不同的情景下使用这个语词的能力,但他还没有获得这个语词的精确的用法。通过语词意义的扩大或缩小,小孩对语词的所指进行相应的扩大和缩小,语词的所指缩小到具体的某一种对象,语词的对象扩大到一类事物的名称。小孩把他的语词同相应的对象联系起来,严格地说,小孩逐步学会的、发展起来的是一种儿童语言,与我们正常的日常用语是有区别的。这一阶段他发出的声音可能是"球球",而不是我们日常所说的"球"的发音。正常情况下,成人能够听懂小孩的语言,而儿童这个时候却不能理解或者说不可能完全理解成人的语言。在指称对象时,父母常常用儿童的语言来指称对象,比如,在指称一条狗时,父/母可能说"狗狗",而不是用所谓规范的成人语言同儿童进行交流。有意思的是,小孩的确有自己的语言,在他"语词游戏"之前有一种翻译的因素在里面。父母的任务是教授小孩用"球"来代替"球球",用"狗"来代替"狗狗"等。

刘易斯指出,在这一阶段小孩在学习语言时很容易保守。他一旦有了自己与周围世界进行反应的言语习惯,他就很不情愿改变自己的言语习惯。"在学习母语的时候,小孩通常非常保守,固执地坚持自己的言语习惯方式。他们所发出的声音、对这些声音的使用、对我们语词的模仿以及对我们言语的反应等,它们都表现出很大的保守性。"(Lewis, 1959)

儿童的这种语言学习的保守倾向同时表现在语言学习的其他方面,我们最常见的是小孩常常会对一些同音异义的词感到困惑。叶斯波森举出许多这样的例子,比如,有人告诉范斯说:"Your eyes are running."他感到非常震惊,问道:"Are they running away?"(Jeserson,1959)小孩在颜色词学习中也有类似的情况,他们很容易区分"黑—白"但对于居于其中的紫色、红色等则不是那么容易了。通过观察我们还发现,小孩对指称词"你、我、他"的习得也是非常困难,这可能与小孩的智力发展有关,也可能与其社会化的程度有关。

儿童相对保守的主要原因是他们自己交流的需要,语言的工具性可以满足小孩的这种需要。正如刘易斯指出的那样,小孩并不是简单地对事物的名称感到好奇:"他有一种同我们进行交流的迫切的需要:他像一个在陌生土地上的旅行者,手里只有一本内容稀疏的短语手册(sparse phrasebook)。有时我们会对他奇怪的语言感到好玩,有时会感到迷惑不解;但作为他们的监护人,我们欢迎他们成为我们中的一员,也意识到他们的这种迫切的需要,我们不会无视他们强烈的交流的愿望,我们会试图对他们的交流进行回答而不是试图去教授或纠正。我们大部分是在半路和他们开始交流,在我们对他们的言语做出反应时,我们就在强化他们的有关语词意义的扩大,而这些语词的延伸或扩大逐渐变得确定下来,这种强化或者是暂时的或者是永久的。"(Lewis,1959)

这里我们研究的主要是儿童语言学习的最初阶段,我们有充分的证据表明儿童语言学习是一个相当复杂的过程,其中有许多因素是我们以前所没有考虑过的。我们也试图证明,通过对儿童语言学习的考察,我们可以对维特根斯坦的问题"儿童是如何学会一个语词的?"进行初步的回答。我们要看这个语词在实际中是如何使用的,要从最简单的语言形式出发,不要陷入玄想,不要去追逐所谓的意义,因为一个词的意义就是它在各种情景中的使用,我们的研究同维特根斯坦以上的观点有许多相通之处,但也有不同之处。

我们首先认识到的重要因素就是要对维特根斯坦的"意义即使用"的观点进行确认。通过对儿童语言的研究,我们发现儿童是通过学习一个词在适当情景中的使用来学会这个词的意义的。我们这里特别强调的是儿童是通过学习语词的功能,或者说,通过学习他能够用语词来做什么,来学会一个语词的意义的。如果我们把儿童语言看作是维特根斯坦所说的"简单的语言形式",那么我们可以看到在这些简单的语言形式中,一个词的意义就是它在具体情景中的使用。这里我们还可以看到,对儿童而言,语词和语词的指称对象是一致的,或者说词语等同于它所指称的对象,只是在非常基本的意义上,他的语词才是符号。他习得的语词,是语词本身的属性或性质,这和马林诺夫斯基发现的土著人的语言特点是一致的。

其次我们要说明的是,在儿童整个语言学习过程中,一个语词的意义并没有一个刚性的边界(rigid boundary)。儿童总是在不停地通过意义的扩大或缩小来调整他对一个语词意义的理解,在调整的过程中,语境的作用不可或缺,这些调整是儿童通过他与周围环境或情景的互动实现的。

最后我们认为最重要的一面是通过对儿童语言学习的研究,我们更深入了解了维特根斯坦后期的哲学观点。换句话说,我们的研究证明了维特根斯坦后期哲学思想的正确性。维特根斯坦在其后期哲学中坚持认为,语言依其本质是一种社会现象。语言不仅仅是一种思想的模式。一个语词的真正意义在于,它可以作为一种工具,有可能拓展人们合作活动的范围。我们相信,也就是在这个意义上,维特根斯坦把语言称作"一种生活形式",维特根斯坦的语言即使用观以及语言生活形式观在儿童语言和婴儿语言的成长过程中可以得到明确的证明。

第三节 本 章 结 语

对儿童语言学习的研究可以帮助我们了解语言的起源以及儿童语言的发展。同时,这些研究对我们了解成熟发达的语言系统也有很大的帮助。如果我们把语言当作言语习惯的总和,当作多种使用言语的总和,我们就会不得不面对许许多多极其复杂的语言现象。也正是这些复杂性引导着语言学家、心理学家以及其他对语言功能感兴趣的人试图通过对语言的简单形式的研究来达到对语言的理解及对人类行为的理解,而婴儿语言和儿童语言自然成为这一研究领域的一个重要方面。

当维特根斯坦让我们关注语词的各种用法的时候,他似乎也在考虑一个类似的问题,他最关心的是要唤起我们对简单语言形式的注意。当维特根斯坦抛弃其前期思想否认语言"本质"存在的时候,当他试图通过语言的日常用法获得对语言一个比较清晰的理解的时候,他也和其他的心理学家、语言学家甚至哲学家一样,不得不面对纷繁众多的语言现象。在他的语言游戏观里,他认为他找到了一个阐释语言的简单可行的办法。我们对语言意义或用法的困惑可以通过对语言在各种情景下的使用的研究得到厘清。而我们选择简单的用法或至少是语词通常意义上的用法,就是为了提高我们对一个语词意义的清晰的理解。

大致出于同样的原因,维特根斯坦问,当我们考虑一个难词(a difficult word)时,"我们是如何学会这个词的?"他对语言的简单形式进行预设,并认为我们是通过这些语词的简单形式来学会这些语词的,我们似乎还可以预设,语言的形式越简单,我们对这种语词的理解也就越完全。

我们通过对儿童简单语言形式学习的研究可以了解语言的本质、语言学习的特点,但这种研究能在多大程度上帮助我们去了解复杂语言的学习的呢? 换言之,尽管我们知道儿童是如何学习简单语言形式的,但我们还是不能确定小孩是如何从简单的语言形式过渡到复杂的语言形式的。我们对儿童语言或者是土著语言的研究是否能够像维特根斯坦所说的那样,可以"……驱除迷雾……"呢? 是不是语言最初使用的研究就可以使我们"对语词的目的和功能有一个比较清晰的理解呢?"我们认为,对语言原初使用现象的研究只能使我们对语言在原初语境下的使用有一个清晰的理解。比如我们对婴儿语言的研究可以帮助我们更好地理解婴儿的语言,**更好地理解语言在婴儿成长过程中所起到的作用。我们可以对儿童语言有一个比较清晰的了解,但笼罩在成人语言之上的迷雾并没有因此而散去**,我们不可能对繁多的日常语言现象一个一个地进行分析,甚至有些语词我们在简单的语言形式当中找不到它们的使用之处,更是无从对其进行分析。

维特根斯坦的预设是所有的语言形式,除了复杂程度上的不同之外,都是同质的(of the same kind),但我们通过对语词最初功能和目的的研究发现,语言形式或语言游戏并不总是同质的。语言在其最初的阶段,婴儿牙牙学语阶段,以及土著人的语言那里是所指对象的不可分的一部分,或者说是语词所指对象的性质或属性。这和我们传统的语言观不同,传统的语言观认为,语言只不过是一种符号体系,可以与所指对象分离的一种东西。

在原始语言形式那里我们看到了语言与活动或姿势语言之间的有机联系,在语言的原始使用中符号使用的语用维面居于主导的地位。维特根斯坦的确有道理,语言从最简单的形式来看是语用的,或者说是与语言使用的当下的情景是不可分割的,杜威和米德都有类似的观点,马林诺夫斯基通过对土著人语言的研究也得出了相一致的结论。但这并不意味着我们只能通过使用来表现语言的特点,句法、语义等其他方面都是语言研究,特别是一种成熟语言研究必不可少的方面。我们承认,在语言发展的最初阶段,语言的语用维面是最重要的,但在语言后来的发展过程中,尤其是对于一个发达的语言而言,其他维面也同样起着重要的作用。

维特根斯坦的哲学治疗方案主要是在语言在具体实际情景下的简单使用上展开的。我们把语言的这些简单的使用当作一种事实,正是在这些事实之上我们达到了对语言的清晰的理解。但是我们也发现,即使要达到对语言简单形式的清晰理解也会涉及许多其他的因素。

我们在一开始就讲到,维特根斯坦对语言的分析只是为了他的哲学治疗的目的,他没有对语言和言语进行有效的区分。他所提出的简单的语言形式或语言游戏代表的只是我们日常的言语行为。但我们应该注意到,语言游戏或简单的语言形式只有在更大的语言系统的背景下才有意义,维特根斯坦把这个更大的背景笼统地叫作生活形式,并认为生活形式是我们语言游戏的基础,我们正是在生活形式这个大的背景下展开语言游戏的。但除了一些简单的个例外,我们不可能对语言游戏进行孤立的研究。我们之所以能够在特定的情景下使用一个语词,是因为我们对这个语词在更宽的维面上有了一个比较清楚的了解。但是我们也看到,维特根斯坦的哲学治疗、语言分析或对语言习得问题的讨论对我们语言研究起着非常重要的作用。维特根斯坦强调语境、情景在语言理解中的重要性,这有助于我们理解语言的复杂性。它也有助于我们对一些难词的各种可能用法进行思考。这样的一个步骤(procedure)可能起不到治疗的作用(如果有疾病的话),但它可能给我们提供一个出发点,对哲学上模糊的(hazy)概念(nomenclature)进行更仔细的思考。这种技术或许能很大地减轻言辞上的混乱,但我们也应该看到这种技术或方法并不能一劳永逸地解决哲学上的所有困惑。

就我们研究的婴儿或儿童语言学习而言,维特根斯坦处理得似乎有点简单,或许他认为这足以回答或解决他的哲学治疗问题。他还假设简单语言形式和复杂语言形式之间的不同只是程度上的差异而已,但我们通过认真地研究发现,情况要比他认为的复杂,他的假设似乎有点过于简单。

在儿童语言研究中,我们发现从言语到语言的转变是儿童语言发展的一个最重要的方面,在这一时期,儿童不再单单是语言的发出者(utter of the language),而是一个语言使用者。从本质上看,这种差别就是模仿与理解的差别。除此之外我们还应该注意到,这种转变也是从具体行为到抽象行为的一种转变。

语言在其最初的发展阶段是在具体行为层面(concrete behaviour)上起作用的。小孩在这一阶段把语词看作一种事质对象(things),和其他对象一样,语言也是一种与他本人活动或生活相关的一种东西;他把事物的名称看作是事物本身的一种属性。对小孩而言,名称严格意义上说就是一种标签,一旦他学会使用这些标签,他就不会轻易改变它们。杜威注意到:"儿童渴望并学习与他们有关的事物的名称,这些名称的意义对他们而言是一个个具体的对象,以至于他们逐渐把这种具体的对象和语词符号当作同一回事。"(Dewey, 1910)在最初的时候,小孩并不能把语词和对象区分开来,等到他们能够区分的时候,能力也就获得了重大的发展。当小孩能够对语词和对象进行区分时,他不再受限于特定的情景,他的语词不再是指称某种具体的特定的当下对象。这个时候，语词也就成了一种承载意义的工具(vehicle)。杜威对此的论述是："当意义与情景分离，并由符号固定下来的时候，小孩就有可能在一个新的情景下使用这种意义。这种过渡以及再运用(transfer and reapplication)是所有判断和推理的关键。要是一个人仅仅知道一片特定的云预示着一阵特定的雨的话，这对他或许没有多大的用处，因为他不得不反反复复不停地学下去，因为下一片云和下一阵雨是另一个不同的事件。"(Ibid.)

对失语症(aphasia)病人的研究确证了这种行为，在这种情境下，失语症病人不能进行这样的过渡和语词的再运用。失语症病人对语词的运用受限于具体的情景，他们的语言行为像儿童语言发展早期的行为一样，不能把语词和具体的对象区分开来。(Jakobson and Halle，1956)

库特·戈德斯坦恩(Kurt Goldstein)对这种具体语词和抽象语词态度的区分进行了总结："在'具体的'行为中，一个反应由一个刺激直接决定，由反应个体的感知所激起，个体的反应过程有点被动的性质，似乎行动的个体并不是动作的发出者。而在'抽象的'行为中，一个行动并不是仅仅由当下的感觉所决定，而是由个体对当下情景的理解所决定的。因而，与其说行为(performance)仅仅是一种反应(reaction)，不如说行为就是一种个体主要的行动(a primary action)。它是个体与外部世界打交道的一种完全不同的方式，个体必须从不同的角度对当下的情景进行考虑，从诸多的因素中选择出最相关的因素，并做出与当时情景相一致的反应。"(Goldstein，1963)

这种区分在言语行为当中表现得最为明显，一个失语症(aphasia)病人并没有失去说话的能力，但他失去了抽象的语言能力。库特·戈德斯坦恩给出这样的一个例子："我们可以通过一个具体的例子来证明失语症病人是如何具体地使用语词的；当我们递给一个失语症病人一把刀和一支铅笔，这个失语症病人就会把这把刀叫作铅笔刀；而当我们随着刀子递的是一个苹果，我们的病人就会把刀子叫作苹果刀；当我们随着刀子递的是一个土豆，我们的病人又把刀子称作土豆刀(potato peeler)了；如果是面包就是面包刀了，如果是个叉子，就会变成一副刀叉。"(Goldstein，1963)

有意思的是我们注意到，病人虽然能够使用语词，但并不能去抽象地理解语词，正如库特·戈德斯坦恩指出的那样，病人的这种语词的使用和正常人的语词的使用是有质的差异的，这种差异表现在："失语症病人不能抽象地使用一个语词，对他们而言，如果语词在其范畴意义上使用——也就是当做一个符号来使用的时候——语词似乎就会失去它的本质特点，语词可以当作一个特定对象的属性来使

用,但是不能作为思想的符号,如果作为思想的符号来使用,语词就会失去它们原有的意义。"(Goldstein,1963)

对失语症病人的研究非常重要,因为它为我们提供的有关语言的图景和我们对儿童语言进行研究时发现的结果非常一致。不同的是,在研究失语症病人的时候,我们研究的是语言能力的退化(deterioration);而在儿童语言研究中,我们研究的是语言的成长和发展。在这两种研究中,对语言的具体使用和抽象使用的区分都是重要的。

库特·戈德斯坦恩认为,当我们把语言仅仅作为一种工具的时候我们要当心,"我们可以把言语的自动行为(speech automatism)看作是一种工具,但如果仅仅把语言看作是工具则是错误的。即便是言语的自动行为也依赖于话语人说话时的言语归类心态(categorical attitude),这一点非常重要。因为单独的言语自动行为并不是一种真正意义上的语言。"(Goldstein,1963)

这也是我们为什么要反复对维特根斯坦的语词的意义就是它的使用的观点进行分析、研究、强调。对于儿童语言学习来说,语词就是它的使用当然是正确的,但维特根斯坦粗略带过或泛泛地说"语词即使用"似乎忽略了儿童在语言发展过程中的一些细微的特点,或者说维特根斯坦没有对此进行进一步的澄清。在研究中我们发现,儿童在其语言学习能力发展的过程中,经历了从能够发出声音到能够发出特定的声音形式一直到最后能够发出某种特定语言的语词这一过程。到这个时候我们可以说儿童已经学会了说话。但我们必须认识到的是,这些所谓的言语活动都是一种语言的自动行为,仅仅这些并不足以构成我们的语言。最重要的一步是小孩学会了有意义地去发音或说话;也就是说小孩开始知道语词不仅仅是一连串的声音,而且还是一连串的符号,是一连串可以抽象地使用的符号。用库特·戈德斯坦恩的话说是小孩学会了抽象地使用语言。语言和语言的所指分开,语言不再是其所指对象的一种性质或特点。用杜威的话说就是,小孩学会的语词只不过是意义的承载器,它可以在不同的语境下使用。这也意味着小孩不再把语词固定地局限在某种特定的情景。我们这样说当然不是说语境或情景不再重要,相反,语境或情景的作用在小孩的语言使用、语词选择的过程中的作用不可或缺。我们这里要强调的是,是语言使得我们能够同具体的当下经验相脱离,这也是语言的重要特点——移位性(displacement)之一,这也是人类语言同动物语言相区分的重要标志之一。正如杜威所说:"经验可能会形成身体适应(physical adaptation)的习惯,但它并不能教授给我们什么,因为我们不能用一个先前的经验来有意识地预测或调节(regulate)当下的新经验。能够根据过去对将来或未知的东西进行判断和推理意味着，尽管过去的已经过去，但它的意义依然存在，对新质的判断依然适用。言语形式是我们巨大的媒介物（carrier）、简单易行的承载器（easy running vehicle），意义可以藉此得到传递，从与我们不再相关的经验传递到我们尚未明了的对象。"（Dewey，1910）

语词使用从具体到抽象的过渡与库特·戈德斯坦恩所称作的抽象态度有关，而抽象态度则是儿童语言的一个基本的能力：① 自动地（voluntarily）假定有一个心理集（a mental set）；② 自动地从情景的一个方面到另一个方面的转换；③ 同时记住一个情景的各个不同的方面；④ 能够抓住一个给定整体的本质；把给定的一个整体自动分成独立的又相互关联的不同的部分；⑤ 能够进行归纳，从中抽象出共同的本质，概念上（ideational）能够进行预先的筹划；对"仅仅可能（mere possible）"进行假定并能进行相应的符号思考；⑥ 把自我（ego）与外部世界区分开来。（Goldstein，Kurt，1965）

为什么我们一定要强调抽象的态度呢？原因很简单，我们在研究中发现婴儿或儿童语言早期发展阶段的语言特点与正常情况下语言的使用特点是不一样的，我们还发现，这种语言发展过程，也就是从语词的具体使用到语词的抽象使用这一过程是一个连续不断的发展过程，是一个从语言简单形式到语言复杂性形式不间断的发展过程。所有这些也使我们能够更深入地理解，为什么维特根斯坦在其研究中要强调语言的简单形式，为什么他会认为从语言的简单形式出发，我们就可以驱散笼罩在语言之上的迷雾，对意义问题进行澄清，达到他的哲学治疗的目的。

我们认为维特根斯坦在其后期著作中反复提及的简单语言形式如建筑工人工作时的语言，小孩学习语词时的所用语言，以及土著民族所说的语言无疑都属于语言的范畴，但我们也应该同时看到，简单语言形式与我们日常所用到的成人语言在特点上是不同的，或者说土著人的语言与一个比较发达的社会的语言是不同的。如果我们过分强调在这些语言中发挥作用的因素，比如说语言说出的当下的情景因素等，这些语言几乎都把语言当作语词所指对象的一种不可分割的属性或性质，我们就不可能对语言进行合理的概观。语境因素无一例外在这些简单的语言形式中起着决定性的作用；但如果我们因此就说语言的全部的重要性在于我们能够用语言来做事则有失全面。当然我们首先要对"做"这个词的概念意义进行限制或修正（qualify），无论如何，当一个诗人或一个哲学家或一个科学家在工作的时候，在某种意义上他们都是在用语言做事，做不同的事，但这种"做事"和小孩在语言学习过程中的做事是有质的差别的，比如小孩用语言获得他自己够不到的玩具等。

当我们把上述因素都考虑进去，我们或许会对维特根斯坦的方案有一个不同的思考。如果我们把全部的语言都还原为简单的语言形式,或者说都还原成语言在各种不同情景下的使用不仅不现实,而且即便能够全部还原,我们能得到的也不是对语言的全部理解,而仅仅是有限的理解,即儿童语言学习和语言生长过程中的语言特点,当然一些原始语言形式如马林诺夫斯基所研究的土著人的语言也有这样的特点。但在一个比较发达的社会,成年人在正常情况下使用的语言则有着不同的特点。维特根斯坦从语言的生长处或源生处看到语言是如何产生的,是如何工作的,使我们不再迷恋那种所谓的抽象的意义,但我们认为这对我们理解更复杂的语言形式还是远远不够的。

我们把维特根斯坦后期哲学思想中的相关语言思想和其他一些思想家的思想进行比较,是想证明语言问题并没有随着维特根斯坦的语言分析或语言治疗得到消解(disslove)。从当代哲学发展的态势来看,哲学问题并没有因为维特根斯坦的消解而得到解决,相反我们认为他认为消解掉的问题急需我们去进一步研究,这也是近些年与语言相关的许多领域如认知语言学、人类语言学、文化语言学等方兴未艾的原因。作为哲学家,维特根斯坦的意义即使用观、语言游戏观、家族相似性等有着极强的穿透力,在人文社会科学中产生了广泛的影响,但就语言研究而言,单单的这几个概念显然是不够的。例如我们要研究语言必须首先要对语言和言语进行区分,确定语言学研究的目标。索绪尔、乔姆斯基、叶斯帕森对此都有独到的见解。

有一种困惑维特根斯坦似乎并没能消解,就是我们必须以语言来研究语言。在《逻辑哲学论》中,他一直同这个问题进行斗争,但他承认他失败了。在他后期的哲学著作中他把这个问题看作是一种"人为的(artificial)"问题。他不再对"什么是语言?"这个问题进行追问,相反,他开始研究语言的各种用法。这也是他为什么说:"的确我们的研究不可能是科学的研究,即便我们发现,与我们先前的思想相反,我们能够对如此这般的东西进行思考——无论它们的意思可能是什么(思想的概念是一团迷雾),但这不可能对我们有任何可能的意义。我们不可能提供任何理论,我们的研究中不能有任何假设的成分。我们必须去掉所有的解释,而代之以描述,而这种描述可以从哲学问题中获得光照……,也就是它的目的。"

我们可以从维特根斯坦的演讲中发现,他一直在努力实现这个目标,当问及他的"损毁的理论(theory of deterioration)"的时候,他的回答是:"你认为我有理论么?你是在想我在谈论什么是'损毁'对么?我只是在描述一种不同的人们称作'损毁'的东西……,'损毁'的东西是我知道的,或许是我不喜欢的东西——我自己也不清楚。'损毁'这个词对我可能知道的那么一丁点的东西适用。"(Wittgenstein, 1966)

同样他的这个观点适用于我们关于语言这个问题的回答，如果我们问他"什么是语言?"他肯定会说"你认为我有一种语言理论么?"然后他还会给出他可能知道的有关语言使用的一丁点的例子。或许我们不能形成"语言理论"，但我们至少可以超越我们自己所知道的那么一丁点的例子来对语言进行研究。语言的使用多种多样，我们知道的毕竟是其中非常小的一部分，说是一丁点也不为过。文中我们再三强调，维特根斯坦是一个哲学家，他关注的是哲学问题，他试图通过语言分析来解决或消解哲学上的困惑，而通过研究儿童语言学习是他解决哲学困惑的一个有效的进路，通过对语词在实际情景中的使用的观察，我们能看到语言在实际中是如何使用的，不再迷恋去追求所谓的客观意义对象。他终究没有兴趣对语言学习进行进一步的研究或阐述：我们为什么有如此的语言？因为我们是有如此的生活形式，生活形式是我们赖以生存的基础，是语言游戏得以展开的大的背景。生活形式是给予的，是我们语言游戏的出发点，是不可怀疑的东西。他试图通过诸多例子让我们懂得语言是什么，不是什么。他的语言治疗方法的进路不在于我们对语言用法的掌握，而在于我们要明白语言的意义就是它在各种不同情景下的具体使用。引证语言的用法是一回事，而因此就得出结论说语词的意义就是它的用法却是另外一回事；仅仅说语言就是它的使用不可能构成任何语言理论，但我们也不能满足于此，我们应该做进一步的研究：如儿童语言到底是如何获得的，并对儿童语言获得的过程进行研究。语词的意义就是它在语言中的使用，但我们应尝试着对不同的用法进行进一步的研究，对这些用法进行归类总结，从中发现一些规律，后来的语用学家如奥斯汀在此做的就比维特根斯坦做的具体详细，而不是像维特根斯坦那样仅仅是蜻蜓点水式的一点带过。

第五章
语言习得的三种哲学解释

第一节 语言学习幸运说

人们一般认为，一个词的意义是由它的使用规则规定的，我们是从具体的用法中来掌握一个词的基本使用规则（underlying rule）。使用规则可以使我们能从有限的用法出发在新的语境下使用一个词。简言之，掌握一个词的用法规则使得我们能根据情况恰当地使用它。一个词的规则可在特定的用法中体现出来，它同时也大致规定着这个词以后的用法。也可以说，规则对我们用法的对错做出判定。

克里普克认为这种说法不合逻辑，维特根斯坦对此已有证明（Kripke，S. A.，1982）。因为对于每一个词的用法规则而言，都会有例外发生，我们不可能穷尽任何一个词的用法规则，也没有事实能够规定这些规则是从哪些特定的用法中得出的，因为每一种事实都可能是错误的。这种事实本身也可以有多种解释。比如人们对相同的图像、表征、概念等都会有不同的理解。因此，既然语词的意义或用法的规则所依据的事实都是不可靠的，那么我们之所得到或提取的意义或用法规则也有可能出错。因此，改变一个词的意义（在不同的意义上使用一个词）和认同一个词的意义（在同样意义上使用一个词）之间并没有区别。以此看来，词的用法也就没有正确和非正确之分了。我们所说的任何东西都可以和这个词的意义一致，我们或者可以说，根本就没有意义这样的东西存在。

克里普克的语言学习情况说大抵如此：儿童听到一个词反复使用几次，不久他们自己就可以使用这个词了，使用的情景大致和我们希望的一致，一切都在那里。更确切地说，儿童所掌握的特定的话语里并没有什么使得话语得以正确进行的规则。因此，无论是我们自己还是一个旁观者都不能对自己语词使用做出对或错的判断。从某种意义上说，我们甚至都不能向儿童解释这个词是如何使用的。

想象你去一个陌生的部落,他们说话,你听不懂,然后他们降低语速慢慢地说,好像他们用自己的语言在向你解释。如果我们运气好,儿童会听懂我们的意思,按照我们想要的去做。幸运的是,正常情况下,他们最终都会按照我们期望的去做,或许其中我们要加以手势的配合,但这仍然是一种幸运。

想象一个儿童似乎已经学会了"doggy"的意义,一只狗经常从他身边走过,他在书上看到过小狗的图片,他微笑着说出我们意谓的"doggy",但如果他指着一只玩具狗,比如说会学狗叫的电子狗说"doggy",我们的反应会是什么呢?惊讶?失望?难道他并没有真的知道"doggy"一词的意义?但转念又一想:他用"doggy"来意指"玩具",或者是什么"会叫的动物""摸起来会跑"的东西等。绝大部分父母亲都有类似的经历。有些词儿童不懂,而我们认为他懂了。可能也会有其他一些词,儿童似乎懂了但实际上并不懂。在克里普克那里,我们为这样的事(episode)感到不安。接着我们会感到挫败,对此"无能为力":但我们会尝试着解释,指着一些小狗的照片告诉他:小狗是活着的,能走动的等,儿童可能会点头表示听懂了,但第二天他仍然指着玩具狗说"doggy",我们又该怎么办,最终还是无能为力,我不能把这个词的意义强加给他。

如果一个儿童要学会一种语言,他必须很快实现从学习场景到新场景的转换。总有无限多不相容的规则可以适用他所遇到的场景,他对我们给出的每一条解释可能会有无限多的诠释,所有这些解释都是"正确的"。的确他做到了,绝大部分时间,他像我们期望的一样掌握了语词的用法,但这纯粹是运气好,接近于神秘。我们没有理由相信,他会按照我们期望的继续下去,我们所能做的就是希望他能这样。卡维尔说:"我们的运气或许会用完。当我们教授新人类语言时,我们下面就是万丈深渊。我们借助魔力飞翔,但现在魔咒已经失效,我们将要跌落。"(Cavell,1979)

我们上面说过,正常情况下儿童能够像我们一样获得相应的语言能力。难道我们对此不感到满意吗?或许概念的统一使用实际上就是一种妄想。把玩具狗叫作"doggy"——要是他以前没有注意到或接触到这样的玩具会怎样呢?所有我们看到的是儿童仅仅在正确的语境下说出了"doggy",我们或许会高兴地认为他的性向(inclination)和我们一样,他是我们中的一员。我们从来也不会看到他在这一方面有什么异常。他完整地学会了一种语言,并不是因为他仅仅接触了我们语言的碎片(fragments)。我们接触的仅仅是他的语言碎片。如果他遇到都是与我们实际接触的语境不一样时,谁知道他会说些什么呢?或许他说的都是些乱七八糟的东西!如果他遇到一头猪却把它叫作"凳子",那我们就会说他还没有学会"凳子"这个词。我们会指着一头猪或凳子教他学习二者的差异，当然我们不可能对每一个词都这样指示。在这种情况下，我们就不能全然依赖别人的性向来解释这些语言学习现象，而且任何时候，我们的性向都会分散，或者儿童都可能有与我们不同的性向。对此我们无能为力。我们甚至不能向自己证明儿童会误入歧途——我们大家都有可能会误入歧途。

第二节　社区控制说

克里普克认为并不存在所谓由意义构成的事实（meaning-constitutive facts），否则我们就无法解释一些短语如"我想""他说"，因为它们并没有与之对应的事实。他认为，只要我们孤立地考察一个个体，我们就不能区分出正确和看似正确，因为一个个体不可能对自己话语的正确性做出判断。但就第三人称意义属性（meaning-ascriptions）而言，情况就完全不同了。父母或老师对儿童说出的话语进行判断，他们认为不恰当的要进行纠正。但当我们说儿童错了的时候，我们的意思是什么呢？我们不能说儿童的话语里缺失了一些事实、一种心理表征或者是一些行为等。因为无论儿童说了什么，它们都是我们所说话语的一种可能性诠释。简单地说，他没有像我们想要的那样去说；他错了，只是我们、他的父母、他的老师不会像他那样去说——这就是我们所要表达的意思。

原则上说，上面的分析适合所有的说话人：我说某人错了或者误解了某一个词的意思，只是说他对那个词的理解跟我的语言倾向（linguistic leanings）不一样。然而别人未必能接受我的权威，他或许有不同的语言倾向，如果这种差异太大，语言就不可能存在。幸运的是，我们在概念理解趋向上相当一致。实际上一个语言社区会对语言用法的对错进行区分，"正确的说法"其实就是"我们的说法"而已。因此共同的语言社区使得哲学家不会陷入怀疑主义，人们也不会言之无物，因为他们有着共同的标准，一致的生活形式。

这一点对儿童进入语言非常关键。如果儿童不能像我们那样使用一个词，那他的发音就没有意义。如果一个儿童一直和我们不一样，我们就会认为他不正常，甚至会认为那是一个谜。那个不幸的儿童对此也无能为力，他猜不出我们语词概念的意义，或者说他看到人们的手势却一直猜不出人们要他去干什么，不是因为他笨而是因为推理帮不了他，意义是猜不出来的。事实上，从理性观点看，所有人能做的就是"猜"而已。因此,我们可以说,那个可怜的儿童在学习语言的过程中所能做的就是对我们的猜测进行猜测。

相反,如果儿童常常在恰当的语境下恰当地使用了语词,我们就接纳他进入我们的语言社区,成为我们语言社区的一员。情况就是这样,哲学家对此也没有什么疑问。但是语言的解释、纠正、教授是什么一种状况呢?为了掌握任何一个正确的用法(这个用法可以有多种不同的诠释),儿童必须以我们期盼的方式对这个词做出反应,因此,最后我们所能说的是:要么他掌握了,要么他没有掌握。换言之,儿童不是因为理解了才有了正确的反应,而我们更愿意说,他理解了因为他有了正确的反应。因此,对儿童而言,我们才是意义的主人。的确,从最可能深的意义上讲,学习一种语言的过程就是一种社会化的过程。

如果有个人某天早上起来慢慢发现语词在夜里似乎改变了位置。比如他的同事把"猫"说成"椅子",当他迷惑不解地看着他同事的时候,他的同事也迷惑不解地看着他。感觉到自己的觉感(sense of sense)正在消失,他绝望地问自己的妻子"椅子"是什么意思。他的妻子吓坏了——为什么会问这样的问题啊?当然,它只是一种颜色!不久语言又变成了纯粹的巴别语,越来越多的词已经发生了重大的变化。或者对他是这样,而对别人而言,一切都是正常的。如果它真的发生了,理性就会弯曲——这既有悲剧也有喜剧的效果。因为,根据克里普克的观点,如果那个人的家人和同事没有得到纠正,我们甚至都不能说"椅子"的意义已经发生了改变。当那个人绝望地问,为什么每个人的说话都这么古怪,别人可能奇怪地看着他认为他本人才是一个怪人。的确他就是——可理解性要求我们与别人保持一致。他不得不像一个儿童一样从头学习语言。

第三节　第二天性说

要相互理解,我们当然在大致一致的方式上使用语词。然而当我们设定所有的自然语言都是如此,社区原始语言趋向成为唯一标准的时候,这种自明之理(truism)就会让人不安。我们该如何摆脱这种困惑,在保持社区重要性的同时,避免它的专制?社会实用主义理论的第二天性说,给我们提出了不同的答案。

社会实用主义认为,就意义和语言讲,社区是语言规范的来源。一个人只能根据社区公共的语言标准来区分个人语言使用的对与错。但是这一理论的实用性质强调的不是共有的语词诠释或语言使用倾向,而是共有的行动。而且意义不仅是社会的,而且是整体的(holistic)。只有成为社会传统的一部分,声音才是语词,理解这些声音或语词就是知道在社会语境下如何使用这些语词。就此而言,克里普克的语言一致性观点是正确的,但如果把一致性看作心理的或原子的东西,在瞬间趋向和谐中可以获得的东西则是错误的。

　　社会实用主义者认为,语言预设有一个背景,在这个背景下一个符号才有意义。任何一种解释都是以这个背景为前提。重要的是,这些背景的东西并不是由一个隐含的理论(implicit theory)或一组信念组成的,而是由基本的技巧组成的。其中一个技巧是有能力看出不同概念之间的相似性,这个技巧可以使说话者在不同的语境下使用一个词,而无须被教授显性规则(explicit rule)。的确,正如怀疑论者所证明的那样,即便每一个概念都有一个精确的、显性的规则,它也不会使这种相似感(a sense of similarities)显得多余。因此,怀疑论者不知不觉地证明了语言知识并不是一种理论知识而是一种实践知识:我们依赖的是技巧而不是诠释。但是怀疑论者的疏忽也非常自然,因为当这些技巧被掌握之后,它们就成为一种背景,不再为我们注意,它们似乎慢慢地融入了我们的身体。有意思的是,怀疑论认为仅仅大脑不能使我们学会语言,我们是通过他们的证明注意到这一点的。语言是一个有血有肉的艺术形式——像写作、散步,的确它自身也似乎在向我们述说着什么。

　　这种实用主义在威廉姆斯(Meredith Williams)那里转了个弯。威廉姆斯特别注意到了语言学习(Williams M.,1999)。根据威廉姆斯,社区裁决解释了语言的规范性一个纬面,也就是说,对一个词的某种可能用法的对与错做出判断。然而正是学习的过程解释了规范性的另一个纬面,当下的语词用法由以前的用法而来。更确切地说,规则和行动之间的关系在训练中得以发现。这个过程更接近行为主义的条件反射,而不是认知主义的诠释观,因为它没有对儿童概念能力进行循环输入。通过训练,儿童掌握了语言基本技巧,而复杂的语言大厦就是在这坚固的基础(bedrock)之上建起来的。

　　重要的是,这种训练并没有智力的成分:它纯粹是一种实践技能。这也是为什么怀疑论者不能找到一个稳定的立足点的原因。解释的倒退在语言教授(instruction)处断开,而这种语言教授并不是一种解释。的确,如果儿童不得不对教授者的语词和手势进行解码,那他就不可能习得这门语言——这是怀疑论者的真理。只有把指令当作一种理所当然去服从,儿童的语言学习才能成功,只有盲目地服从儿童才能进入语言当中。威廉姆斯认为,通过这种训练,我们会有一种感觉,对这种感觉而言,相似性的分类是相对的。这里"感觉"应该是一个准确的词,正确地使用一个概念似乎是显而易见的,以至于我们觉得它不是一个约定而是一种自然而然的东西。因此,学习一种语言就是形成一种第二天性。即便如此,正如克里普克所言,决定语言使用正确与否的社区并不是一种外在的力量,语言的纯熟运用已经内化成了他的文化以至于就成了他的天性。也就是说,我们是那个克里普克所指的社区的一部分。但对儿童而言,社区是克里普克意义上的社区,一种外在的权威对他进行裁决,塑造他有着与父母一样的人格。

那我们该如何看待以上的种种观点呢? 语言学习果真是一个谜? 如果是的话,那是何种意义上的谜呢? 或许根本就不是一个谜,因为在维特根斯坦那里,一切都摆在那里,其中并没有什么东西,内在的东西或许有,但我们无从知道。我们不要想,只要看。从其后期哲学思想出发,我们可以对儿童语言学习有更深的了解,因为维特根斯坦就是通过语言批判来达到他哲学治疗的目的的,他的洞见对我们儿童语言习得的哲学思考有很好的启发。

第四节　维特根斯坦的语言生活形式观

从某种意义上说,当儿童学习语言时,他们所学的内容比我们的想象要少得多。我们可以想一个儿童知道"苹果"这个词。查百度百科"苹果"的定义是"蔷薇科落叶乔木,叶子椭圆形,花白色带有红晕。果实圆形,味甜或略酸,具有丰富的营养成分,有食疗、辅助治疗功能,往往皮是绿色或红色的,果肉脆……"尽管儿童对此知之甚少。他所做的就是手里有苹果时发出"苹果"一词的声音。那么,他知道苹果的意思吗?

显然,我不会指着我书上"按揭"这个词一字一词地来教授一个 2 岁儿童它的意思。那个词就在他面前,但他还没有准备好。他还没有进入相应的生活形式。想想上面的例子,我们可能会想,是不是儿童语言学习中所有的语词都是如此?

从另外一种意义上讲,儿童所学的东西比我们想象的要多很多。他们学习的范围是无限的。当他们学会"苹果""小狗""爸爸"这些词的意义后,他们开始知道"单词""动物""父母"等这些词的意思;当他们学会"昨天""上面"这些词的意思后,他们开始知道时间空间的概念,记忆是什么意思,什么是讲故事等。首先这些东西都在他们面前。然而,过一段时间后,他们长大一点,学过一点东西,有过一些生活后,他们会像我们一样掌握这些语词的用法,像我们一样拥有这些语词。

习得一个语词就是要习得所有与这个语词相关的所有的事质(things),但无论是在心理学意义还是实践意义上,一个人并不能从这些所有的事质中提取这个词的意义。当我们两个都知道一个词的意义,不是我们两个都有了某种东西(some-thing),某种构成我们理解的确定性的东西(determinate thing),也不是说我们拥有了两种不同的东西:意义不是一个事质性的对象,但它也不是无(nothing)。(Wittgenstein,1997,304)维特根斯坦的意义即用法的观点主要关乎的不是语言的实践性质,而是语言更为基础的本质,也就是说,语词的意义是在语言的使用中构建起来的,而不是什么超出语言使用的其他东西。我们似乎可以想象,言说内容本身不可能有什么意义,意义一定是别的什么东西,像一个理念或一种技巧,似乎它们本身就内涵意义,而不是单单的语词。但当言说本身不再能够保有(sustain)意义,那么也就没有什么别的东西能使我们满意。

我们并不否认意义和理解的形成需要一定的条件。这个条件就是我们本身所处的特定的生活情景。没有语言的世界是不可想象的,离开世界我们也无从学会这些活生生的语言,维特根斯坦的"语言的边界就是世界的边界"大抵就是这个意思。"你方便的时候来吃饭"中的"方便"是什么意思?"羡慕嫉妒恨"怎样解释?"买汰烧"是一个词还是三个词?我们理解它们是因为生活中就有这样的词,这样的感觉,我们都知道,因为生活中我们就是用这些词去言说的。如果我们非要对这些词进行精确的定义不亦荒诞乎?我们不同语言有不同的亲属称呼词,江苏海门方言中把姑姑、婶婶、伯母、阿姨统统称作"小鸡",舅舅、叔叔、伯父等都称作"小鸭"。我们如何解释,如何定义这些词呢?如果有这样的冲动的话,那我毋宁说,这是一个形而上学的冲动,是不可能有结果的。我们的生活就是如此,我们的语词就是这样使用的,其中没有什么谜可言。(范连义,2007)

我们可以从正反两个方面来表述以上语言观:"语言就是一种生活形式"或"一个词并没有意义这样的东西"。一个成年人的二语学习可以说是在学习语词的意义。因为所有的构成人类生活形式的基本概念他都已在第一语言里习得。儿童学习语言学习的不仅仅是语词,而是在学习一种生活形式,他们学习的语词成为世界的一部分,正是这样的世界使得如此的语词有如此的意义。有些概念与某种特定文化活动相关,如弥撒、加冕礼、婚礼、按揭等,而这些概念的习得需要相关文化活动的参与,离开了相应的生活形式或活动,这些词的意义就无从获得。

克里普克认为,除了语言社区的裁决以外,语言的使用没有什么限制,而这种裁决只是公共语言使用倾向的一个累加结果。因此,如果我们愿意,我们可以用

"doggy"这个词意指小狗或相应的玩具狗。人们的这种语言使用倾向是任意的、纯意志的东西，它们与我们的生活无关，我们可以有这样的倾向或者没有。然而，一种语言使用倾向本身就是生活的一部分。我们能够想象一个语言社区能够用"doggy"这个词同时意指"小狗"和"玩具狗"吗？我们可以用一个词同时意指"圆"和"方""黑"和"白"吗？当然"doggy"这个词可能是不确定的，也可能是双关的，但这不是我们这里要谈论的问题。人们在用"doggy"这个词意指小狗和小玩具狗时遵循的是同样的语言规则吗？换言之，在两种不同语境下，"doggy"这个词的意义是一样的吗？如果这样的话，这些人会有什么样的动物概念呢？或许他们的动物概念与我们非常不同。如果那样的话，他们生命的概念又会是什么样子呢？或许又和我们大不一样。但我们和他们之间的概念不可能都不相同。如果他们和我们一样是人，有着人类的语言，这种概念上的区别应该是有限度的。我们或许会觉得，如果要我们把这些人当作我们同类的话，他们不可能和我们有如此多的不同。

以克里普克和威廉姆斯为代表的学者强调的是语言的社会属性。语言生活形式观是语言文化观的复制。他们认为语言学习过程就是一种文化适应和社会化过程。但遗憾的是，这种观点错失了维特根斯坦哲学概念的另一面，一个更为切近根本的一面：自然天性。在第二种意义上，语言生活形式观旨在要人们关注"人类共有的行为方式"。这也是为什么维特根斯坦有时候把他的哲学比作自然史。他这样说的蕴涵意义是，我们比较的不是人类不同种族文化的差异，而是人类和非人类之间的不同，也就是人类和天使、外星人、机器、怪物、动物等之间的不同。因此，当维特根斯坦要我们接受我们的生活形式的时候，他既不是保守主义者也不是相对主义者，而是在于提醒我们：人类就是以这样的方式进行许诺、讲故事、遵行规则、对疼痛等进行反应的。这样的方式是我们只能接受，不能对之进行证明给出理由的。的确，言说本身是人类诸多自然事实的一种。因此，学习语言在很大程度上就是语言的一种自然生成，是一种发音，一种行为方式的改变（modification），是儿童对外界进行应对的自然转换。学习语言并不是用文化去代替天性，而是以自然的方式发展了人类的天性。

第五节　语词意义的可塑性

社会实用主义者一方面认为社会文化是意义形成的基础，另一方面又坚持语言是人的第二天性,这两者结合在一起就很成问题了。而且社会实用主义也不能对语词最重要的特征——语词意义的可塑性,也就是乔姆斯基意义上的语言的创造性使用进行解释。语词的创造性使用在诗歌里常常出现,在日常话语里也经常遇到,从某种意义上说,学习语言不仅是要学习规范地使用语言,还要学会如何能正确地理解和使用不规范的语言。

显然学习语言最根本的是要学会能把语词从其使用的语境中摘出来,儿童似乎并不能一劳永逸地做到这一点,即把每一个概念都能从其使用的语境中摘出来在新的语境中使用,还没有人能做到这一点。我们总会遇到新的语境、新的需要、新的关系、新的对象、新的感知需要记录和分享。学习语言就像当一名学徒工,尽管在一种意义上我们学会了一个语词的意义以及它的对象,但学习永远都不会结束,因为"语言触发的路径"永远都不会关闭。

每一个语词都有自己的故事,其意义总是会发生变化。用克尔凯郭尔(Kierkegaard)的话说,我们的语言规则是后指向的(backwards),而言说则是前指向的(forwards)。随着时间的变化,那些引起我们注意的,似乎值得我们谈论的语言特点可能不再为我们所关注。古汉语对"马""虫"等都有严格的规定和区分,但现在都成了一般的概念词,其意义也发生了改变。这就是我们所说的语词意义的可塑性,我们可以很清楚容易地看到这个事实。语境是一个开放的对象,我们所处的语境不是给定的,我们必须要自己言说——语言不会为我们去言说。有人认为规则是语词和语境之间的关系,这种思想预设的前提是:这些语词所联系的语境是确定的、可控的,日复一日地发生。就像一套房子有多少房间,一座城市的范围有多大那样,是有限的,不变的。威廉姆斯认为,就语言的掌握者而言,正是"社会语境使得他的行动和判断有意义"。然而这种观点的错误之处在于,它没有看到是有意义的行动和判断决定了我们所在的语境。结果是,语境的概念并不能对意义概念进行一般性的解释(general explanation);联系声音和语境的规则并不能构成意义。因为语境并不是脱离言说独立给出的。当然语境的特点经常有助于特定话语的意义解释。但语境一旦上升成为一个独立的意义来源,给声音赋予意义,我们就是在幻想了。

假定同样的情景每天都会出现,没有一点改变,我们开始时非常高兴:在这个世界里我们无须担什么责任,我们爱说什么就说什么,爱做什么就做什么。但慢慢地我们会失去兴趣,因为我们无论说什么还是做什么都无关紧要。经过几年来每一天都雷同的生活,我们的话语得体精确,恰如其分。我们能随心所欲地运用这些词。但我们对自己的语词以及别人对他话语的反应还是感到有点厌倦无聊——一切都太明显了。真正说话的好像不是他本人,而是那些语言规则知识本身,他只不过是话语说出的躯壳抑或是一台会说话的机器而已。这也表明,第二天性很快把我变成一个不说话的动物。

教授儿童学习"孤独"一词,不久他就会知道,一个人即便和很多人在一起的时候,也可能感到"孤独";一个人不仅伤心时会流泪,高兴时也会;整日嘻嘻哈哈的人未必快乐,而严肃智性思考的人可能会感到很快乐。有些词我们都知道,也会用,但要我们清晰地说出它们之间的不同则不是一件容易的事,相信语言学家也未必能做到。学习语言就是要掌握这些关联,这些关联并不仅仅是后指向的——以前已经成形的用法,也是前指向的。学习掌握这个词,甚至有时自己会以上例这种方式来扩大所学词的用法。我们有"吃饭"和"吃大桌"这样的短语,有一天我们或许会说出"吃亏、吃水、吃酒"这样的短语来,我们理解它们的意思,也不会为此感到困惑。即便两种表达有着不同的意思,儿童也会学会这一点。我们不能像词典那样在词前打上几个标签表示它是在什么意义上使用的。尽管没有人否认语词可以有不同的意义,但人们很容易对语词投射的哲学意义估计不足。然而就上面举例而言,我们很难看出规则或者什么别的东西能对语词的投射进行规定,以便我们掌握这个词项,确保正确理解这个词。即便没有这样的规则,我们也处理得很好,很好地掌握了这个词。

第六节　怀疑主义的基础

我们都知道儿童并不是通过明确的语言规则来学习语言的,他们只是在不知不觉中学会了语言。虽然如此,人们很容易想象一定有一个类似规则的东西潜存于具体的语词用法当中,我们试图找到这些规则以便向儿童解释这些语词是如何使用的。当我们把规则当作潜存的对意义起决定作用的因素时,我们的解释似乎只能是这些隐含的规则。但我们似乎总不能完美地表达它们,同语词用法的复杂性相比,我们的解释总不能穷尽,不能恰切,甚至什么都不是。维特根斯坦是这样表述的:"然而是否你真的把你自己理解的东西向别人做了解释?你难道没有让他猜猜本质的东西?你给他们举例,——但他必须猜出这些例子的要旨,猜出你的意图。"(Wittgenstein,1997)

但是,如果儿童语言学习中的解释只不过是一些简单的手势,我们会作何感想呢？当然，同精确的词典解释相比，我们一般教授儿童语言的方法只不过是一些提示或暗示而已。而儿童竟然在如此短的时间学会自己的母语，我们不禁要对儿童的语言学习能力感到惊讶了。我们对此深信不疑，对语言学习能力也不会有哲学上的困惑。因为即使最好的词典和日常的语言用法相比，其解释或释义也是不充分的、不确定的。一个语词的概念可以在无限多的语境下使用，每次语境可能都不一样，掌握这个概念能确保每次能使用正确。对一个词或概念而言，我们怎样才能达到这样的能力呢？就这个我们想要知道的东西而言，老师给出的例子只不过是一些简单的手势，其指向的内容也大都是不可以言说的。我给儿童举出一些例子并告诉他："你现在就以同样的方式进行"，而正是这"以同样的方式"成了所有困难的根源。真正的理解（完全理解一个词的复杂性）大约就隐藏在这个惯用语中。无论我的解释如何复杂和精妙，它都会有"以同样的方式"这样令人难以琢磨的标签。从哲学上讲，这样的说法太过松散，太过开放，几乎是一个不负责任的说法。好像我是一个教师，不能强迫把语词的意义教授给学生，而如果让学生自己来摸索掌握，我们就有可能丢掉一切。

但"以同样的方式"又是什么意思呢？老师比儿童懂得更多吗？如果是，显然他想把这更多的知识传授给学生，这更多的东西是什么呢？是隐含的规则吗？我想让儿童掌握语言中隐含的规则——什么规则呢？——加 2 的规则——这个规则告诉我们——以 2、4、6、8 开始，然后以同样的方式继续……但是我慢慢明白我的情况也好不到哪里："除了我给出的解释，我还有更多吗？……我把能给自己的解释也都给了他了。"（Wittgenstein，1997）最后，我们不仅必须用例子向儿童表明一个语词的用法，而且也只能用例子向我们自己说明。教授语言时，无论给出多少例子，这些例子有多好，它们都不比我们意谓的少。那么我们意谓的是什么呢？仍然是那些例子。

克里普克看到了关键的东西，也就是，我们只能给自己举例，但他错失了怀疑主义的要点，因为他接着感到意义概念消失不见了，而没有看到消失的只是"间隙（gap）"。如果我只能给自己举例说明自己的意谓，那么我就不能再说这个间隙在哪里，也不能再说我们需要什么样的桥梁去连接这种间隙。怀疑论者就像一个行走在沙漠中的人绝望地大喊："这里没有桥！"——他的意思是什么呢？当我们试图说出这些间隙时，看看这些语词是如何被挖空的，看看我们是如何只能用手势来解释"it"的，看看在这纷繁的手势中，哲学的问题是如何实际上最终成为无意义的。"过去的用法怎么会决定将来的用法呢？""一个儿童如何能最后学会一个词的意思呢？"或者"一个儿童是如何知道微笑的意思的呢？"所有这些看起来都是非常好的问题,然而它们并没有什么清楚的意义,我们也不知道正当的理由该是什么。煞有其事地宣布这样的解释没有根据就像宣布它们有坚实的依据一样空洞无意义。缺乏基础并不意味着我们悬在半空。

第七节　本　章　结　语

我们研究了语言学习的三种不同图景,它们都没有正确看待个体和语言社区在儿童母语学习中的作用。克里普克的怀疑主义好像把语言学习者放在一个完全自由或完全虚空的情景当中,学习者完全屈服于外部的权威。"社会实用主义"的观点则把语言学习者置于一个完全屈服的情景之中,完全屈服于一个内在化了的外在权威之中。所有这些都强迫我们在完全自由和完全屈服之间做出选择。因为他们相信,无论承认与否,总有一些原因决定语词的意义。如果我们能超越这一观点,我们就能看到从一开始一切都显而易见,也就是说,意义是个体与社区互动的产物,它们中的任何一个都不能成为最终的权威。就意义而言,并没有最终的权威。这也就是为什么我们说,儿童既是意义的生产者也是意义的接受者;就语言而言,我们都是儿童,因为我们一直需要学习它。

第六章
维特根斯坦的哲学语法观

第一节 语 法 与 本 质

分析哲学认为,我们只有通过语言才能达到对思想的认识(Dummett, M.,
1993)。这是上个世纪语言转向的一个重要特点,维特根斯坦说:"本质在语法中道
出自身。""不是一个对象的本质永恒,而是这个对象的概念永恒。"(Wittgenstein,
1978:73)这些论述使越来越多的人从关注事物的本质转而更多地关注对所谓本
质的叙说。

维特根斯坦在对语法和语言进行论述时曾多次使用"规则"一词,他是在比较
宽泛的意义上使用这个词的——他一会把路标比作规则,一会又把色标
(colour chart)比作规则。或许在他看来,我们不可能给规则下一个精确的定义。
但明确的是,他把语法规则当作一个外在的东西:"我们只对符合外在语法的语言
感兴趣。"(Wittgenstein, 1974)语法"对有意义和无意义进行区分""如果语法规定
你不能说一种声音是红色的,这并不意味着你这样说是错的,而是说这样说没有意
义。"(R. Rhees, 1980)这些论述对语法的性质进行了大致界定。人们或许要问:
语法或语法规则能对语言进行相应的界定吗? 语法与语言之间到底是什么关系
呢? 换种说法,一条规则可能先于其相应的语言实践,我们可以依之来判断相应的
语言实践是否正确;但另一方面,某种具体的语言实践或许先于语法的存在,而规
则是否正确则取决于它是否同那种语言实践一致。显而易见,我们日常的语言学
意义上的语法大体上属于后面的一类,我们谈论语言规则就会不可避免地要谈论
与规则相应的语言实践。

语言规则是如何出现的? 目前我们知道的有两种:一种是有组织或权威机构
旨在对语言实践进行规定,比如法兰西学院(French Academy)为规范法语制定了

相应的语言规则;第二种是教学的方便,为了推广语言或文化,我们必须要制定(formulate)相应的规则,使学习者在听说读写等诸方面不断提高,达到我们语言教育的目的,如我国的对外汉语教学语法就是一个很好的例子。在第一种情况下,语言规则或语法未必一定要与所有的语言实践都相符。相反,它们有可能与某些语言的日常用法完全不符,它是一种规定。在第二种情况下,如果我们制定出来的规则与相应的语言实践不一致,那它们就达不到我们相应的语言教学目的,如我们在对外汉语教学实践中如果发现某条语法规则与语言实践不一致,我们就必须对之进行完善。无论一条语言规则多么重要,它只是对某种具体的语言实践的总结,依据这条语法规则我们可以生成诸多类似的所谓合乎语法的句子。**是否合乎语言实践不仅是我们对语言学习者的语言能力进行判断的一个标准,它还是我们对规则本身进行判断的一个标准。**我们依据相应的规则来判断外国人的汉语是否正确,但前提是我们所依据的语法必须是来自语言实践,与我们的实际语言相符合。

因此我们常常注意到,谈论规则和谈论语言几乎是同一件事。我们从一大堆语言现象中得出了某一语言规则,我们才能谈论这一规则的使用或误用,一个人说母语他可能意识不到诸多的相应的语言规则,但对于一个把汉语当作外语学习的人而言,他在语言练习或语言实践时就会清楚地意识到相应的汉语语言规则,并与他自己的母语语法进行比较。

汉语说"打我的肚子",英语相应的表达则是"hit me in the stomach"而不是"hit my stomach",因为它与实际的说法不一样。用维特根斯坦的说法"这样说没有意义"。如果语法能离开语言实践独立存在,那它就无法对这种现象进行解释。根据福多(Jerry Alan Fodor)的观点,语法的存在有两种,一是 having,一是 being。前者是当下的持有,是外在主义语言观;而后者则是一种存在,无论人们如何解释,如何表达,它都如其所是地在那,是内在语言观。语言学界多年来关于语法的诸多争论,如任意性、刚性与弹性、描述与规定等,都肇始于此。根据维特根斯坦的观点,语法与实践紧密地联系在一起,或者说语法就是语言实践的一部分。我们谈论语法,实际上就是在谈论语言,我们不可能撇开具体的语言去谈论语法规则,那也是没有意义的。从这个意义上说,以乔姆斯基和福多为代表的内在语言观的语法即便有也是也是无法言说的。但如果是这样,语法是一个外在的东西,那我们日常生活中,尤其是语法学家为什么会常说,这个或那个句子语法错误呢? 如果是这样,我们还弄出一些所谓的语法干什么呢? 换言之,语法既然来自实际的语言活动,它们怎么能够对实际的语言活动进行规定呢? 要弄懂这一点,我们要先了解一下规定语法(prescriptive grammar),规定语法是由一些组织或权威所制定的对语言行为进行规范的语法，它对语言的合法性进行了规定。在这种情况下，语法的确是第一位的，即便如此，我们也可以清楚地看到，没有这些所谓权威的规定，语言也完全能完成自己的使命并得到发展。更有意思的是，我们平时对语言进行判断的标准来自一般的大众而并非权威。父母可以说儿子："这句话你说错了，不应该这样说等等"，幼儿园或小学的教师也可以同样地对学生这样说。比如说，一个句子中省略了一个词，词序有点颠倒等。而且，我们正是基于语言实际使用的基础上才会说："你这句话语法不对，结构不完整，这个词不是这样使用的"等，我们在语言教学中会发现很多这样的例子，如教小孩学英语，教外国人学习汉语等。仅仅指出如此这般的错误当然不够，我们还会接着说，应该如此这般等。如果一个不谙世事的小孩问："为什么你那样说就对呢？"即便一个语法学家也不易对这样的问题做出很好的、至少能让孩子满意的回答，最简单的回答是："说英语的人都是这样用的。"有个学生问我为什么 I 后面要用 am，you 后面要用 are 呢？我的确回答不出，因为这是英语语法的规定，要是当时学生接着问："语法是怎样来的呢？"那可是一个大问题。内在主义再三声称语法规则是一种内在的东西，以这样或那样的公式存在，如果掌握了这样的公式，我们就可以进行相应的推衍。这种说法当然有其吸引人之处，我想说的是，即便有这样的语法，我们是如何把它们表达出来的呢？如果是一大堆公式，那它们就与我们日常的语法教学无关。更重要的是，我们该怎样对这些公式进行解释呢？是用我们日常语法，还是另外发明一种无错无歧义的新语言？

　　语言规则与语言使用须臾不能分离，并且会随着语言的变化而发生着变化。古英语和当代英语大相径庭，汉语也是如此。反映这些语言使用的语法也必定会大不相同。我们一方面说，先有语言使用而后才有相应的诸多语法，如英语中现在就有生成语法、格语法等，汉语有字本位和词本位之争。我们还可以说，是先有语法学家，而后才有语法，这个观点大家应该不会反对。但我们绝不会据此就否认语法的存在，否认语法的重要性。一条语法规则就是我们说话的一种式样（pattern），语法学家通过研究把这样的式样表达出来，并指导我们的语言教学。无论我们称它是内在的一种假说，还是外在的一种解释。无论它是对语言的规定还是对语言的描述，它都是从语言实践中来，接受实践检验，并指导语言实践。

　　如果我们的语言活动并不是规则指导的行为，为什么我们说出的语言都是如此符合语法规则的要求呢？一个文盲和一个语法学家的话在合乎语法方面并没有太大的差别。根据乔姆斯基的观点，这是因为人的大脑有一个内置的无差别语言器官，语言器官由一大堆语法构成，我们的诸多语言活动都是在这些无差别的先天语法的指导下行动的。的确，我们的语言能力是先天的，不是后天教育的结果。比如乔姆斯基的"eager to please"和"easy to please"就是一个明显的例证。

我们在有限的条件下学会了一个新词,然后把这个词的使用延伸到新的语境当中,比如我们学会了"红的"和"苹果"两组可以互相搭配的词,那么我们需要从这样的搭配中抽象出一种所谓的语法吗?我们也有"青苹果"和"黄苹果",也有"半红半青的苹果",但没有"黑苹果",即便有那么一种抽象的语法,那这种语法是从语言实践中得到的呢?还是对实际语言的一种规定呢?前一种是语用学家和认知学家等语言外在主义者所持的观点,而后者则是内在主义的观点,福多和乔姆斯基就是其中的代表。

我们再可以看看形容词排序,汉语中我们说:"几个细小的黄色的塑料管子",也可以说"几个黄色的细小的塑料管子",但不可以说:"几个小细的黄色的塑料管子"。英语大抵也是如此,我们可以说:"several small, thin, yellow, plastic, tubes"也可以说"several thin, small, yellow, plastic, tubes"但不能说"small, several, plastic, yellow, thin, tubes"。这种可能的词的组合反映了大致的一个语言式样(pattern),这中间有个过渡,从最能为人接受到最不能为人接受,它是一个程度上的问题(more-or-less),而不是乔姆斯基的"是和否的问题"(yes-or-no)。从这个意义上说,即便有语法规则,它也是一种弹性的,而不是刚性的东西。无论一条多么精细的语法规则,只要它与我们的语言实践不一致、不相吻合,那我们就说这个规则有问题,要修正和完善。当然语言实践中我们会发现许多语言边界现象,如"he is asleeping"中的"asleeping","他坏起来没有边"中的"坏"和"边"等,我们不能因为没有相应的语法规则就否认这些语言的合法性。在维特根斯坦看来,"绿色的愤怒在睡觉"不是不符合语法,而是根本没有意义。汉语语法字本位,还是词本位多年有争论,双方都能举出许许多多切实的例子为自己的理论作注脚,可在语言实际教学中,特别是对外汉语教学中,情况区分并不是那么明显,如"坏"是形容词,但在我们上面的例子当中显然不是。坚持字本位的人说:现在出现的一些词大都是近代以来的舶来品,这种说法有道理,但这些已然进入中汉语血液中的词还是外来语吗?佛、菩萨、苜蓿显然已经成为汉语中的一部分,逻辑、民主等词也是,如果我们以实际应用为主,或许就没有这样的争论了。

从上面的讨论中我们可以看出,对语言初学者而言,我们有必要强调语法,如字词的分节要在教学中强化,如"彰化县长管小学"应该读作"彰化县—长管—小学"而不是"彰化—县长—管小学",而"彰化县长作报告"却不同,在教学中要进行针对性的教学。从上面的例子我们也可以看出,教学要依据实际情况而改变,不能拘泥于语法。我们引入语法只是教学的需要,并不能说语法可以决定实践,相反我们可以根据需要选用不同的语法进行不同的教学。维特根斯坦说:"语法区分有意义和无意义,如果我说了一些人们都不认可的语言式样,那我说的话就是无意义的"。(R. Rhees, G. E. M., 1980)语法规定"红的"和"声音"不能搭配,你却说"红色的声音"或"他的声音是红色的",我们可以说你说的话没有意义,因为它违反了语法规则。

第二节　意　义　与　解　释

　　一般来说,维特根斯坦在其后期哲学当中更多强调的是语言实践而不是语法规则,但在其后期著作中又多次提及规则:"规则表明单词'is'有不同的意义。"(Wittgenstein, 1997:558)他又说没有语法规则,"not"就没有意义,如果改变规则,它的意义就会不同。(Wittgenstein, 1997:147)他还含蓄地承认,我们并不具备完备的语法,对每一个词的可能用法进行规定。(Wittgenstein, 1997:80)我们这里可以推知,语法无论多么精确,都不可能像数学公式那么非对即错,2+2=4,这是一个确定的结果。当然如果你说两框大豆加两框芝麻就不等于四框大豆和芝麻,那是一种特殊的情况,因为除了数学上的2+2之外,我们还要考虑其他的情况,如空间知识、体积运算等。那种脱离语境的纯语法是不存在的。我们现在语法争论的难题或困难就在于有些语法学家认为语法可以用精确的公式来表达。如果语法是一种规范(norm),它们只是对我们常见语言使用式样的一种表达(formulation)。

　　说一种语言就好像完成一个过程,这个过程与我们的外在语法相符(in accordance with explicit grammar),因为我们就是以这种语法来解释对应的语言。维特根斯坦说"语法没有意外"(There are no surprises in grammar.)就是这个意思。如果语法是一种内在的东西,内隐于语言当中,语言学研究的目标就是通过外在的语言发现这种内在的语法,那我们就会有很多的发现,有些发现甚至会大大出乎我们的预料。如果语言是发展的,这种发现将是没有止境的,"内核语法"只不过是语法学家的一厢情愿或者说一个设定。何谓内核?我们能给出一个清晰的界定吗?在维特根斯坦看来,语言和语法根本就是一回事,因为我们讲解语法必然通过相应的语言来进行,没有相应的语言现象作支持,语法也就失去了意义。什么是游戏?我们只有通过对游戏的解释来达到,游戏的规则要通过具体的游戏解释才能得到理解,我们可以根据实际或我们的需要改进游戏规则,但游戏依然是游戏,乒乓球规则改了,排球规则改了,但它们依然是乒乓球和排球比赛,尽管其规则和以前大不一样了。"游戏的概念只有通过对游戏的解释才能得到完全的表达,这是一种解释而不是一种规定,是一种对各种不同游戏具体的描述。(Wittgenstein,1997:75)""我该怎样解释'一样的(same)'这个词呢?——好的,通过举例。——但是这就够了吗?难道就没有更深层的解释吗?或者理解就不能更进一步吗?——那我自己就没有更深层的理解吗?除了解释我还能给得更多吗?(Wittgenstein,1978)"我们要弄明白一个词的意思,就必须通过具体的例子解释它的用法。一个语词的用法规则就是我们日常熟悉的使用,是我们能轻易辨认出来的东西。不可能是某些未知的条件(unknown conditions)赋予一个词多种意义,而说这种语言的人却全然不知。

    一个我们熟悉的词的意义与我们日常的使用不能分离,它不可能是隐藏在什么地方有待我们去发现。当然这也不是说一切东西都在表面。第一,仅仅给出解释对一些词而言显然是不够的,老师给我们讲解"红"这个词会指红色的东西给我们看,"红色的苹果"等,讲"跳"这个词会给我们做示范,但对另外一些词这些显然不够,如"贷款""遗嘱""资格"这样的词显然不能仅仅靠示范或解释就行了。我们可以通过"水"的样品学习"水"这个词,海伦的老师就是这样教的,并取得了很好的效果,以此类推我们学会"热水""冷水""冰水"等,语言学上称这种现象为投射(projection)。但如果是 H_2O 我们该怎样解释呢?仅仅提供样品显然不够,我们还需要进行如此这般的解释:"水"和"H_2O"的所指是同一对象,但它们并不是同义词(synonyms),要理解后者我们还要理解"氧""氢""化合价"等概念。第二,就像语法隐藏于语言实践当中一样,规定语词意义的各种先决条件也隐藏于语言当中。我们对一个词的理解不可能穷尽,本质上说,根据彼得·朗德尔(Bede Rundle)的观点,一个人的母语知识是实践性的(practical)、非反射性的(non-reflective)和不能言喻的(inarticulate)(Rundle,2001)。一个人可能听懂和说出很复杂的句子,但他未必能对这种复杂的语法进行清晰的描述和解释。尽管他有时候可能会出错,但这种流利说出母语的能力是毋庸置疑的。语法学家通过自己的研究对这些规则进行描述和解释,但如果弄出来的一些规则连母语者都看不明白,那样的语法又有什么意义呢?比如"may"和"might"两个词的用法不同,但要是具体说出二者的区别则不是一件容易的事。汉语中的"跳"和"跃"也是两个不同的词,说出二者的区别也绝非易事。说英语的人很容易发现"the"的误用,但要是让他们把 the 的所有用法都总结出来也绝非易事,人们曾对汉语中"了""意思"进行了专题研究,最后也不尽人意。有意思的是,尽管哲学家和语言学家对语法研究众多,但迄今还没有一个统一的定义。我们不难给出一个词正确的或错误的用例,但只有在学习者对所举用例的语法有了理解之后,才能做到举一反三,对新的相应的语言现象进行解释。比如,"shut"和"close","strike"和"hit","start"和"begin","almost"和"nearly","little"和"small"这些词两两之间都存在着细微的差异,特别是"little"和"small"这两个词我们经常可以互换使用,但我们常说"He showed little interest.""her pathetic little smile""her little thought"而在下面的句子或词组中我们更常用"small""a small chance""small change""He made me feel small.". 如果我们接着举例,我们似乎可以从中得出相应的语法规则或语法假设(grammar hypothesis)对这些语言现象进行解释。修饰可数名词时,我们倾向用"small",而修饰不可数名词则倾向用"little",用作比喻或暗示无关紧要的东西时我们倾向用"small"。为了对这些语言现象进行有效的解释,或为了我们教学的有效进行,我们必须得出相应的语法,否则,仅仅是例子的罗列就不可能达到我们语言教学的效果,学习者也不能做到举一反三把词的用法用于新的语言现象。

第三节　规则与实践

维特根斯坦是在很宽泛的意义上使用语法这个词的,如他会把路标、比色图表也当作语法来论述。"我们感兴趣的是语言作为一个过程与外在的规则是一致的。(Wittgenstein, L., 1974:32)"语法规则把有意义和无意义区分开来。他又说:"如果语法规定你不能说声音是红色的,它并不是说你不能这么说,而是说你这样说没有意义——根本就不是语言。"(R. Rhees, G. E. M., 1980a)他的这些话是不是意味着语法的某种身份、语言的某种实在性呢? 语法确乎在说明规定语言现象吗?

一条语法如果先于一种语言实践存在,那么依据它我们就可以判定一个语言过程是否正确;如果语言先于语法,那么我们就会根据语法是否合乎语言实践来判定它的可接受性程度(acceptability)。从语言学角度看,我们一般是从第二个角度来看待语法的,我们不可能离开语法所关乎的语言现象去抽象地谈论语法。但是这些语法是如何出现的呢? 我们在第一节已经有所论述。但无论是哪一种,语法都离不开具体的语言实践,也可以说它来自语言实践并根据语言实践的发展不断完善。否则这样的语法也行而不远。普通话虽然与粤语、客家话等大相径庭，但它也是基于现代北方汉语的语法和北京话的语音的。如果语法规定与我们的实际用法相左，那我们完全可以推倒重来。人们在教授语言时为了方便制定一些规则，如拼写规则、发音规则、动词搭配规则等。如我们就是依照普通话的标准，来判定我们汉语语法的可接受性的。无论一条语法多重要，它只不过是对某种语言现象的记录，并向学习这种语言的人提供一种重现或模仿的手段。对这种语法而言，它首先要和语言实践一致：我们正是依据这个原则来对语言学习者的语言正确性进行评判，对语法本身进行评价。作为描述语言实践的规则本身有其价值，但更重要的是这种规则是否与其所描述的语言实践相一致。我们还注意到，在我们谈论规则及其所反映的语言现象时，二者常常是一回事。只有在先有规则的情况下，我们谈规则的使用、规则的误用、在规则的指导下等才有意义。我们在二语习得中常常谈到规则以及规则的使用，而对一个说母语的人而言则很少谈到这些规则。对他们而言，这些规则无论是有还是没有，谈论都不能有丝毫的增益。

如果语言规则先于语言现象存在，那么英语词序规则有可能会这样规定"bit arm my the mosquito"而不是"The mosquito bit my arm."。很显然前面的规定没有任何意义。然而情况并不是那样，如果规则不是后天结果而是先天存在的话，那依照这种完美的语法，我们日常所说的语言大都是不正确的。如果是这样，那我们如何能够用不完美的语言来描述这种完美的内在语法呢？如果我们谈论的是规定语法，这种情况很容易接受，比如某个权威规定某种用法是唯一的正确用法，然后大家都跟着去用，比如苏州有个"浒"墅关镇中的"浒"字就读 xu 而不是 hu，原因是乾隆皇帝下江南时读错了，后人就以错为对，误传了。的确在某些情况下，规则可以先于语言实践存在，但同样清晰的是，即便没有这些权威的规定，语言这棵大树照样能够枝繁叶茂。更有意思的是，无论我们的语法多健全，我们日常语言总是大多不符规则——或者是词语误用、或者词序颠倒等。然而正是我们的实践知识使得我们能够区分出那些句子是完整的正确的那些不是，诸如此类。我们区分一个句子是形式完好还是不完好靠的是我们实际的语言实践。我们可以从语言现象中总结出诸多语法，甚至是所谓多种语言都共有的语法，可实际上说这几种语言的人并没有兴趣去遵守这些语法。

以上表明，规则只能在语言的实际运用中才能获得，也就是说，我们得先有语法学家然后才能有语法的规则，无论这个语法学家多么微不足道。从最宽泛意义上说，任何一条语言规则都是对某种现存语言形式的反映。它不可能是一种人内在的先天实在，因为我们总是可以根据语言实践或语言形式的变化对语法进行相应的修改和重新的描述。我们不能用现代英语语法规则去解释古英语，我们也不能用古汉语句读方法对现代汉语进行评判。我们说"绿色的黄瓜"合乎语法要求，"红色的黄瓜"则不符合。按照乔姆斯基的观点，人先天就没有这样的规则，而维特根斯坦则认为，语法无所谓对错，而是"红色的黄瓜"没有意义，因为在现在的语言实践当中并没有这样的表达，或许今后我们会培育出"红色的黄瓜"。我们不是不能说"他的声音是红色的"，而是这样说没有什么意义。

第四节　本章结语

　　维特根斯坦的"哲学语法"和普通语法、普遍语法以及教学语法等诸多语法着眼点不一样，它关注的是语言运行的机制和语言背后所蕴含的道理。就一般的普通语法而言，各种不同的语言的语法各不相同，如汉语和英语，甚至是同属于一个语族的德语和英语的时态观念差别也很大。普通语法是规则性的外显性的，其规则我们可以从其语言形式上观察出来。普通语法不具有普遍的道理，而哲学语法却具有普遍的道理，它是内隐性的，它和人类对世界的理解相关联，如无论是哪种语言，我们都不能想象出"没有长度的棍子""方的圆""既黑又白"的东西，因为它们与我们对世界的理解不一致。根据陈嘉映先生的研究，普通语法和哲学语法的研究目标不一样。"语言学家和哲学家同样都进行观察、概括、推论；这些工作实际上是混合在一起的，但两者的目标不同。语言学家旨在更好地理解语言的内部机制，直至掌握这一机制甚至制造语言，哲学家从理解语言的机制走向理解世界，他不打算制造任何东西，而只是期待一种更深形式的理解的生成。哲学家的语法分析得出的是世界的道理不是语言的道理。"（陈嘉映，2003）

第七章
维特根斯坦与乔姆斯基哲学语言学习观比较

第一节 "语言奥秘"与"生活形式"

古希腊以来,语言就是人们研究的对象。柏拉图、亚里士多德、霍布斯和洛克等人对语言知识都有自己的见解和论述,引发近五十年以来语言知识大探讨的当是乔姆斯基。虽然乔姆斯基的生成语法理论在其伊始就引起了语言学革命,并在心理学、生物学、哲学等诸多方面产生了很大的影响,但也有不少语言学家、哲学家在其学说问世伊始就提出了自己的质疑,这些学者从不同的角度针对乔姆斯基的理论提出自己的反对意见,这些持反对意见的学者大都受维特根斯坦的影响(Pateman, 1987)。帕特曼为什么会这么说? 道理何在? 我们想按照这个思路,在语言学习观上对二者进行比较,探究双方不同的立场。

《句法结构》刚刚发表,引起广泛关注的时候,就有人认为乔姆斯基的生成语法理论是一个骗子的理论。① 生成语法发展 50 多年之后的今天,还有不少人认为乔姆斯基的语言学错讹百出(corrupted lingustics),甚至认为乔姆斯基明知自己的理论存在着不可克服的缺陷,却故意抛出一个又一个所谓的语言共性或生成语法理论。他的欺骗是故意的(deliberate),他的理论是一种虚饰甚或是一种虚张声势(pretending and bluffing),他剽窃别人的思想(ripping off others' ideas),贬低别人的研究(denigrating other field)。② 他们从各个方面对乔姆斯基语言学展开批

---

① 与乔姆斯基同时代的哲学家范畴语法学家蒙太古认为乔姆斯基和爱因斯坦是"二十世纪两个最伟大的骗子",具体可参见蔡曙山"语言、逻辑与认知",北京:清华大学出版社,2007 年,第 153 页

② Robert D. Levine and Paul M. Postal. The Anti-Chomsky Reader[M]//Peter Collier and David Horowitz, editors, London: Routledge, 2005.

评，这些批评是否有道理，或者说有几分道理，我们只有深入研究才能得出自己的结论。本章试图通过对维特根斯坦和乔姆斯基的语言观进行比较，看一看，他们思想不同之处在哪里？乔姆斯基理论所遇到的困难如果用维特根斯坦的思想观照会有什么结果？这些疑问构成了本章的主题。

《句法结构》标志着乔姆斯基革命的开始，无论在语言学界还是在心理学界，人们开始用认知的方法代替行为主义，对语言和心理现象进行研究。但是生成语法在其发展的过程中也受到了来自许多语言学家和哲学家的质疑和挑战。如奎因提出的"指称的不确定性"理论、普特南的"孪生地球"、戴维森的"理解宽容原则"等，这些哲学家或语言学家根据自己对维特根斯坦哲学著作的解读，从诸多方面对乔姆斯基的语法理论提出了自己的批评，特别是对乔姆斯基的语言知识观提出了不同的看法。乔姆斯基的语言理论无论对也罢，错也罢，无疑是最富有活力，影响最为深远的，但凡当前任何一个稍有建树的语言学家都不能置乔姆斯基的语言理论于不顾，相反，任何一个语言学派在具体问题上，往往都对照乔姆斯基的理论主张来表明自己的观点。(Lyons, J., 1969)乔姆斯基认为语言是人脑的一种属性，它是个体的、内在的一种语言。用乔姆斯基的话说它是一种 I 语言，这种语言与外在语言 E 语言相对。作为人类社会的每一个个体都具有这种属性。这种语言的初始状态就是乔姆斯基所称作的"普遍语法"，或者是一种"语言器官"、或者是一种"语言习得机制(LAD)"。正是这种语言习得机制使得个体的语言获得成为可能，也就是说，在一定的语言经验的触发下，个体的语言就会自动生长，直至达到一种稳定的状态。不可否认，社会交往对于语言的获得不可或缺，但社会交往或语言经验只起到一个触发的作用。在乔姆斯基看来，语言学研究的主要目标就是对这些大脑的属性进行研究，"有许多问题可以引导人们进行语言研究，但就我个人而言，使我着迷的是人们何以能够进行学习？通过语言研究，我们可以了解大脑的内在属性。"(Chomsky, N., 1972)从这段话看，乔姆斯基研究语言只是一种手段，他旨在通过语言研究理解人类的大脑属性，这也难怪乔姆斯基说他的语言研究是心理学研究的一部分，最后要归于生物学研究。(Chomsky, N., 1987)

为了实现他的语言研究的主要目标，乔姆斯基把语言研究分为三个方面：语言知识的性质、语言知识的起源以及语言知识的使用。在与这三个方面相关的诸多问题研究中，他又把如下的三个问题看作这些问题中的基本问题：① 语言知识是由什么组成的？(What consititutes the knowledge of language?)；② 语言知识是如何获得的？③ 语言知识是如何使用的？(Chomsky, N., 1986)后来他又把这些问题进一步表述为以下四个方面：① 这种系统的知识是什么？操不同语言的人的大脑中的知识是什么？② 这种大脑中的系统知识是如何出现的？③ 这种系统知识在话语中是如何使用的？④ 构成这种系统知识以及这种系统知识运用的物质基础、物理机制是什么？（Chomsky，N.，1988）

第一个问题是十七、十八世纪哲学语法研究的中心问题，第二个问题就是我们所说的柏拉图难题，罗素把这个问题表达为：**"人与世界接触的是那么的少，个人的经验那么有限，可他们怎么会知道那么多？"**。柏拉图对这个难题提供的答案是：这种知识是对先前存在的记忆，莱布尼茨认为柏拉图的思想基本正确，但这种知识必定"清除了先前存在的（preexistent）错误。"换句话说，人类的有些知识是天赋的、内在的，是基因决定的一种生物属性。这种思想和近几个世纪主导西方思想的经验主义大相径庭。尽管作为经验主义思想家的休谟认为人类的这部分知识"最初来自自然之手（original hand of nature）"，是"物种的本能"。第三个问题可以分为两个方面：感知难题（perception problem）和生产难题（production problem）。感知难题与我们对语言的理解有关，生产难题则与我们说什么和为什么这么说有关。后一个难题我们称之为笛卡儿难题也就是"语言的创造性使用的一面"。笛卡儿及其追随者注意到：在正常的语言使用中总是不断出现以前未曾出现的与语境相适合的新词，很显然，这些新词与外在的刺激和内在的状态无关，它唤起听话人的思想，使他们在相同的语境下也会以相似的方式进行语言表达。因此，在正常的语言中，一个人并不是仅仅重复他刚刚听到的话，而是生产出新的语言形式——以前未曾说过的、甚至语言史上从未发生的语言形式——这种现象一直都有。而且这些话语并不是杂乱的表达（utterances），它们与相关的场景相符但相关的场景并不是引起它们的原因。因此语言的使用是自由的但与相关的场景一致，如"人行线"又可以叫作"斑马线"、横道线，在上海立交上我们还看到下车请走"横行线"的标语；苏州有个饭馆的名字叫作"犇猋骉饭馆"，尽管我们可能不知道怎么读，可我们依然能够毫无困难地理解它们；"中国乒乓球队大胜韩国队"和"中国乒乓球队大败韩国队"这两句话中的"败"与"胜"意义相反，但这个句意却是相同的，如此的语言现象不胜枚举，都是语言创造性使用的一面。有些语言表达式是一些我们以前见所未见、闻所未闻的句子，甚至是语言学史上也未曾发生的现象，可我们可以毫不困难地理解。话语参与者会认为这种新的语言形式是与语境相符，并会以相似的合适的方式对这种新的语词作出反应。

由语言使用的创造性所得出的结论是笛卡儿思想的一个中心论点，笛卡儿认为：在物理世界，人和其他生物有本质的不同。别的存在类似于机器，它们的各个部分按一定的结构组装在一块、安置在一定的外部环境中，它们的行动都是受外力决定的（或者是无序的 random）。但是在这种状况下的人并不是"必定"以某种方式行动，而只是有这样行动的"趋向（inclination）"。他们的行为可能是可以预测的，因为他们有可能依照外界的刺激去行动；但他们是自由的（人类所独有的），因为他们未必一定依照外部的刺激去行动。而一台机器只能按照它的内在设计和外部环境进行反应，并没有自己的选择。人类语言的创造性就是人类区别于其他生物存在的一个最明显的例子。在乔姆斯基看来，人能创造性地使用语言不仅在笛卡尔时就是个"奥秘"，现在依然是个"奥秘"，并认为，和其他生物一样，人也有自己的局限。人不可能对这种问题进行解答，所以他把这种笛卡尔式的问题称作奥秘。奥秘虽然令人着迷，但人类不可能找到答案。而与语言相关的前三个问题，乔姆斯基则认为，人类通过自己的努力，无论这些难题多么繁杂，是有希望找到答案的，如人们可以通过对个体语言的研究从中发现一些普遍的规则。在乔姆斯基看来，近几十年生成语法的发展似乎证实了这种想法，如通过研究生成语法认为结构依赖原则（structure dependent principles）和主宾不对称原则（subject-object asymmetry）是各语言所共有的原则，也可以说是普遍语法的原则，在各语言中没有任何的例外。

　　乔姆斯基在许多地方对难题和奥秘进行了区分和论述，如在《对语言的思考》一书中他用了整整一个章节对"难题"和"奥秘"等问题进行论述①，在以后的许多著作中也多有提及和论述。②"一种在人的认识范围之内，而人又对其中所涉及的概念有相当的了解，对这些问题我们称作是'难题'，另外是一些至今还像当初提出时那样含混不清的问题，对这类问题我们称作是'奥秘'。""所谓的难题有，……语言获得中的认知结构是什么样的？这种认知结构发育成熟的基础又是什么？它们是如何发育成熟的？"（Chomsky，N.，1976）在他看来，这个问题是生成语法需要解决的根本性的难题（Chomsky，N.，1986），要解决这个问题，我们就必须解释为什么儿童在这么如此有限的语言经验下竟然会有如此丰富的语言知识？为了研究这一问题，我们必须假定（postulate）人先天具有某种心理机制，后来他称这种机制为"心理器官"，正是由于这种心理器官，儿童的语言获得才能成为可能，换言之，儿童也正是在这种心理器官的基础上，才能在如此有限的语言经验或语言刺激的情况下获得如此丰富的语言知识。这种心理器官从"初始态"经由与周围环境的变化直至进入"恒定态（steady state）"或者说是"最终态（final state）"。尽管人们目前对这

---

① Chomsky, Noam. Reflections on Language[M]. London：Temple Smith，1976.
② 其他著作包括：*New Horizon*，2002；*Language and Problems of Knowledge*，1988；*Rules and Representations*，1978.

些心理机制知之甚少,甚至当作奥秘,但乔姆斯基相信无论这些问题多么复杂抽象,通过努力,人们仍然能够对这些问题进行回答。乔姆斯基对"难题"和"奥秘"的区分标准是"当我们所探索的认知结构不论是出于知识的初始态还是恒定态,我们所面临的问题就是难题而不是什么奥秘,如果问,人们是如何使用这些认知结构的? 为什么人们能做出这样的而不是那样的选择? 我们的回答则只局限于我们的直觉和悟性……'语言使用的创造性问题',在笛卡尔讨论他心问题时是个奥秘,现在依然是个奥秘。"(Chomsky,N.,1976)人能够创造性地使用语言是个事实,但人何以能够创造性地使用语言则是一个"奥秘"。

哲学家和语言学家一直对语言的创造性使用问题进行追问,虽一直没有什么进展,但仍然让人着迷。在乔姆斯基看来,用"类推"和"概括"来解释语言的创造性根本不能解决什么问题。有些句子,儿童显然以前没有经历过,但儿童却会毫不困难地做出判别,如"He is eager to please."和"He is hard to please."这两句话。结构完全相同,但其中的 he 的意谓却不相同。类似的例子还有许多。汉语中的许多语言现象也无法用类推来解释,我可以说"很风趣",也可以说"很有风趣",我们可以说"很有兴趣",但却不能说"很兴趣"。我可以说"一米七"和"一块七",也能说"一米七五",但却不能说"一块七五"。我们说"偷东西""偷楼房""偷别墅",但一般却不说"偷阳光"。乔姆斯基据此得出结论,语言知识并不是人后天习得的结果,更不是日常的讲授或训练的结果,而是人先天的语言器官在一定的语言环境下生长出来的结果。这和人的其他器官的发育没有什么两样,语言也是生长出来的。语言的生长离不开一定的语言环境,但语言环境起到的只是一个触发的作用,起决定作用的是人先天的语言器官而不是后天的语言环境或训练。生成语法理论认为,每个人都是在基本相同的条件下,在他们生活的环境里,依靠最低程度的语言接触和人际关系获得语言知识。[①] 如果普遍语法的限制足够充分,儿童靠少量的语言经验就可以选择出一部远远超出证据范围的充分且复杂的语法,一部可以提供与已有证据没有"类推"或"概括"关系的语法。(Chomsky,N.,1976)人先天具有的语言器官包括一个有高度限制的图式(paradigm),这个图式在接触到有限的感知素材的情况下开始运作,把对这些素材的解释确定为经验,而后选出一些规则系统运用到人的语言活动中,也就是说一旦规则确定,人的语言活动就会受到这些规则的辖制,所以乔姆斯基后来说,语言学习的过程

---

① 为使先天机制能够运作,其中人际交往是必要的,但是不能因此说这种交往就包括教授和训练,或者这种交往决定着获得系统的特点,具体讨论可参考 *Aspects of Theory of Syntax*,第一章第八节。

也就是一个参数的确定过程。不同的语言有不同的音义结合规律,有不同的使用规则和原则,这是因为不同的语言的参数不同。在乔姆斯基看来,从生物学上讲,**人脑是一个给定的系统,具有它自己的适应性和局限性**。有一些领域我们可以提出接近正确的假说,并根据经验对这些假说进行不断地修正完善,那么这一领域的问题就是我们科学上所称作的难题。而其他领域的问题对人脑而言只能是奥秘,这些问题人类可以想象但无望解决,语言的创造性使用问题、自由意志选择问题等都是一个人脑所不能解决的奥秘。为了佐证自己的观点,乔姆斯基还援引了皮尔士和康德的观点,如皮尔士认为"人脑天生适宜想象一些正确的理论……如果人没有可以适应其要求的大脑,那他就不会获得任何知识。"而康德对人类局限性的论述是:"我们对表象和纯粹形式的认知图式是一种艺术,它深藏在人类的灵魂深处,其活动的真实模式我们几乎不可能发现,我们也不可能得以窥见。"(Chomsky, N., 1976)

生成语法理论认为语言研究的主要目标就是对人的先天语言知识进行研究,对人类所共有的普遍语法进行研究,并认为通过研究,人类可以发现这些共有的语言知识。普遍语法的原则具有清晰性、明确性、经济性或简约性、可预见性等特征。如果普遍语法原则足够清晰,它就可以对无限的语言结构表达进行预测,这些原则可以通过个体语言直觉进行检验、修正、完善。当然"这种工作也是很难完成的一种任务(task)。"(Chomsky, N., 1988)如果我们能够了解语言器官,知道人类先天所具有的语言知识,那么语言学习的问题自然而然就可以解决。儿童只不过是在具体的语言环境下,在极少的语言经验下运用这些先天的语言知识,这也就解决了柏拉图难题。而传统的语言研究的主要目标并不是要获得对人类心理性质的认识,它们并不把"语言知识是如何获得的?"当作其主要目标。换言之,这些研究并不是心灵性的(mentalistic)研究,而是一种外在的语言研究,即 E 语言研究。例如卡茨(Jerrold Katz)就认为一个语言研究的对象应该是一种非心理的、抽象的、柏拉图式的语言,并对这种语言进行描述。这种语言被称作 P 语言,一种不同于乔姆斯基的 I 语言或 E 语言的语言。这种语言和数一样是一种抽象的对象,用卡茨的话说就是"这种语言独立于人的大脑,也独立于外部的对象,但我们必须把它看作和心理或物质对象一样是实存的东西。"(Katz, J.J., 1981)这种对象不受时空的限制,"抽象对象根本就不是一种理想的对象,它们并不表征什么心理或心理的东西,……相反这些抽象对象是另一种本体,它与心理或心理对象不同,和经验科学中的实际对象一样,在科学研究中我们可以对这些对象进行正确的陈述(statement)。"(Ibid.)以此看来,卡茨认为语言学并不是心理学的一部分,而是一种独立的学科(discipline)。也有的研究者把语言当作一种文化的对象来进行研究。但乔姆斯基认为,公共语言并不是你我之间共享的一种语言性质,更不是语言社团各个成员之间语言个型(idiolect)的平均值。公共语言如果是一个对象的话,它只是语言学家杜撰出来的一个东西。因为我们无论进行什么样的科学研究首先要对研究的对象进行界定,明确研究的目标,而公共语言则缺少这样的目标,因为"一个显而易见的事实是,尽管我们不时需要'公共语言'或'抽象语言'的概念来进行语言研究,但实际上没有人试图解释它到底可能是什么。"(Chomsky, N., 1993)他还认为,语言研究就是要追求明晰性,而外在语言研究缺少这种明晰性,"如果没有理论形式的解释,公共语言或共同语言的概念依然神秘难解(mysterious)……我看不出基于此种概念之上的外在主义以及其他任何有关的意义理论或语言理论如何能够对如此广泛领域的问题进行有效的研究。"(Chomsky, N., 1995)

乔姆斯基认为,对作为固定生物系统(biological system)的普遍语法的研究是由心智的一些运行原则(operative principles)组成。由于智力的限制,人们目前还没有了解这些原则,或者是说还没能解决这些难题。但这些原则位于人的心智范围之内,人们通过努力有望获得成功。而"奥秘"则与"难题"不同,根据乔姆斯基的描述,"'奥秘'是人类心智所不能达到的一些领域的问题,它们有着自己的结构和组织,它们要么完全是在人类的心智之外,要么是我们如此难以理解以至于它们根本不可能成为人类能够理解的理论。"在乔姆斯基看来,有关语言性质以及语言获得知识的问题是人类通过努力可以解决的难题。人们可以通过对语言的个体性研究对语言的性质进行了解,并了解组成语言器官的抽象的复杂结构,从而知道为什么人在语言经验如此有限的情况下竟会有如此丰富的语言知识,也就是人如何能够习得如此丰富的语言知识。而有关语言的使用也就是"语言的创造性"的问题则是人类的一个奥秘。洪堡和索绪尔等语言学家都注意到此类现象,并对此有相关的论述,但人类对此的研究始终没有什么进展。也是因为这个原因,乔姆斯基把这类问题明确地排除在语言研究的范围之外。因为在他看来,这类研究不可能有什么结果,而且这类问题将永远成为人类无解的奥秘。

除了有关语言的奥秘之外,乔姆斯基还列举了其他领域的奥秘,如意志与自由选择的问题也是人类的奥秘。对于人类智力来说,这些问题永远是个奥秘,但这些在人类看来是奥秘的问题可以为其他与我们构造完全不同的智慧所理解,或者说根本就不是一个问题。在"火星人"看来人类的语言相差很小,或者本质上就是一种语言。"尽管我们能明确无误地意识到自身的自由和超然,但我们仍然不可能有足够的智慧理解自由行动的不确定性。"(Chomsky, N., 1980)动物在一定的条件下,其行为是可以预测的,而人则不是这样,因为"尽管躯体有了某种倾向,但人的心灵还是有能力阻止这种倾向,只要人的心灵能够影响躯体的行为,且躯体有能力去服从。"我们知道的只是人可以在相同的情况下有不同的选择,有意志的自由,但至于心理功能如何选择或拒绝我们"有倾向去做的事"则是一个奥秘。卢梭说:"大自然支配每一种动物,动物服从这种支配,人类感觉到了同样的刺激,但他知道他有权默许或拒绝,人类的灵性首先表现在这种自由意识上。"你说我"口蜜腹剑、装模作样"可以理解,但你要是说一只老虎"口蜜腹剑、装模作样"则令人费解了,小孩期盼着他的妈妈下个星期回来,一只狗,无论多么聪明,能期盼它的妈妈明天回来吗? 宇宙不仅比我们实际了解的怪异万分,而且比我们所可能了解的也怪异万分。人类语言的创造性就是人类区别于其他生物存在的一个最明显的例子。(Chomsky, N., 1988)

乔姆斯基关于"难题"与"奥秘"的区分我们可以用两个相关的概念来表示:语言知识和语言的创造性使用。有关语言知识的问题大体上可以归为难题的一类,人类通过研究,假以时日是能够解决这些问题的,从英语词源上看,problem这个词常常与 solve 这个词连用,含义是解决问题,通过努力可以找到答案的问题等;而语言的使用,创造性的使用相关的问题则可以归为奥秘,我们只知道语言能够创造性地使用这个事实,但为何是这样,我们则不得而知。人类创造性地使用语言的能力是指"正常的人能够根据情景说出恰切(approriate)的句子,或许能够根据情景说出一些别人从来没有说出的句子,不仅如此,他还能听懂别人这样的言语行为。"(Chomsky, N., 1980)这种奥秘用当下的语言研究方法似乎不能找到解决方案。三百年来,或者更准确地说,自从笛卡尔以来,这些问题都没有得到很好的解决,今后这些问题也不可能得到解决,因为人类受自身条件的限制。

乔姆斯基对语言研究问题进行区分,这种区分是否有道理? 他所说的语言难题能否有望得到解决? 许多语言学家和哲学家对此表示了自己的怀疑。奎因、达米特、普特南等从不同的角度对生成语法的研究前景提出了自己的质疑。根据鲁道夫·帕特曼(Rudolf P. Botha, 1991)的说法,这些哲学家大都受维特根斯坦的影响,对乔姆斯基的生成语法提出了自己质疑。这些哲学家对乔姆斯基的反对主要集中在以下几个方面:① 乔姆斯基把社会的语言当作个体的语言,否认了语言社会性的一面,他错误地认为通过个体的语言研究,通过个体的语言直觉检验就可以获得所谓的普遍语法规则;② 乔姆斯基把外在的(outer)或公共的(public)语言看作是内在的(inner)或个体的(individual)或私有的(private)语言来进行研究,他们引据的大都是维特根斯坦著名的私有语言论证;③ 语言能力或能流利地说出一种语言是后天训练的结果,而乔姆斯基则错误地认为语言能力是先天的因素,是流利说出一种语言的原因,这是一种本末倒置;④ 乔姆斯基错误地把一种开放的语言知识看作是一种封闭的知识,而这两种知识之间的区别并非无关紧要,前者是一种事实性知识(knowledge-that),而后者则是一种技术性知识(knowledge-how)。①

为什么乔姆斯基的生成语法会受到如此多方面的质疑? 如果这些质疑都是与维特根斯坦后期的哲学思想有关,那么我们如果从维特根斯坦后期哲学当中的主要概念入手或许会对生成语法有一个更深的理解。"生活形式""语言游戏"和"家族相似性"是维特根斯坦后期哲学的精髓,我们试图从这几个概念入手来关照乔姆斯基的生成语法理论。

"生活形式"是维特根斯坦后期哲学中的一个重要概念。我们可以说,它与"语言游戏"一起构成维氏后期哲学的灵魂。从其后期哲学思想来看,"生活形式"可以说是一条主线,其哲学思想和相关的一些重要的哲学概念都是在这一基础上展开的。"生活形式"在其已出版的著作中仅出现七次,在《哲学研究》中出现五次,这五次分别是:

1. 想象一种语言就叫作想象一种生活形式。

2. "语言游戏"这个用语在这里是要强调,用语来说话是某种行为举止的一部分,或某种生活形式的一部分。

3. "——人们所说的内容有对有错;就所用的语言来说,人们是一致的。这不是意见的一致,而是生活形式的一致。"

4. 唯能讲话者才能够希望么? 只有掌握了一种语言的用法者。也就是说,希望的诸种现象是从这种复杂的生活形式中产生出来的某种样式。

5. 须得接受下来的东西,给定的东西——可以说——是生活形式。

由于维特根斯坦本人没有对"生活形式"这一概念给出任何定义,因此后来的研究者对此就有多种不同的解释。根据西尔明(Hilmmy, S.S., 1987)的概括,较有影响和代表性的解释有三种:① 文化—历史的解释。这种观点认为:生活形式等

---

① 具体可参见帕特曼的《心智语言和社会语言》第四章。

同于文化形式、风格和结构，生活形式是使社会和文化成为可能的形式构架，它不回答'为什么'的问题，它没有解释的能力，它们只能在解释链条的末端作为给定之物；② "有机的"解释。根据这种观点：语言对于我们只不过是一种自然而然的东西，如同消化和排泄一样。我们不是通过学习使用语言而得到训练，相反，我们是生而具有这些用法的，因而我们是盲目地使用语言，如同对一种情况的自然反应；③ 语言游戏的解释。这种观点认为："生活形式"等同于"语言游戏"。因为"语言游戏"这个用语在这里是要强调，用语言来说话是某种行为举止的一部分，或某种生活形式的一部分。

贝克和哈克（G.P.Baker&P.M.S.Hacker）把"语言生活形式观"总结为以下四点：① 生活形式是一个生物的概念，具有物种的属性，人类只有一种生活形式，它是人类的一个物种属性并反映了人类的本质。也可能存在其他的我们可以想象的生活形式，但这些是其他物种的属性本质（如火星人等）；② 与人类不同的生活形式难以为人类所理解（unintelligible），"即便狮子能说话，我们也不能理解。"机器人（humanoids）的行为反应和人类的行为反应有本质的不同，具有不同生活形式的物种不可能和我们进行有意义的对话，它们的语言对我们来说是难解的（impenetrable）；③ 尽管我们可以想象其他不同的生活形式，想象它们概念的形成，但从严格意义上讲有关这种生活形式的概念是不可以想象的。从这个意义上说，我们的概念，我们表达式使用的规则不可能是约定的，据此我们可以说，如果我们有如此的本质，我们就必定有如此的行为活动；④ 就语言的用法而言，人们是一致的，但这不是意见的一致，而是生活形式的一致。这里生活形式是在指我们"共同的自然反应（common natural reaction）"，或者是指人类之所以成为人类的共同的实践。这些是"人类自然史的事实"，它们的存在先于所有的约定，人类的约定都是基于生活形式之上的约定。哲学的深刻（profundity）就在于透过约定这个肤浅的表层对体现生活形式特点的自然事实进行研究。（G.P. Backer & P.M.S. Hacker，1985）

西尔明、贝克和哈克等人对"生活形式"这一概念的解读基本上代表了当今西方哲学界的思想主流。生活形式是给定的东西，是我们不得不接受的东西，我们的诸多活动就是在生活形式这个大的背景下进行的。生活形式是我们赖以生存的基础，生活形式具有物种的属性，不同的生活形式之间不可以通约。"生活形式"是我们活动的出发点，是"继承下来的背景""思想的河床""轴""脚手架""完整的图画"，我们的语言游戏就是在生活形式这个大的背景下展开的，我们判定一句话或一个表达式是否合适的依据就是我们的生活形式，看一看它是否与我们的生活形式相符合。生活形式这个背景是给定的,是不可怀疑的基础,也是一切怀疑的基础。生活形式虽然为其他命题或信念提供了一个根据或基础,它本身却是没有基础的,它是无根据的,因为"有牢固基础的信念的基础是没有基础的信念。"

从西尔明和哈克等人的解读来看,维特根斯坦和乔姆斯基的观点有相通之处,人类和其他的存在有着不同的生活形式,这种不同是物种属性方面的不同,不同的生活形式不可通约,乔姆斯基也说,在人类看来是"奥秘"的东西,在火星人看来或许根本不是一个奥秘,火星人学不会我们的语言,因为它们和我们具有不同的物种属性,反之亦然。"狮子即便会说话,我们也不懂",因为我们和狮子的生活形式不同。如果我们用维特根斯坦的"语言生活形式观"来观照乔姆斯基的语言理论,我们会发现,乔姆斯基所说的"奥秘"在维特根斯坦看来只不过是我们的"生活形式"罢了,生活形式是我们人类其他一切活动的基础,我们有着如此的生物结构,我们能如此创造性地使用语言,是我们作为人的一个生物属性,这没有什么奥秘可言,我们无需为之劳心烦神,因为这注定也没有结果。我们甚至有理由认为,乔姆斯基所孜孜追求的普遍语法在维特根斯坦那里也注定不会有什么前途,或者说这种追求注定是无果的。我们都同属于人这个生物种属,虽然我们的语言在外观上千差万别,但我们能相互理解,这不是什么普遍语法在起作用,是因为我们有着共同的生物属性,我们的生活形式相互交叉,有着这样或那样的相似。人能够创造性地使用语言,而动物却不能,这是人类物种属性的使然,是人类的生活形式,是人类其他一切活动的出发点。

如果我们把乔姆斯基的语言奥秘看作是维特根斯坦意义上的生活形式,那么乔姆斯基的普遍语法研究应该是什么呢? 维特根斯坦的家族相似性似乎也为我们提供了一个新的进路。

第二节　语言共性和家族相似性

人们很早就开始对语言共性进行了研究。德国哲学家阿尔斯泰德(Alsted)在 17 世纪就开始对"普遍语法"与"个别语法"的关系进行了阐述。按照他的解释,普遍语法的作用是揭示"与语法概念的方法与来源相关的那些特征,它对于所有的语言来说都是相同的。"他还指出,"普遍语法是每个个别语法的模型",并希望语言学家们能致力于这方面的研究。法国学者马尔赛(Du Marsais,1750)对这两个概念做了更加明确的定义："在每个语法中都有一部分从属于所有的语言；这些部分构成所谓的普遍语法……在这些普遍的部分之外，还有一些只属于某个个别的语言；这些构成了每个语言的个别语法。"这个时期的最高成就是阿尔诺（Arnauld）和朗斯洛（Lancelot）的《普遍唯理语法》，正如其作者在前言中所说的那样，《普遍唯理语法》的目的就是"寻找所有语言的某些共同的现象以及只是其中某些语言所特有的某些现象的原因。"它所使用的语料包括法语、德语、西班牙语、意大利语等多种语言。根据阿尔诺和朗斯洛的研究，在表层上，句子可以划分为一连串的短语（phrases），短语可以继续划分，直到词这一层次；在深层上，一个短语相当于一个复杂的概念，句子则是由命题构成的体系。作者在书中给出的经典分析的句子是"看不见的上帝创造了看得见的世界。"这个句子包含了主语"看不见的上帝"和谓语"创造了看得见的世界"两部分或两个不同的短语，而后者还可以继续分为"创造了"和"看得见的世界"两个部分等。同时这个句子又是由三个命题构成："上帝是看不见的""上帝创造了世界"和"世界是看得见的"。根据乔姆斯基的解读，《普遍唯理语法》的这种语言分析隐含了这样一种观点，"每一种语言的语法必须包含一个规则系统来描述深层和表层结构以及它们之间的转换关系。"（Chomsky, N., 1968）

以乔姆斯基为代表的生成语法对语言共性的研究体现在普遍语法理论之中，而普遍语法描述的是先天的、由生理因素决定的原则。因此，它是一项对语言的"生理上必备的研究"。根据这一理论，我们得出的共性是绝对的共性。绝对共性存在于所有的语言当中。乔姆斯基认为，绝对共性有"形式共性（formal unversals）"和"实体共性（substantive universals）"，实体共性是每个语言都必须采用的"一组固定不变的东西"，如句法里的名词、动词等语类，音系中的区别特征等。根据桑普森（Geoffrey Sampson）的研究，乔姆斯基的有关语言共性思想的形成是在雅各布森思想的影响下形成的。雅各布森是一位音位学家，他通过研究认为，不同的语言虽然有不同的发音，但这些不同的发音背后存在着相同的音素，也就是音韵共性（phonological universals），他认为这些不同的音韵结构（phonological structure）只是一个表面的现象，构成这些纷呈的表面现象的基础是共同的底层语音系统（underling system），他的 12 种区别特征就适用于所有的语言。尽管雅各布森主要研究的是语音共性，但他相信，这种研究方法也适合于其他语言单位的研究，亦适用于句法的研究。1948 年他的两个学生 Burt W. 和 E. Aginsky 将此观点以"The Importance of Language Universals"在 *Word* 发表。在此思想的影响下，乔姆斯基的语言共性观逐渐成形，而 1957 年《句法结构》的发表标志着语言革命的开始，人们不再单独去对纷繁的语言现象进行描写,而是热衷于寻找隐藏这些语言现象之后的语言共性。尽管生成语法从开始就引发不少的质疑,但生成语法在上个世纪六七十年代成为语言研究的主流却是一个不争的事实。乔姆斯基的句法共性观无论在丰富性还是深度上都远超过雅各布森的音韵共性观,成为当时语言研究的主流。

除了实体共性之外,各语言间还存在着"形式共性"。形式共性是语法所必须满足的一些抽象的条件和要求,比如对词组移位或指称约束的限制等。例如,在所有的语言中,句法操作都是以结构关系为基础的(结构依赖 structure-dependent)而不是以线性为基础的。因此,没有哪种语言的疑问句的倒装(inversion)可以陈述为"把句中的第二个或第三个词移至句首"这样的规则。[①] 尽管语言间存在着实体共性和形式共性两种,"但从实际情况看,生成语法主要研究的是对语言间的形式共性的研究。"(程工,2002)

生成语法从诞生伊始就致力于语言共性的研究,特别是形式共性的研究。研究的语料也颇多,得出的结果也颇丰富。生成语法理论发展从创始迄今,经历了以下五个阶段:20 世纪 50 年代的 SS(Syntactic Structure)、60 年代的 ST(Standard Theory)、70 年代的 EST(Extended Standard Theory)、80 年代的 GB(Government and Binding Theory)、90 年代的 MP(Minimalist Program)。根据生成语法,每一个理论都是在新的语言证据上对前一个理论的修订和完善。也有生成语法专家认为,和 1957 年的《句法结构》中的理论相比,今天的生成语法理论早已面目全非。(石定栩,2007)但我们认为,生成语法虽然经过多次修改和变化,但从逻辑、数学的角度研究语言的方法没变,语言器官假说的本质没有变,乔姆斯基所坚持的语言研究的"科学性"没变。从最初的语言是一个演绎系统到最近的唯递归假说,生成语法理论都是按照数学的方法来研究语言。但语言研究是否能够用数学方法来研究一直是人们争论的一个焦点。(Sampson,1980)

受雅各布森音位研究影响,乔姆斯基认为,尽管不同语言的句法结构在表层是各不相同的,但同样也有一个共同的底层体系。这个体系由一系列的规则组成,外在的语言活动就是这些规则演算的结果。我们知道,在数学上,给定一个方程$(x-a)^2+(y-b)^2=c^2$,我们就可以确定无数个圆,而每一个圆又是无数个点的集合。当 a,b,c 的值确定后,圆也就确定了。在乔姆斯基看来,语言研究的目标就是求得这些字词结合的规则,这些规则在各个语言中都适用,不仅适用现有的所有的人

---

① 从汉语的实例出发,潘文国提出了不同的意见,具体可参见其《汉英语对比纲要》第六章第一节。

类自然语言,而且还适应将来可能有的人类自然语言。和数学规则相似,这些普遍语法规则是有限的,根据这些原则产出的句子却是无限的,语言学研究的目标就是要找寻这些规则。和数学规则相似,普遍语法要符合以下几点要求:① 生成性(generative),通过这些规则可以自动生成符合语法的句子;② 简单性(simlicity),简化一切可以简化的规则,达到用有限的规则生成无限的句子;③ 明晰性(explicitness),要清楚明白,不许含糊不清,模棱两可;④ 形式化(formal),尽量避免用文字叙述原则,最好用公式推理的方式来说明原则,因为文字有时候不科学甚至有歧义,要像代数一样,用字母代替文字,用公式代替叙述;⑤ 详尽性(exhaustness),规则要尽量概括一切语言现象;⑥ 循环性(recursiveness),规则要能重复使用,才能生成无限的句子。当然我们不仅可以对一个特定的圆进行正确的描述或定义,而且我们还可以对某一平面上的所有可能的圆进行定义。但那些不规则的圆又该如何定义呢?(似乎我们通过对水的研究得出的分子式 H_2O 就是对各种理想水的一种理想定义,但实际情况是,即便我们知道水的分子式是 H_2O,我们也不知道水的诸多功能。)但和乔姆斯基趣向相反,让数学家更感兴趣的不是一些简单的符合规则的圆、正方形、直线。我们可以给出理想的圆一个公式$(x-a)^2+(y-b)^2=c^2$,但对那些似圆非圆,也不是椭圆的图形该如何定义呢?有关这些图形的公式又是什么呢?我们并不能在圆与非圆之间画出一个明确的区分界限,我们也不能给予椭圆一个清晰的定义,但我们相信这些不规则的或者说是不合乎语法的语言用法是语言学家更关切的对象。语言似乎是一个不断增长、不断创造的过程,伟大的诗人、作家不会束缚于这些所谓的规则,而是更多地去创造规则。**更重要的是,在乔姆斯基看来,这些规则的正确与否并不是一个程度上的问题(more-or-less question),而是一个是与否的问题(yes-or-no-question)。**

所有自然语言的数可以看作是一个集合,普遍语法研究的就是有关这个集合的所有成员的共同特点,这种各语言间无差别的共有性质。我们知道,无论一个数多么复杂、多么难以定义,人们总是可以找到或发明一个相应的公式来表达,但对整个难以定义的数的集合而言却是不可定义的。(Sampson,1980)推及语言,我们可以对任何一种自然语言进行描述或定义,但对整个自然语言的集合进行定义则不是容易的,严格上说是不可能的。普遍语法研究的是人类语言共有的特性,这些特性为各人类语言共有,没有任何例外。生成语法学家从自然语言出发对约束这些语言现象的背后规则进行假定,然后根据人们的直觉去判断这些规则的正确性和普遍性,根据新的语言证据去修改完善这些规则或者是抛弃这些规则,提出新的假说,然后进行新的验证等。因为在生成语法学家看来,科学的发展就是按照这个路子来进行的。生成语法理论也是一直按照这个路子发展的。我们有疑问的是，即便我们根据语言现象能够弄出一些规则，但人们的直觉如果对一些边界的（periphery）语言现象有不同的反映，比如说"He is seeming sleeping."是一个合乎语法的句子么？汉语中"他很兴趣地看了一会。"是个合乎语法的句子么？有的人说是，有的人说不是。但至少我们可以说它是一个边缘语法句。这时我们是直觉确证了规则呢，还是否定了规则呢？生成语法学家可能会说，"有意义"和"符合规则"是两个不同的概念。有意义的句子不一定符合规则，而符合规则的句子或许没有意义，如"无色的绿色的思想在愤怒地睡觉"符合规则，却没有意义。但我们可以说"静静的声音"，也可以说"面南向北"，这些句子可以从语法上进行分析吗？如果是这样，我们会问，即便能够表达出来，这些规则的作用到底是什么呢？根据乔姆斯基的观点，规则生成的是所有合乎规则的句子，而且只能是合乎规则的句子。乔姆斯基再三声称句法研究可以和语义分开进行研究，那么离开语义的语言规则是数学规则，还是语言规则呢？即便我们找到了语言器官（假定将来科学能够发展到那一天），语言研究还是语言研究么？我们知道水的化学分子式就知道水的各种功能么？人的直觉在多大程度上是可靠的呢？凭直觉太阳从西边出来，可实际上并不是，凭直觉每次鸡叫太阳都会出来，可我们并不会说鸡叫是太阳出来的原因（陈嘉映，2007）。乔姆斯基认为人不同于机器，因为是不同的种属（species），可同时又认为人脑可以看作是一种运算的程序，语言是自动生成的。一方面他认为语言知识是一种内在的知识，这种知识是一系列规则的系统，是一种事实性知识（knowledge-that）；可另一方面他又认为，人是可以创造性地使用语言。换言之，这种创造性的语言使用可以不受语言规则的限制，所有这些似乎都相互矛盾，难以让人相信，至少从哲学层面上讲是这样。

在任何一种语言中，合乎语法的句子肯定是无限多，理论上句子的长度也是可以无限下去。我们去图书馆随便抽出一本书，找一个句子出来，我们会发现几乎找不到相同的句子。如果我们随便打断一个正在说话的人，在他句子被你打断的地方，大约可以插上10个不同的词，而不影响句子文法性和意义性。可实际上，受记忆、思维、发音器官等诸多因素的限制，人们说出的句子不可能是无限长的，词序的排列也不可能是其数学意义上的排列集合。有人统计萧伯纳著作中最长的句子是110个词，福克纳（William Faulkner）小说《押沙龙，押沙龙》（*Absalom Absalom*）中最长的句子是1 300个词，这大概是世界上我们所知道的最长的句子了（平克，2004）。如这三个词"不""怕""辣"，可以有不同的组合："不怕辣""辣不怕""怕不辣""怕辣不"，这些句子或短语都合乎语法；但如果把这三个词换成"我""吃"

"了",却只能有一种组合"我吃了",其余的几种"我了吃""吃我了""了我吃"则不太符合语法,"吃我了"符合或具有意义,但必须有很强的语境,否则会让人觉得怪怪的。我们或者说这个短语是一个边际意义上的语法句。有些词或短语本身是不能进行语法分析的,如"躲猫猫"在语法上怎么分析,是合乎语法还是不合乎语法? 有些词或短语很难用是否合乎语法这个标准来判定,"吃饭"合乎语法,"吃酒"在一个地方不这么说,但在有些地方却是正确的语言用法,那"耍酒"呢? 该如何分析"耍酒"这个短语呢? 我们刚才给出了"面南向北",再有"繁荣的沙漠"又该如何分析呢? 有些句子符合语法,也有意义,但我们依然不能用乔姆斯基意义上的生成语法进行分析,如北方的《撒帐歌》"一把栗子,一把枣,小的跟着大的跑"。我们总不能对这些语言现象视而不见。推而言之,数学上,我们说可以对一个"类(class)"进行清晰的定义并不意味着有人已经对这个"类"的各个成员共有的性质进行了清晰的陈述,而只是说理论上我们可以对这个"类"的各个成员共有的性质进行清晰的陈述(clear statement)。我们无法解释刺激贫乏,去假定人先天有一个语言器官,这是一个合理的假说,但这并不等于我们能够对这个假说进行有效的证实。换言之,这并不意味着我们可以对这个语言器官进行明晰的陈述。(Sampson,1980)

通过上面的分析,我们有理由认为,乔姆斯基的生成语法事业虽然目标宏大(ambitious),但很难有什么结果,生成语法经过五十多年的发展,迄今还没有找到各语言间的甚至一个共性特征就是一个证明(王广成,2002)。那我们该如何看待这种语言间的普遍性呢? 我们认为维特根斯坦的家族相似性是一个进路,与乔姆斯基生成语法比较相近的语言类型学研究也是一个比较好的进路。

语言类型学研究也研究语言间的共性,但这种共性是"统计性共性(statistical universals)",统计共性表达的是语言中的某些倾向,它们允许例外的存在,是一种"近似共性(near universals)"。格林伯格等(Greenberg et al.,1963)将统计性共性定义为:"无论对何种语言而言都有一些特点在几率上大于其他特点(经常是它的负面),包括极端情况中的'近似共性'……例如,前缀、后缀和中缀这三个手段在几率上就不是随机的,事实上我是在此用递减的顺序陈述的的"。从格林伯格对语言共性的定义上我们似乎可以看到维特根斯坦家族相似性的影子,不仅是从定义上,而且从研究方法上,语言类型学与生成语法的研究的方法也是不一样的。刚才我们说过,生成句法研究的共性集中在句法层面,也就是形式共性的研究,而语言类型学则以实体共性研究为主。统计实体共性的例子很多,"几乎所有的语言都有鼻音"就是一个例子,因为在一些 Salishan 语里是没有鼻辅音的,所以只能算是一种近似共性。当然语言类型学也对一些形式共性进行统计。例如,"在几乎所有关系从句处于中心名词之前的语言里，动词都位于宾语之后。"这个陈述只能是一种近似共性，因为汉语就是一个例外，汉语的关系从句是处于中心名词之前的（如'打了张三的人'）。考姆里（Comrie）通过研究认为所谓的绝对的共性可能并不绝对，它们可能只是统计共性的极端表现而已。（Comrie，1965）

语言类型学研究产生于20世纪60年代，在其开始阶段并没有受到语言学界的重视，乔姆斯基本人也对语言类型学的研究方法进行了批评，"……没有理由指望各种语言的表层结构是一致的……如果只把注意力放在表层结构的话，人们最多只能指望发现一些统计上的倾向，一如格林伯格1963所提出的那样。"（Chomsky，N.，1965）但随着语言类型学的发展，乔姆斯基开始改变自己对语言类型学研究的看法，"格林伯格式的普遍项……最终将变得非常丰富……它们的问题是人所共知的：它们是表层的，它们是统计性的，如此等等。然而，它们也给人很大的启发"。（Chomsky，1982）一直到最后，他对语言类型学研究表达了一种认可，"……后来，格林伯格和其他一些人在语言普遍性方面做了重要的工作，得出了很多需要解释的概括性的结论"。（Chomsky，1986）为什么乔姆斯基从开始对语言类型学的批评转变为后来的认可？既然"生成语法和语言类型学分属两个不同的研究传统，存在着许多差异"（程工，2002），我们有必要对语言类型学研究进行简短的回顾。

语言类型学出现的基础在于人们发现不同地域、民族和历史的语言之间往往有着相似的特征，因此仅仅根据亲属关系对语言进行谱系分类是不够的，还应该根据语法特征对语言进行分类。第一个对语言进行类型分类的学者是施莱格（Fridrich von Schlegel，1772－1829），他在《论印度人的语言与智慧》（1808）这篇论文中提出，可以根据表达意义的语法手段把语言分为两大类，一类是通过词根的内部变化，即屈折来表达语法关系的语言；另一类是通过添加独立的词来表达语法关系的语言。施莱格的语言两向分类后来由洪堡和奥古斯特·施莱歇尔（August Schleicher）等人进行了完善，形成了所谓的经典分类。这个分类包括三个基本的语言类型：屈折语（inflectional）；粘着语（agglutinating）和孤立语（isolating），以及一个边缘的语言类型——多式综合语（polysynthetic）。屈折语通过对词根的内部改造来表达语法关系，粘着语用在词根上添加各种附加成分来表达语法关系，孤立语中的一个词就代表一个意思，很明显汉语属于孤立语类型，多式综合语的特点则是所有的句子成分都被并入到动词上，所以一个词基本上相当于其他语言的一个句子。**经典的分类虽然对世界上的语言进行了大体的分类，但它本身也有一个明显的缺陷：各类型之间的界限并不是那么明显，就是在同一类**

型语言中的区别也很大，更重要的是，由于每种语言表达语法关系的手段都不止一个，所以被归入不同类型中的语言却有着相同的特征。① 如英语中就同时有孤立语的特征也有粘着语的特征，所有这些都给类型学的严格划界带来很大的困难。

萨丕尔很早就注意到这种现象，在他看来，对语言进行明确的划分是不可能的，分类只是一个大致的分类，根据的是主要特征②。（Sapir 1921：Chapter 6）根据他的主张，在这些不同的类型语中间存在着边界不明显的语言类型，如根据溶合（fusion）的程度，把语言分为"弱粘着语""象征语""中度的粘着—溶合语"；根据语言综合程度的不同，把语言分为"孤立分析语""综合分析语""粘着多式综合语"和综合多式综合语等；还根据语言的表达语法关系把语言分为"单纯关系语言"和"混合关系语言"……如此等等，根据不同的标准，语言可以归入不同的语言类型。如果用一个图表来表达，这些不同类型语言之间的共性联系是一个逐渐的过渡，并不是一个边界分明的东西。

我们不厌其烦地引用语言类型学的研究结果，旨在说明乔姆斯基的普遍语法无论是从数学上还是从语料的实际调查分类上都是有问题的。设想人类有一个先天的语言器官或先天具有普遍的语法知识来解释语言刺激贫乏并没有什么不妥，但这和我们能够对这种先天的器官进行明确的陈述或界定是两种完全不同的事。不同的语言之间存在着这样和那样的共性也是事实，但如果说各语言间有一个普适的语法——普遍语法则是另外一回事，更不要说我们能否对这种共性进行抽象的描写了。③ 我们应该如何去看待语言之间的共性？是一种绝对的共性，还是一种相对的共性？我们能否对这种共性进行精确的描述？换言之，生成语法的最终目标是否有可能实现？对这些问题进行深入思考，我们发现如果用维特根斯坦的家族相似性来观照语言之间的共性，我们会有一个新的认识。

"家族相似""语言游戏""生活形式"以及"意义即使用"这些概念或思想是维特根斯坦后期哲学思想的核心，不同的哲学家对这些概念有不同的解读，这些概念也是当前哲学界使用最广泛的一些概念。语词概念之间不存在界限分明的边界，概念与概念之间是一种交叉的关系，而不是一种有序的排列。虽然在维特根斯坦之前也有人表达过类似的观点，但直到维特根斯坦才对这种思想进行了充分的论述

---

① 按照标准的范畴分类理论（如 Hemple and Oppenheim, 1936），每个成员都必须得到明确的分类，每个成员都只能有一个类别，每个范畴的边界都必须是明确的，显然语言类型学远远没有达到这个标准。

② Sapir, E.. Language[M]. New York, Harcourt：Brace and World, 1921.

③ 离开语言使用去单独地抽象地研究语言是生成语法遭人诟病的另一面，下一节详论。

并引起了哲学界的广泛关注。传统哲学观认为,对概念进行定义就是把概念分析成其各个组成部分(constitutents)。反过来,这些概念的各个组合部分组合也就构成了概念本身。根据这种观点,定义只是一种合成分析的结果。我们知道了概念的各个组成部分的意思也就知道了这个概念的意思,概念分析和化学分析有点相像,根据贝克和哈克的观点,这些相像之处表现为以下几个方面:

① 化学分析的最终结果是原子,因为到了原子这个层面,我们不能再分析下去,而概念分析的结果则是简单思想,前期维特根斯坦把这种思想叫作原子思想,在原子思想层面,我们不能再进行分析、定义。原子思想是思想或语言的构成成分。每一个句子逻辑上只有一种完全的分析。相同意义的句子尽管表达方式不一样,但它们在逻辑上是同构的。

② 一个给定的物体一定是某些给定的化学成分的合成,至少我们可以在这种假设上工作,英国的经验主义就是持此种观点。我们有各种各样的简单的观念,这些简单的观念是我们进行概念分析的基础,如果我们不能把这些概念分析成其各个组成部分,那我们运用相关概念的能力就会受到限制。

③ 化学分析得到的化学元素是物质构成的基础,如水是由氢和氧两种化学元素所构成。同样水也可以分析成氢和氧两种化学元素。同样我们也可以对概念进行这样的分析。对概念进行分析我们可以揭示概念的各个组成部分(constituents),得到与这些概念相对应的特定对象的组成成分(ingredients)。通过对"一束光"这个概念的分析,我们既可以得到组成"一束光"这个概念的逻辑构成,也可以得到构成"一束光"这个具体对象的各个物质组成。根据这种思想,描述一个概念就是描述这个概念所指称的物质对象。(G.P. Backer & P.M.S. Hacker, 1985)

以乔姆斯基为代表的语言心智主义观无论从其主张还是研究方法上看,都和上述语言概念的分析方法相契合①,乔姆斯基本人也多次提到化学、物理学上的研

---

① 福多在 prior linngistic knowledge 观上比乔姆斯基走得更远,具体看参见其《思想的语言》(*The Language of Thought*)。

究方法,并认为他的语言研究是一种科学研究。语言是人脑的一种生物属性,是一个规则和原则的系统,是一种物理实在或者说是一种心理实在。我们通过分析、推理、抽象对这种先天的规则进行假设,然后通过人的直觉进行检验完善直至实现语言研究的目的并找到这种心理实在。可遗憾的是这种观点一开始就遭到人们的质疑,应该说现在已经没有谁再相信通过概念的分析能够达到相应的物理实在了。我们知道一个概念可以指谓不同的对象,如语言既可以指汉语,也可以指英语甚至是一些我们现在还没有发现的语言,如机器语言、数学语言等。根据传统的语言观,尽管不同的语言外表上千差万别,但这些都被称作语言的东西应该具有共同的属性本质,这种共同的东西贯穿于所有的语言之中。语言学研究的目的就是通过表象的分析来发现它。显然这种观点是有问题的,后期维特根斯坦对《逻辑哲学论》中的这种思想进行了批判,我们都称作"游戏"的东西并不是各种游戏之间有一个贯一的本质,而是各种游戏之间有着这样或那样的相似之处,构成一个大的游戏家族。游戏可以有这样或那样不同的规则,也可以没有规则,人们在游戏中还可以完善规则,等等。一个"红的圆圈"并不是由"红"和"圆圈"两个部分组成的,换言之,我们不能把"红圆圈"逻辑地分析为"红"和"圆圈"两个部分。我们理解一个概念并不是要对它进行清晰定义(Merkmal-definition),我们懂得一个词或一个概念的意义并不是一定要知道这些概念所适用对象的共同性质,最后可能也是最重要的是,**我们为什么一定要知道所谓的共同的本质才能理解一个词的意义**(G. P. Backer & P. M. S. Hacker, 1985)。后期维特根斯坦对其前期的思想展开了全面的批判,针对前期的共同本质提出了"家族相似性"这个概念。

贝克和哈克认为,在《哲学研究》中,维特根斯坦对"家族相似性"的论述如下①—③,我们同意他们的观点,为了研究的方便,我们这里把相关的节的意思进行整理:

① ——我无意提出所有我们称为语言的东西的共同之处何在,我说的倒是:我们根本不是因为这些现象有一个共同点而用同一个词来称谓所有这些现象,——不过它们通过很多不同的方式有不同的联系,或由于这些亲缘关系,我们才能把它们称为"语言"。

② 我们可以考察一下我们称为"游戏"的活动……它们的共同之处是什么?——不要说:"它们一定有某种共同之处,否则它们就不会都叫作'游戏'"——而要看看所有这些究竟有没有共同之处——因为你睁着眼睛看,**看不到所有这些活动所具有的共同之处**。但你会看到相似之

处、亲缘关系,看到一整系列这样的东西。……你会发现很多共同点不见了,另一些共同点出现了。再转到另外一些游戏看看,你会发现,有些共同点还在,但很多没有了。这种考察的结果是这样的:我们看到了相似之处盘根错节的复杂网络——粗略精微的各种相似性。

③ 我想不出比"家族相似性"更好的说法来表达这些相似的特征:因为各种家族成员之间的各式各样的相似性就是这样盘根错节的:身材、面相、眼睛的颜色、步态、脾性等。——我要说,各种游戏构成了一个家族。

④ ……我们怎么能够把游戏概念封闭起来呢?什么东西仍算作游戏,什么东西不再是游戏呢?你能说出界限来么?不能……但是这样一来这个词的用法就不受规则限制了……它并非处处受规则限制着;然而打网球时也没有规则限制你把球扔多高或打多重;网球仍然是一种游戏,仍然是有规则的。

⑤ 但若游戏这个概念是没有界限的,那你就不知道你用"游戏"意谓的究竟是什么。——我描述说"植物覆盖了这整块地面,"——你会说我如果不给"植物"下个定义我就不知道自己在说什么吗?

⑥ 我们可以说"游戏"概念是一个边界模糊的概念。——但模糊的概念竟是个概念么?——一张不清楚的照片竟是某人的照片么?用一张清晰的照片代替一张模糊的照片总会更好些么?那张不清楚的照片不正是我们经常需要的么?

除了上述的几节论述外,维特根斯坦在多处对"家族相似性"这个概念进行阐发,除了用"游戏"这个词外,他还用"数""树叶""颜色"等做比喻进行论述,结合贝克和哈克的研究,维特根斯坦的"家族相似性"观主要阐述了以下几种思想,我们这里引用并做适当节删:

① 我们都叫作"游戏"的活动并没有共同的本质,如果我们仔细观察,就会发现这一点。

② 我们对"游戏"这个概念或这个词并没有清晰的定义(definition),任何已经给出的定义只是与"游戏"这个词的实际用法部分符合。

③ 理解一个词并不是我们一定要能够给出这个词一个清晰的定义。如果"游戏"并没有共同的性质,我们当然也不可能对"游戏"进行定义,

谁也做不到这一点，但这并不意味着没有人能够理解这个词并对这个词进行解释。

④ 我们把许多不同的活动叫作"游戏"是因为这些活动之间有着这样或那样的相似性。这个概念像一个用纤维拧成的一根绳子。绳子的强度不在于任何一根纤维贯串了整个线，而在于很多纤维相互纠缠。

⑤ 我们通过一些例子来解释什么是游戏而不是下定义。这些例子有这样或那样的相似性。"这些以及诸如此类的就叫作游戏"，用来解释"游戏"这个概念的例子是多样的，甚至我们不能穷尽，掷骰子也是一种游戏，尽管它和其他游戏非常不同。

⑥ 尽管我们不能给"游戏"一个清晰的定义，但我们仍然能够理解它，解释它，使用它。

⑦ 游戏来自一个家族，使它们成为一个家族的是它们之间相互交叉的相似性。游戏这个概念并没有一个边界分明的界限，因为它不是通过明晰的定义来解释的。

⑧ 为了某种特殊的研究目的，我们可以给游戏划个界，我们在哪里划界取决于是否有利于我们的研究。(Backer & Hacker, 1985)

　　如果用维特根斯坦的"家族相似性"来看待乔姆斯基的语言研究，我们会有一个新的切入点，乔姆斯基孜孜以求的普遍语法或者就是一种家族相似性而已，语言类型学的研究已经说明了这一点。各语言间存在这样或那样的共性，但这种共性仅仅是以家族相似性的形式出现的，乔姆斯基所追求的各语言都无一例外的共性或许是一个永远无法证明的实在。即便有，我们更愿意相信它是卡茨所说的柏拉图意义上的存在。为了语言研究的方便，我们对语言进行相应的划界是可以理解的、也是必要的，但我们如果想给整个语言游戏家族一个清晰的定义、明确的界限则可能不得其果。虽然我们不能给语言一个定义，但这并不影响我们理解语言、使用语言、解释语言。乔姆斯基的普遍语法研究是人类的一个美好的愿景。但我们相信这是一个错误的构想：或许根本就没有什么所有语言都适用的普遍语法，这种语言间所谓的共性只不过是维特根斯坦意义上的家族相似性而已，即便有这种共性存在，我们也不可能对这种存在进行清晰的定义和描述。数学上我们也进行了相应的证明。纵观整个生成语法理论的发展过程，在其发展的每一个阶段，都提出不少的语言共性，但随着新的语言证据的出现，这些语言规则理论出现了这样那样的局限，不能对新的语言现象进行解释，于是就出现了一个新的理论，生成语法理论的发展是一种逻辑上的必然还是在新的语言证据下对之前理论的修正？抑或是生成语法本身就是一个不能实现的人类美好的愿望？按照生成语法的目标，我们至少应该列出几条人类语言共有的语法规则来，而且这几条规则应该是必然的，一切可能的人类语言都必须遵守的原则，可到目前为止，生成语法理论虽然几经改变或者是完善，生成语法学派所列举的语法规则都是有关现实语言的规则，从这个意义上说它们都是局部的语言原则①，因而绝不是乔姆斯基意义上的普遍语法原则。这与生成语法的研究目标相差甚大，使得人们对生成语法的研究前景产生了怀疑。

"求知是人类的天性。"亚里士多德这句话揭示了人的本质。求知就是对知识的追求，是人对世界的认知活动。作为人之存在方式的求知活动实际上就是人类生存的最基本的条件之一，这种认知活动或求知活动的意义就在于其自身之中，它没有任何超越自身之外的意义。也就是说，人类的认知活动虽然表现为对确定性和必然性的追求，但更重要的意义并不在于获得确定性和必然性的知识结果，而在于追求确定性和必然性知识的过程。在求知的过程中我们要设定相应的求知目标，否则我们的认识活动就无法进行，如果目标设定正确，人类通过自身的努力能够达到对自己以及对自己所生存的世界的认识，但如果目标设定得不正确，可能通过长期的努力也达不到自己的目标，而这个目标的设定确实是极难的一件事，所以苏格拉底说"认识你自己"，为自己设定一个恰当的目标是人类认识活动的首要的一个课题。乔姆斯基把语言研究中的问题划分为"难题"和"奥秘"，这不失一个有益的尝试，但在我们看来他的这些划分是无效的或者说不能证明的。生成语法自20世纪50年代至今仍然没有发现一个所谓的语言共性原则，这离乔姆斯基本人设定的目标相差甚远。如果我们用维特根斯坦的生活形式、家族相似性来看待这些奥秘，即语言之间所存在的共同特征，可能会有一个更好的理解。语言并没有什么奥秘，也没有什么难题需要我们解决，我们能如此地使用语言是我们的一种生活形式。

第三节　内在语言和外在语言

乔姆斯基在许多地方把语言区分为外在语言（externalized-language）和内在语

---

① 王广成. 从约束原则看生成语法对自然语言的共性研究——乔姆斯基的句法自立说评析[J]. 外语学刊, 2002(03).

言(internalized-language)。内在语言观是乔姆斯基生成语法的一个核心概念。内在语言在乔姆斯基那里又被叫作"I-语言",I有三个意思,"内在的(internal)""个体性的(individual)"和"内涵的(intensional)"(Chomsky,2000,Chapter 6)。在乔姆斯基看来,外在语言研究如美国结构主义语言学家布龙菲尔德(Bloomfield)主要是通过语料搜集并对这些语料的研究来揭示语言的性质,这些研究与人类心灵的性质无关(Chomsky,N.,1986)。外在语言研究所建构起来的语法当然也只是所收集到的语料的语法。外在语言研究的目标也就是对收集到的语言事实进行排序,然后通过"结构(structure)"和"形式(pattern)"对这些事实进行分类,并从中找到所谓的语言性质。而内在语言观则认为语言学研究的是话语人的语言知识,内在于话语人大脑的一种内在属性,它研究的是这些语言知识从哪里来? 这些知识的性质如何? 内在语言研究把语言当作一种内在于人脑的一个生物属性而不是一种所谓的外在语言事实:语言是特定个体的大脑的系统表征(Chomsky,N.,1988)。对于乔姆斯基而言,语言学的首要目标就是找到这种内在的语言知识,这也是内在语言研究的一个目标。乔姆斯基声称语言学历史表明人类对语言学的研究开始从外在语言转向内在语言,"而这种转变是早期生成语法关键的一步"。(Chomsky,N.,1991)

　　内在语言研究旨在对人的心灵状态进行表征,内在语言研究所得出的语法是对话语人的内在语言知识而不是话语人所说出的语言事实的描写,这一点和外在语言研究所得出的语法不同。如果内在语言语法较好地描述了人类的心灵状态、内在的语言知识,那么它就是一个好的语法,否则就不是。"语言学是对人类内在语言,以及人类获得这些内在语言知识基础的研究。"(Chomsky,N.,1987)实际上乔姆斯基对外在语言研究持轻蔑的(dismissive)态度,"即便有外在语言研究的话,它也是一种派生的东西(derivative),这种研究远离机制(mechanism)没有特定的经验上的意义,或许根本就没有意义。"(Chomsky,N.,1991)我们可以把外在语言与内在语言的区分看成是乔姆斯基对语言能力和语言行为的区分(Cook,V.J.,2000)。语言能力是话语人的内在的语言知识,是内在语言研究的对象,而语言行为则是在具体情境下的语言使用,是外在语言研究的对象(Chomsky,N.,1965)。后来他又进一步把语言能力分为语法能力和语用能力,语法能力是一种"认知状态,它包括意义和形式,以及意义和形式二者之间关系的方方面面,它还包括与这种关系相关的底层结构。这些结构分属于大脑不同的特定次级系统(subsystems),这些次级系统与形式与意义的关系表征相关。"(Chomsky,N.,1980)内在语言语法描述的是大脑的一种状态,而不是语言的外在使用或语言事实,因为外在语言与语境、话语人的意向、社会文化等诸多外在因素有关。

在乔姆斯基看来语言器官是一个原则基本不变的计算系统,如果某人的语言机能达到某一状态(比如说是 L),那么我们就可以认为他具有 L 这种 I-语言。由 L 这种 I-语言所生成的各种表达式可能有"偏离常规者",但这些不是错误,而是由初始的状态所决定的。话语行为则是广义上的语言表达式的外在表现,各个语言表达式包含针对各种行动系统(I-语言内嵌于各行动系统中)的指令。只有与行动系统整合,I-语言才算得上真正的语言。行动系统有两类:发音—知觉系统的概念——意念系统。前者为语言表达式提供语音形式(PF),使其获得语音;后者赋予语言表达式以逻辑形式(LF),为其提供语义解释。乔姆斯基提出的基于"原则—参数"理论的"最简方案"认为,语言机能内嵌于大脑并与其他机能交互作用。要使用语言就得首先满足这些机能的所有条件。在这种意义上,乔姆斯基认为,语言机能(或 I-语言)是接近完美的。和内在语言相对的是外在语言 E-语言,它可以用来指称自然语言,也可以用来指称人工语言,而后者与语言行为无关,因为人日常中谁也不会说或听到这些几何理论或微积分理论。内在语言是一系列的规则原则系统,以语言知识的形式存在,也可以看作是语言能力,而语言行为则可以看作是一种自然语言知识的运用。我们这里要注意的是能力和 I-语言之间也存在着差别,乔姆斯基把语言能力区分为"语法能力"和"语用能力"两种不同的能力,其中语法能力就是与"形式和意义有关的知识(knowledge of form and meaning)",语用能力则是对这些语法知识进行恰当使用的能力。语言学研究的应该是与语言机能相关联的那部分语法能力,是一种 I-语言,而不是这种语法能力的实际运用。

乔姆斯基在 *language and thought*(1993)以及 *language and nature*(1995)两本著作中对此有详细的论述。宁春岩先生(2000:243)对乔姆斯基的内在语言观的要点进行了总结:

> ① 人类有创造使用日常语言的能力,也有创造和使用科学语言的能力,但日常语言和科学语言在语言社团的确定性、语词意念和所指的确定性方面是不同的,前者是"不完美的",后者是"完美的"。
> ② 意念、意义是一种个体的心理感觉,具有人类的种属属性,为人类所独有。
> ③ 意义、意义独立于外界的感知和刺激,意义意念先于语词,即在没有语词形式表达之前就已经存在于人脑之中。
> ④ 意念、意义无法从别人身上用归纳、类推或演绎的方式学得。

⑤ 由于人类全部个体的生物遗传属性,一个个体关于意义的心理感受同
另一个个体关于意义的心理感受大体相同又相通,人与人之间便能进
行成功的思想交流。

（宁春岩,关于意义内在论[J].外语教学与研究,2000 年第 4
期:243—247.）

如果我们对宁春岩先生的这些总结进行分析,就会不难发现其中的许多问题。
我们从莱布尼茨、弗雷格、前期维特根斯坦那里都可以看到人类对理想语言的追
求,尽管这些哲学家对这种语言有不同的定义,但这些追求越来越受到后人的质
疑,后期维特根斯坦就认为"理想的地面我们不能前行,回到粗糙的地面上吧。""日
常语言本来就很完美"。更为重要的是,即便存在乔姆斯基意义上完美的语言或一
种心理状态/心理对象,那我们是如何能够表达这些完美的语言的呢? 是用我们不
完美的日常语言还是用纯粹的一种公式推理,如果是前者,肯定会产生歧义,不准
确等弊病,如果是后者用纯粹公式推理,那这种语言一定是一种具有特定用途的人
类发明的语言游戏(维特根斯坦),与我们的语言无干。意义、意念是人独有的一种
生物属性,我们套用维特根斯坦的话,狮子即便有意念有思想,我们也不懂,因为我
们和狮子有不同的生活形式,分属不同的物种属类。根据维特根斯坦的观点,意义
不可能是个体的,因为语词的生命是人赋予的,这里的人当然不是你或我一个个体
的人,而是一种社区(community)的所有成员。你的思想当然可以私有,但你不可
能有你自己的语言。维特根斯坦的私人语言论证对此有详细的论述:我们不可能
私人地遵守规则,我们不是选择遵守规则,而规则是我们的一种生活形式,我们就
是这么训练去使用语言的,也没有什么奥秘可言。因为能如此使用语言也是我们
的一种生活形式,它可给予我们不得不接受的东西。

我们这里重点要论述的是上述观点③,即**意念、意义独立于外界的感知和刺
激。意义意念先于语词,即在没有语词形式表达之前就已经存在于人脑之中**,我们
认为这一观点是乔姆斯基内在语言观的核心。如果我们能够证明这一观点不能成
立,或者说这一观点存在着自身不能克服的问题,那么我们就有理由相信,乔姆斯
基的内在语言观是站不住脚的。

我们刚才分析,乔姆斯基的内在语言是一种语法知识,而不是语言使用的知
识。这种知识有自己的结构,是一种客观的心理对象或心理状态,是一种事实性的
知识(knowledge-that)。根据乔姆斯基的观点,这种心理对象或心理状态和物理学
上的"磁场"或化学上的化合价一样。虽然我们看不到,但我们可以研究它,证明它

的存在。但卡茨(Kazi,1981)和毕夫(Bever,1982)却认为,这种语言知识更应该是一种类似于数学知识的抽象存在,是一种柏拉图意义上(Platonic)的语言存在,这种语言并没有自己的组织,更不是乔姆斯基所认为的一种心理对象。卡茨并没有否认乔姆斯基的I-语言,但他认为,除了这种I-语言之外还有与语言有关的真值(truths),而这些真值是独立于个体的心理事实。但乔姆斯基对这种观点进行了反驳:"把语言知识比作数学知识的观点并不令人信服。就数学而言,柏拉图观点至少有一个最初的设定(initial plausibility),数学的真值就是它本身的设定,它独立于个体的心理事实,在某种意义上我们研究数学就像研究客观物理对象一样。然而语言却完全没有相应的特点。"接着他又说:"一个柏拉图主义者可能会说,即便我们知道所有有关大脑的事实,我们仍然没有确定数学和集合理论的真值,但我们没有丝毫的理由去假定我们无法掌握语言的真值。"(Chomsky,N.,1986)

这里乔姆斯基有个需要面对的矛盾,如果语言知识或I-语言不是抽象的柏拉图意义上的对象,而是一种可以通过研究获得的客观的对象,是个体的一个心理对象,那我们要问的是这个对象是可变的么? 我们既然可以根据不同的情景做出适当的言语行为,创造性地使用语言,这个对象应该是开放的(open-ended)而不是封闭的(closed-ended),而这和乔姆斯基一贯把这种知识当作一种事实性知识的观点相左。乔姆斯基或者说,他只是为了研究的方便假定这种个体的内在语言是一种理想的说话人或听话人所内在具有的语言知识,这样理想的话语人是均质语言社区(homogeneous speech community)的一员,而且他还完美地知道他社区的语言。乔姆斯基的这个假定遭到许多语言学家的质疑,如到哪里能够找到这样的一个理想的话语人? 比如汉语有五大语系,七八十种方言,各方言之间并没有一个分明的界限,各方言的演变也没有什么规律可循(周振鹤,游如杰;2006)。换言之,我们无法找到这样的一个理想的话语人,各语言之间的联系从来就是一个连续统(continnum),而不是界限分明的有序排列,我们已经在上节的家族相似性中对此进行了论述。达米特(Dummett)认为语言研究不可能撇开具体的语言环境,也不存在所谓的I-语言,因为"在日常意义上,一种语言就其本质而言是一种许多人都进行的社会实践,每一个个体所具有的语言知识只能是其中的一部分,这种个体所拥有的语言知识还经常有错。理解这个个体的语言要从语言社区共享的语言概念出发,而不是相反。"(Dummett,M.,1975)

和乔姆斯基的内在语言观相反,维特根斯坦认为,语词的意义是它们在语言中的应用。语言的"意义即使用"观是其后期哲学思想中的一个中心思想。"'五'这个词的意义是什么? ——刚才根本不是在谈什么意义,谈的只是'五'这个词是如何使用的。""在使用'意义'一词的一大类情况下——尽管不是在所有的情况下——可以这样解释'意义'：一个词的意义是它在语言中的用法。"

　　语词的"意义即使用"观向我们表明：语词并没有一个客观的所指，语词本身并没有生命，他的生命是人赋予的。使用语词必然要考虑社会、个人、动机等语境。为了说明他的观点，他把语词比作工具："想一下工具箱里的工具：有锤子、钳子、锯子、螺丝刀、尺子、胶水盆、胶、钉子、螺丝。——这些东西的功能各不相同，同样，语词的功能也各不相同。"罗素等人最喜欢用书桌之类举例来说明语词的意义，维氏用工具来说明语词的意义有着不同的旨趣。书桌的比喻隐含着对语言反映论的理解，而把语言或语词比喻为工具意在表明：语言的功能不在于反映世界而在于像使用工具那样对世界做出应对。我们可以以语言为工具来做事，这体现在各种各样的语言游戏中："下达命令、按照一个对象的外观来描述它或按照它的量度来描述它、根据描述（绘图）构造一个对象、报道一个事件、对这个事件的经过做出推测、提出及检验一种假设、用图表示一个实验的结果、编故事和读故事、演戏、唱歌、猜谜、编笑话讲笑话、解一道应用算术题、把一种语言翻译成另外一种语言、请求、感谢、谩骂、问候、祈祷。"我们不仅能用语词来做事，而且同一个语词或句子在不同的环境中有不同的使用，"设想一个图画，上面是一个拳师打拳的某个姿势。而这幅画可以用来告诉一个人他应该怎样站立，应该保持什么姿势；或者告诉他不应该做什么姿势；或者告诉他曾有某个人站在某个地方，诸如此类。"这个生动的比喻表明：一个图像或一个语词一个表达式本身并不断言任何东西，它可以有多种不同的解释。说"灯！"一词在不同的语境下有不同的意义："'开灯''关灯''灯光太暗''灯光太强'"等。在维特根斯坦看来，语词本身并不指示或意谓着什么，语词是其在语言的使用中获得意义的。"每个符号的本身都是没有生命的。什么赋予它以生命？通过使用它使其获得生命。"维特根斯坦认为：我们不仅能用词来谈论事物，还可以用词来做事："我们给事物命名，然后我们能够谈论它们——似乎只要有了命名的动作，我们下一步要做什么就确定了。似乎只有'谈论事物'一件事情。但实际上我们用语句做了许许多多多的事情，只要想象感叹句和它们完全不同的作用就够了。水！走开！哎哟！救命！好吧！不！你仍然要把这些词称为事物的名称么？"我们能够按照乔姆斯基的理论对这些词进行精确的描述么？

　　在维特根斯坦后期的哲学思想中，"使用"的概念代替了"意义"的概念，但这并不是说他把语词用法等同于语词的意义。因为在维特根斯坦看来，"意义"也是一个日常语言使用的词，同其他词一样不止有一种用法。理查兹·奥格登在《意义的意义》中对"意义"一词进行了详细的论述。但是就大多数情况来讲，词的用法同词在语言中的使用是一回事："在使用'意义'一词的一大类情况下——尽管不是在所有情况下——可以这样解释'意义'：一个词的意义就是它在语言中的使用。"使用这个概念固然有种种优点，但若把"意义即使用"理解为口号，理解为维特根斯坦对"意义"的定义，以为只要把"意义"都改写为"使用"，语言意义问题都解决了，那就太容易了（陈嘉映，2003）。奥斯汀认为语词的使用不是一般意义上的泛泛使用，而是一种受规则辖制的行为。当然这里的规则与乔姆斯基的内在语法规则不一样，它是一种外在的规则，它的使用合适不合适、对或错要依语词的使用环境而定。

除了"意义即使用"观之外，维特根斯坦还提出了"语言游戏（Sprachspiel）"说，对内在语言观进一步瓦解。语言游戏最初是指"孩子刚开始使用语词时的语言方式""语言的原始形式"或"原始语言"。《哲学研究》也曾这样说到语言游戏，包括"孩子借以学习母语的诸种游戏"和"原始语言"，如：一方喊出语词，另一方根据这些语词来行动；教的人指着石头教会学生"石头"这个词；跳皮筋、游戏时边玩边唱的那些话。但是语言游戏有比这远为广泛的意义："我们还将语言和活动——那些**和语言编织在一起的活动**——所组成的整体称作语言游戏"。语言的原始形式是和人类其他活动编织在一起的。我们在场景中学会说话，在场景中理解语句的意思。若把语言视作一个大领域，有一个和现实交织在一起的边缘地带，这个边缘地带就是语言游戏。在《逻辑哲学论》中，维特根斯坦认为语言反映世界，是对世界的摹画。而语言游戏则说，语言首先是一种活动，是和其他行为举止编织在一起的活动。在图像说里，语言和世界是以一条边相切的方式接触，而语言游戏却是语言和现实难分彼此的大面积的交织。进行游戏意味着遵守规则，但它不是机械地遵守规则，游戏首先是"玩"，是"乐趣"。游戏这个概念有点特别：一方面，游戏自由自在而无目的约束；另一方面，多数甚至所有的游戏都要遵守规则（陈嘉映，2003）。有游戏就有规则，但规则从哪里来？换言之，先有游戏还是先有规则？这里就出现了规则悖论。先有游戏规则还是先有游戏，先有语言规则还是先有语言活动？我们应该注意的是：规则是人们为游戏而设定的，我们可以根据不同的游戏目的对规则进行完善，规则的改变需要游戏参与者的同意才能成其为规则。

游戏通常以娱乐为目的，按某一确定的规则在界限清楚的场地如棋盘、球场、拳击台等进行有始有终的活动。但在维特根斯坦看来，这并不能囊括游戏的全部。两个人掷石头看谁掷得远是不是游戏？一个人对着墙打"乒乓"是不是游戏？语言游戏具有多样性，同一个语词在不同的语言游戏里就会有不同的功用或者说有不同的意义。所有这些例子表明：语词并非像内在语言观主张的那样：一个语词的意义就是这个语词所指的对象或其所代表的观念或意象。从维氏所给的例子我们可以看出：并非所有的语言游戏都有固定确定的规则，并非所有的游戏都需要界限分明的场地，也并非所有的游戏都有始有终，并不存在人们称为游戏的所有活动所共有的东西，尽管在我们称为游戏的那些活动之间并不存在什么共同的本质。正如一个家族成员间存在着各种各样的相似性，诸游戏间也有重叠交叉的相似性。维特根斯坦把这种相似性称为"家族相似性"。"我想不出比'家族相似'更好的说法来表达这些相似的特征；因为家族成员之间的各式各样的相似就是这样盘根错节的：身材、面相、眼睛的颜色、步态、脾性等等，等等。——我要说：各种'游戏'构成了一个家族"。"我们会怎样向别人解释什么是游戏呢？我想我们会向他**描述**一些游戏，也许会加上一句：'这个，以及**诸如此类的**，就叫游戏'"。

乔姆斯基意义上的语言是一种物种属性，人类成员之间没有任何差别，正是这种生物属性使得人类在出生后的短短几年内能够获得如此丰富的语言知识。后天的语言环境虽然重要，但只是一个语言触发作用，起关键作用的是人天生具有的这种内在语言。语言的获得是一个生长的过程，而不是学习的结果。但在维特根斯坦那里，语词的意义就是它在具体语境的使用，离开具体的语境谈论意义是没有意义的。我们的语言使用是在生活形式这个大的背景下展开的，我们为什么能够相互理解，因为我们之间有默会（tacit）知识，有着共同的生活形式。意义不可能是一个客观的对象，或有待发现的客体，根本就没有这样的意义客体存在。当然维特根斯坦并不是要否定人有一种内在的属性，他更愿意把这种人类的属性看作是一种内在的东西、心灵的东西，而心灵的东西是无法琢磨的，我们只有在具体的语境当中才能确定一个词的意义，"我们对内在的东西不感兴趣。"这种内在的东西或许就是乔姆斯基的心理器官，是一种具有人类物种属性的内在语言。

"意义"是维特根斯坦《哲学研究》中主要论述的问题，"意义"与"理解""意义的解释"天然地联系在一起。在维特根斯坦看来，"理解是本质的，而符号则是非本质的"。符号的生命是人赋予的，但人们却倾向认为与符号相连的是人的心理过程，"似乎是与语言使用相伴的必定有一个心理过程，就是通过这个心理过程，语言才得以发挥作用的……我们受到诱惑会这样认为，语言活动由生物的和非生物的两部分组成。非生物的部分就是我们对符号的处理（handling），而生物的部分则是我们对这些符号的理解，而这生物活动的部分似乎是在一个比较奇怪的中介（medium）——人脑中进行，而正是这个我们所不太理解的人脑的机制或本质使得我们能够如此理解"（BB3）。的确我们能够如此地思考是因为我们有如此的大脑，为什么我们会如此思考则我们知之甚少，这和乔姆斯基的思想似乎有点相通。我们能够在如此短短的几年里学得如此丰富的语言知识是因为我们有一个先天的语言器官。但二者不同的是维特根斯坦对这种先天的大脑的本质并不感兴趣。因为"一切都公开地摆在那里，……我们对隐藏起来的东西不感兴趣"，乔姆斯基试图通过研究，发现这种内在的语言知识，对这些内在的语言知识进行描述，从而解释为什么人在如此短的时间里能够具有如此丰富的语言知识。在乔姆斯基看来，语言学研究的目标就是对这种知识结构进行研究，去发现这些规则，为纷繁的外部语言现象提供充分的解释，而不是对这些纷繁的外部语言现象进行描述。可在我们看来，即便有这么一种结构或语言知识的存在，我们也未必能够对它们进行正确的描述，对此我们在上面一节已经论述。二胡声音曼妙，但我们不能用有效的文字对这种曼妙的声音进行陈述，因为我们总是能够创造出以前我们所没有听到过的曲子。姚明篮球打得好，他未必能对每次投篮的弧度进行正确的描述。乔姆斯基或许说科学家或语言学家可以做到，那么我们会问，语言学家是如何能做到这一点的呢？是用日常语言？还是用纯公式？日常语言必定会产生歧义，纯公式也好不到哪里去，因为我们所得到的只是对某些语言事实的解释，并且对于同一个语言现象或语言事实我们可能会有不同的解释，或者说有不同的公式，**我们得到的只是公式的表达而不是公式的本身。**

如果对某些现象不能进行很好的解释，人们就容易去假设这些现象背后必有一个隐藏的神秘的东西在起作用。乔姆斯基的"语言器官"只不过是一种类似的假设。这种假设并无不妥，但对这些起作用的东西的性质，不同的人有不同的观点，如奎因把它看作是人类的一种"趋向(disposition)"，而乔姆斯基把这种起作用的东西看作是"语言知识"，一种内在于人脑的"事实性知识(knowledge)"，并试图去对这种事实性的知识进行描述。他的这种努力在维特根斯坦看来不过是人类的一个冲动，他要人们摆脱这种形而上学的冲动，回到粗糙的地面，因为在他看来，意义就在生活当中、在社会中、在语词的具体使用当中。

各种语言或者说语词意义之间并没有一个有待我们定义的边界分明的界线。这种情况我们可以从相关的语言学研究中找到证据。根据夸克等人(1974)的分类①，动态动词(dynamic verbs)指的是行动(activities)、过程(processes)和事件(events)，而静态动词(static verbs)主要用来指称事件的一种状态(states of affairs)(J. Lyons, 1968)。从教学的角度讲，这种区分无可厚非，但如果从乔姆斯基的科学意义上看，这种区分很有问题。许多在语法学家看来是明显的静态动词

---

① R. Quirk, S.Greenbaum, G. Leech, J.Svartvik. A Grammar of Contemporary English[M]. London: Longman, 1974.

却可以用来指称动作,而且从其划分标准来看,许多所谓的静态动词并不能很好地满足它们自己设定的静态动词标准,如被它们划为静态动词的 think/smell/have/be/love 等词人们常常在动态意义上使用(be thinking/smelling/having/being/loving)。人们越来越多地对这种区分的有效性表示怀疑,因为语法学家的分类靠的仅仅是人们的直觉。但明显的是,"状态"未必一定要与"状态动词"相连(correlate),"行动"未必与"动态动词"相连,我们可以用一个形容词来指称一个状态如"水晶般的澄澈(crystalline state)",也可以用一个抽象的名词来指称一个状态如"筋疲力尽(a state of exhaustion)/沮丧(a state of depression)"等。"sleep"这个词满足动态动词的标准,但很明显"sleeping"并不是一种"活动(activity)"。汉语中的则更是明显,许多汉语学家认为,乔姆斯基的生成语法不能套用到汉语中来,如汉语中的"在"是介词还是动词?"了"是词缀、语气词,还是动词?"苦了了苦"又该如何解释呢?

第四节　普遍语法与哲学语法①

传统语法研究分为词法(morphology)和句法(syntax)两个部分。词法研究的是词的构成,而句法研究的是短语或句子的结构。传统语法是一种分类学研究(taxonomy),语言学家对收集到的语料根据结构的不同进行归类。他们认为短语或句法由一系列更小的句法单位组成,这些更小的句法单位属于特定的语法范畴,具有特定的语法功能,因而语言学家的任务就是对任何一个给定类型的句子进行分析,找出句中相应的语法单位,明确这些单位在句子属于什么语法范畴,在句中起什么样的语法作用。

和传统语法的分类研究方法不同,乔姆斯基认为,语言研究的目标是说话人大脑中的语言知识以及这些知识在人脑中是如何表征的。因此语言研究就是对人某种特定内在知识或内在语法的研究。很明显,以英语为母语的人具有相应的英语语法,他们知道如何组词成句,同样的语词结构不同意思也会不同,英语中"I like coffee."的否定句是"I don't like coffee."而不是"I no like coffee."。以汉语为母语的人具有相应的汉语语法,我们说"狗咬人"不会说"人咬狗",因为后者虽然合乎

---

① 本节关于维特根斯坦"哲学语法"的部分思想来源于陈嘉映老师的有关课堂讨论。

汉语语法，但与我们所知道的事实不一样，类似地乔姆斯基的"无色的绿色的思想在愤怒地睡觉"也是这样。任何一个其母语是英语的人都知道"She loves me more than you."是个歧义句，可以有两种不同的解释。但重要的是，许多情况下，我们这种知识只是一种默会的知识，这种默会的知识是我们交流的基础，很难通过一种明晰的语言表达出来。我知道"I like coffee."的否定句是"I don't like coffee."而不是"I no like coffee."可要问为什么，我们却不知怎样回答，或者说这样的问题本身就不是一个有意义的问题。汉语中"他去过了"和"他过去了"这两句话意思不一样，可要是你问我为什么这两句话的意思不一样，我却不知道该怎样回答。人们不会想到会有这样的问题，只是把它们当作一种想当然的事来说、来做。用乔姆斯基的术语说，人们之所以有着这样的语言直觉是因为他们都有自己的母语**语法能力**。正是这种语法能力，他们才能如此地使用语言、理解语言、判断语言。

乔姆斯基在其著作中对语言能力和语言行为进行了区分。语言能力是话语人（speakers-and-hearers）有关自己母语的知识（Chomsky, N., 1965）。通常情况下，语言行为是语言能力的一个不完美的反映（reflections）：我们经常会说错话，误解他人言语。但说错话或误解别人的言语并不是说我们不懂我们自己的语言或者说没有我们的母语知识。我们说错话或误解他人是因为我们受外部因素的影响，比如我们累了、精神不好、刚刚服过药、注意力不集中等，这些错误是言语行为方面的错误，与语言能力无关。语法研究的应该就是这种语言能力：我们要想流利地说出一种语言，必须具有语言知识。这种知识是一种内在的认知系统，是人类所独有的物种属性的认知器官的产物（Chomsky, N., 2006）。根据乔姆斯基的观点，我们研究语法能力的最终目的是发现这种内在的语言系统的特征（Chomsky, N., 1986）。他的这种思想对致力于某种特定语言语法研究的语言学家很有启发意义。因为在乔姆斯基看来，一种语言的语法就是这种语言的内在语言理论（Chomsky, N., 1986），这也意味着我们在语法构建中要揭示的是某种语言的内在语言系统，我们要对这种心理状态进行描述和表征。当然乔姆斯基的最终理论目标是要构建普遍语法理论（UG），这种语法从特定的各个语言的内在语言语法中归纳出来，适用于各种人类语言，也包括现在已消亡的人类语言和将来可能出现的人类语言。他把普遍语法定义为"内在语言的理论……这种理论就是要对正常情况下人类可及的一种内在语言的确认"（Chomsky, N., 1986.）。换言之，普遍语法研究的是所有可能人类语言的本质特征，因此我们可以说普遍语法要回答的是：人类内在语言的语法特征是什么？

普遍语法要满足一系列充分的标准（criteria of adequacy），其中一项就是这种语法必须具有普遍性(universality),也就是说一个普遍语法理论必须能够为我们提供所需的工具,以对任何一种人类语言的内在语言进行充分描述。如果这种理论只能描述英语或法语语法而不能对汉语语法进行正确的描述,那么我们说这种语法理论毫无疑义。任何一种理论的最终目标是对理论对象提供解释,对普遍语法理论而言当然不是对自然语言的语法特征进行罗列,相反,它必须对这些罗列出的特征进行解释。因此,普遍语法面对的一个关键的问题是:"为什么人类内在语言的语法会有如此的特征?"这也是普遍语法必须要满足的标准:**解释充分**。

既然普遍语法研究的是自然语言的特征——内在语言语法,一个要回答的重要问题是:自然语言或人类的内在语言和人工语言有什么不同? 比如说数学语言和计算语言;人类内在语言和动物的交流系统有什么不同? 由于普遍语法是人类物种的一种属性,它的解释能力必定有限。换言之,这种语法只能用来解释人类语言而对人工语言或动物的交流系统无效。根据语言学理论的最简原则,普遍语法应该尽量简单,乔姆斯基前期理论大都与一些复杂的结构和原则假定(postulation)有关。近几十年乔姆斯基不断简化自己的理论,直至 20 世纪 90 年代提出最简方案(Minimalist Program for Linguistic Theory, 1995),在其近些年的著作中(1998,1999,2001,2002,2006),乔姆斯基多次论述:语言是一个**结构合理的完美的系统**,自然语法产生的结构与大脑其他成分的接口(interface)完美无缺——特别是与言语系统和思维系统的接口完美,"语言是连接声音和意义的适宜方式。"(Chomsky, N., 2005)为了使这种思想更具体,我们可以假定一个语言的语法有以下几个组成部分:**词库(lexicon)**(这个语言的所有词汇以及这些词的词汇特征),在组词成句中我们首先要从词库中提取相应的词;词汇选定后人脑经过一系列的句法运算组合成句,从而构成一个相应的**句法结构(syntactic structure)**,句法结构又与语义(semantic component)和语音(PF component)两部分相连,与语义相对应的是语义表征(semantic representation),与语音部分相对应的是语音表征(PF representation),而与语义表征相接的是思维系统(thought system),与语音表征相接的是言语系统(speech system)。用下图可以表示以上的关系:

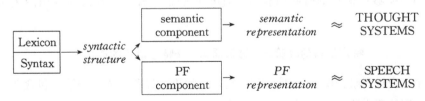

(Andrew Radford, 2000: 97)

乔姆斯基这里把语义表征与思维系统的接口称作"概念—意向接口（conceptual-intentional interface，C-I）"，把语音表征与言语系统的接口称作"感觉—驱动接口（sensory-motor interface，SM）"。这里要注意的是：语义和语音表征必须是思维系统和言语系统可识别的表征——这样过渡到思维系统的语义表征包含的仅仅是与意义有关的元素，过渡到言语系统的语音表征包含的仅仅是与语音形式相关的元素。体现语言能力的神经生理机制使小孩在很短的一段时间内学会一种语言。因而，第四个普遍语法要满足的条件是**可学性（learnability）**：普遍语法所得出的理论是小孩必在很短的一段时间内能够学会语法。强调可学性也就是要求普遍语法必须足够简单，这样小孩才能在极短的一段时间里学会。

根据普遍语法理论，语言学习理论研究的就是一个小孩是如何获得他的母语语法的。儿童在 12 个月左右就能够发出一些清晰的可以辨认的词如 mama/dada 等。再过六个月左右，小孩的语言能力并没有明显的变化。这一段时间里，小孩的语言主要是独词句，比如小孩说"球球"这个词可以有多种意谓，在这一阶段，小孩并不知道一些语词的曲折变化（inflections），如动词的过去式、第三人称一般现在时要加-s 等。在 18 个月左右，小孩开始使用一些复数名词，一些动词变化等，开始说出一些两词句或三词句。换言之，小孩开始获得相应的英语语法。大致从这个时间点开始，小孩的语法能力、词汇能力得到快速发展，这一发展过程大概持续到小孩 30 个月大，也是在这一时间，小孩获得了绝大部分英语语法的建构，能够像成年人一样说出一些比较复杂的句子。针对这种语言学习现象，任何一种语言学习理论必须进行解释：从 12 个月到 18 个月大的这一长段时间内，小孩的语言能力并没有得到发展，而到了 18 个月大之后，小孩的语言能力却得到了快速的发展。这是我们观察到的事实，可语言学习理论必须要对此进行解释，为什么会是这种情况？

乔姆斯基认为最有道理的解释是假设人脑有一个先天的语言器官（FL），语言的获得过程受语言器官的决定，而语言器官为儿童学习语言提供了一套语言演算公式（algorithm）或者说一套程序，在一定的语言经验基础上，这套程序自动演算，使得小孩能够在很短的时间内获得如此丰富的语言知识。乔姆斯基用图表示如下：

特定语言的经验──→语言器官──→特定语言的语法

小孩通过观察获得相应的语言的经验，这种语言经验作为一种输入包含普遍语法原则的语言器官，而语言器官在接受相应的语言经验输入后设计或选择出一套与输入语言一致的语法。一旦语法得以确定，小孩的语言能力就会得到快速的发展。因此，输入语言器官的是小孩的语言经验，而语言器官输出的是相应的某一特定的语言的语法。这种语言器官假说就是我们广知的先天性假说。乔姆斯基认为，语言能力是人类物种独有的能力，包含普遍语法规则的自然语言也是人类所独有的，它反映了人脑的性质，"我们所有的证据似乎支持使用语言和获得语言的能力是人类所特有的，有深层的限制性的原则深植于人脑特定的本质之中，它决定这人类语言的本质"(Chomsky，N.，1972)。而且他还指出，语言获得能力是所有人类都具有的一种能力，这种能力完全独立于人类的一般智能(general intelligence)："即使智力很低，或者说是患有疾病的弱智儿童也能掌握语言，而在解决难题以及其他适应行为方面更胜一筹的类人猿却全然不能获得这种能力"(ibid.)。而且不同的人在大致相同的时间里获得了相同类型的语法也表明，儿童在构建自己母语语法的时候有内在的基因指导(genetic guidance)："我们知道操同一种语言不同的人所构建的语法只稍稍不同，尽管这些人的智力悬殊较大，语言获得的条件也各不相同"(ibid.)。而且小孩在 18 个月后语言能力获得快速发展也表明在语法建构时有内在的基因指导："否则我们就无法解释儿童是如何构建语法的……在如此短的时间内，如此有限的语料下"(ibid.)。除了时间短之外，乔姆斯基还列举了一个显见的事实：小孩在如此短的时间里所接触到的语言并不是完美的语言，"小孩所接触的正常的成人话语充满了语误、不连贯以及其他与理想语言相背离的语料"(ibid.)。有意思的是儿童在这不完美的语言经验基础上获得了如此丰富的语言知识，除了假定人脑内在有一个语言器官之外，我们无法解释这种现象。

如果小孩接触到的语料大都不符合语法，那么他们是如何运用这些不完美的语言经验使他的语言器官发挥作用从而形成符合语法的句子呢？乔姆斯基是这样回答的："笛卡尔问：我们如何能够把一个不规则的图形看成一个三角形呢？呈现给我们的语料(data)和我们建构的感知对象(percept)并不一样。笛卡尔认为，我们把一个图形看作一个三角形是因为我们的大脑有某种本质，这种本质使得三角形的图像非常容易地得到建构"(Chomsky，N.，1968)。我们天生有种趋向把图形看作具有一些特定的几何性质(geometric property)。类似地，我们倾向把一些不规则的句子或者说是一些不符合语法的句子看作是符合语法的句子，因为我们大脑天生具有这种性质。

乔姆斯基进一步论证他的先天性假说(innateness hypothesis)，他认为儿童整个语言的获得完全是潜意识的(subconscious)，而非自愿的行为。也就是说，作为一个个体，你不能有意识地选择学习还是不学习你的母语，而且语言习得行为也并不是在父母的教导下完成的："即便没有人特别关注教授他们语言，他们也能成功地学会他们的母语"（Chomsky，N.，1965）。乔姆斯基说，我们学会自己的母语就像我们天生就有胳膊、腿一样，是自然而然的事，获得母语的能力是我们人类基因赋予的一部分——就像我们到了一定时间就可以走路一样。但达米特认为，学习语言和学习走路是两种不同的事，与世隔绝的儿童也能长出胳膊、腿，学会走路，却学不会语言，这也说明了语言的获得离不开社会的因素（Dummett，M.，1981）。

　　语言习得研究也似乎支持乔姆斯基的先天性假说，儿童句法知识的获得有一个关键期或者说是青春期。青春期之前，儿童能流利学会一种语言的句法。9岁或10岁之后再学习一种语言无论如何很难达到一种母语的流利水平。一个明显的例子是，一个叫Genie的孩子从小被锁在一个房间里直到13岁，没有任何外在的语言输入，最后对小孩进行强化语言训练时，他的词汇量增加很快，但他的句法能力却没有任何的发展。这表明句法的获得是受内在的"语言获得程序"控制的。而这个程序大致在青春期前后关闭了。因此乔姆斯基认为语言研究的目标是发现："人类语言独有的性质就是语言器官FL。借用叶斯珀森的话说，语言研究的目标就是发现'体现所有语言语法的那些重大规则'，同时也是为了'获得对人类语言和人类思维的最深层本质的进一步认识'，"（Chomsky，N.，2005）乔姆斯基更是在此基础上认为："人类语言的性质可能在更普遍意义上反映的是生物原则，因而也可能是有关自然界的更本质的原则"。"个体语言的发展必定与以下三种因素相关：① 基因赋予（genetic endowment），这种基因赋予为可获得的（attainable）语言设定限制，因而使得语言习得成为可能；② 转变为语言经验的外在语料，这种语言经验使得儿童在变化很小的范围内选择出自己的母语语法；③ 并不仅限于语言器官的一些原则。"（Chomsky，N.，2006）

　　如上所述，传统语法的研究方法是分类学研究，对所收集的语料进行分类整理，从中抽象出一些语法规则，并以此来指导语言教学。由于现实中语言现象是无限的，因此，传统语法面临的问题是：无论收集到的语料多么充分，我们所得出的语法理论都不能涵盖所有的语言现象，总是有例外出现，似乎永远也实现不了人类追求语言本质的愿望。人们希望通过一定的语言研究得出所谓的语言的本质，在这个意义上，乔姆斯基的普遍语法似乎可以弥补这个缺陷，因为普遍语法研究的就是人类语言普存的性质，一种先天的大脑属性，一种生物属性，所有的自然语言都具有这种性质。当然这是一种假说，这种假说的确有很大的吸引力，生成语法在其风靡一时就是一个佐证。正如乔姆斯基所言，没有这种先在的语言知识或语言器官，人们是不可能在如此有限的时间里具有如此丰富的语言知识。诚然我们如果通过研究,知道了这种语言知识,语言习得问题就会迎刃而解,但这种语言知识是不是可以得到清晰的定义一直是语言学界、哲学界争议的问题。辛普森(Sampson)从数学的角度出发论证这种知识定义的难度或不可能性,他甚至认为有意义的语言研究并不是对这些普适的语言特点进行定义,而是对一些例外进行研究,具体可参见本章第一节。除此之外,乔姆斯基的普遍语法理论还面临着另外一个他本人也无法克服的难题。一方面他坚持认为语言知识是一种事实性知识,是一种行为性知识(knowledge-how);另一方面,他又认为,人们可以创造性地使用语言。如果是前者,语言知识就是一个封闭性的知识;如果是后者,语言知识则是一个开放的系统,二者只能有一个是正确的。语言使用与社会密不可分,相关的使用原则也应该是变化的。古英语和现代英语的使用原则不一样,现代汉语和古汉语的使用也大相径庭。按理相关的语言知识应该是一个开放的原则系统,不然就不能和多变的语言使用相适应,这个矛盾是普遍语法无论如何都不能回避的问题。

和传统语法相比,普遍语法有其自身的优势,它克服了传统语言学研究方法上的不足,为语言学研究指出了一个新的方向,但生成语法也有着其自身不可克服的矛盾,一个是生成语法的目标是否能够实现,也就是能否对乔姆斯基所谓的语言知识进行清晰的定义?生成语法发展至今,理论多变,其原因与这些质疑不无关系。这些质疑几乎都与维特根斯坦的后期哲学思想有关,因为维特根斯坦在其后期哲学中多次讲到语法,那维特根斯坦的语法是一种什么意义上的语法呢?

维特根斯坦的"语法"概念有一个发展的过程。在其早期著作中,语法的意义和我们普通语法的意义并无二致,如他在 *Notebooks 1914–1916* 中说:"这使我们理解了语法的如下说法:一个词指涉另一个词"(p5)。① 在他重返剑桥之后,他开始大量地使用"语法"一词,这时他讲的"语法"比较宽泛,他讲到符号的语法、语词的语法、数字的语法、表达式的语法、命题的语法、对行为进行描述的语法,甚至大脑心理过程的语法。(*Philosophical Grammar*,p13)在他看来语法是使用符号或表达式的逻辑规则,语法跟游戏规则相似:语法描述语词在语言中的用法。它和语言的关系,跟游戏规则描述游戏的关系一样。(*Philosophical Grammar*,p60)"如果我们用国际象棋的规则来定义国际象棋,使它区别于英国跳棋,那么用来定义的这些规则也属于'国际象棋'这个词的语法。"(*Philosophical Grammar*,p50)

---

① 所注均来自 *The Collected Works of Ludwig Wittgenstein*,(Blackwell Publishers 1998 电子版),下只表明页码。

语法规则允许或禁止的表达式对应于"意义"和"无意义"两个词。（*Philosophical Remarks*，p322）"我想说，词在语法中的位置就是它的意义"（*Philosophical Grammar*，p59）。"'一个词怎么用?'和'这个词的语法是什么?'我愿意看作是一个问题"（*Lectures on Philosophy*，1932–1933）。

在维特根斯坦后期哲学中，语法一词相对不再那么频繁地出现，语法的使用基本也稳定下来。在其后期的哲学著作中，维特根斯坦常常以"规则"来界定"语法"，被我们称为"语言"的东西天然与规则联系在一起。在维特根斯坦那里，规则与游戏相连。没有规则，语言游戏一般不能进行。但除了规则以外，语言游戏强调的是活动，是旨趣。不仅如此，人们还可以在游戏中不断地完善或修改规则。在23节中，维特根斯坦更是把语言看作生活形式的一部分，从维特根斯坦对语言的界定来看，尽管我们在语言游戏时要遵守规则，规则并不是他首先要强调的东西。语法是语言的用法，强调的是使用，这种使用抑或是受规则辖制，抑或不受规则的辖制，因为规则是比较清楚的定型了的经验表达，而语法则不是。我们有理由相信，在维特根斯坦那里，语法并不是规则，尽管二者有交叉之处。虽然维特根斯坦在其著作中没有对语法这个概念进行明确的定义，但我们还是可以在其对语法的论述中略知一二，"我们的考察是语法性的考察。这种考察通过消除误解来澄清我们的问题；清除话语用法的误解。导致这种误解的一个重要原因是，我们语言的不同区域的表达形式之间有某些类似之处。——这里的某些误解可以通过表达形式的替换来消除"。语法考察与事质考察不同，事质考察属于自然科学，考察的目的在于获得认识，形成解释世界的理论。而语法考察，按维特根斯坦的说法，是为了清除涉及话语用法的误解。"我有一根钉子"和"我有一个疼"表层语法一样，但我们却不能因之认为"疼"和"钉子"一样是一个客观的对象。维特根斯坦通过对"规则""疼""意义""知道"等词的语法分析，试图去澄清哲学上的困惑。由此观之，维特根斯坦后期哲学思想中的语法或者哲学语法强调的是对概念的分析和理解。通过分析，我们可以了解各种概念之间或明或暗的联系，**明白道理，驱散心灵的迷雾**，达到对世界更丰富、更深刻的理解甚至是达到某种会通。与此对比，乔姆斯基的普遍语法却是人脑中的一种语言学习器官（language faculty）、一种内在的语言知识，是刚性的，是一种事实性的知识，与这种内在语言知识相关的语言规则是一种 yes-or-no 的问题，没有什么中间的状态。乔姆斯基的语法是句法层面的结构知识，与外部的语用或语言理解无关。普遍语法是一个初始状态 S_0，这种初始状态由一系列规则组成，每条规则都有自己的参数，所谓的语言学习其实就是一种参数调试的过程，最终达到 Ss，达到稳定状态后一个人就具有了某一特定语言的知识或这种特定语言的内在语法。而乔姆斯基普遍语法理论研究的目的就是要明述这种普遍语法的规则。这种规则具有物种的属性,人生来有之。普遍语法为各语言所共有,它外在于我们的经验。从这一点上看,乔姆斯基的进路和维特根斯坦不同,前者在于追求对所谓规则的明述,而后者则追求的是道理,是概念之后的那个默会的道理,是理解,是与我们的所感、所思紧密相连的东西。

　　和索绪尔一样,维特根斯坦认为,我们并没有一个外在的标准来判断一个语词的使用是否恰切(appropriateness)。"语法并不是什么实在,它是决定意义的一些语法规则,或者说语法规则本身构成了意义的一部分,语法本身并不回答任何有关意义的问题,在这个意义上,语法是任意的"(*Philosophical Grammar*, 184)。和语言学家一样,维特根斯坦试图给语言的使用一个精确的描述。哈里斯(Roy Harris)认为维特根斯坦和索绪尔都是在描述意义上使用"语法"这个词。维特根斯坦认为我们只能描述语言游戏而不是对语言游戏进行解释,"我只是描述语言,什么也不解释"(*Philosophical Grammar*, 66)。他认为"我们的错误就是:在我们应当把这些事实看作'原始现象'的地方寻求一种解释。即在这地方我们应当说的是:我们在做这一语言游戏"。"问题不在于通过我们的经验来解释一种语言游戏,而在于确认一种语言游戏"。显然,维特根斯坦的这些观点和乔姆斯基的观点相左。因为在乔姆斯基看来,语法不可能是任意的。它指导语言行为,我们寻找的就是诸多语言现象背后的这些语法,对语法进行明述,对语言行为进行解释,理想的语法应该对语言做到充分的解释。

　　福斯特(Michael N. Forster)认为,维特根斯坦的语法概念存在于语词的使用规则中,它构成了语词的概念或意义(Michael N. Forster, 2004)。在《大打字稿》中,维特根斯坦甚至把语法等同一个语词的使用规则,认为"语法之于语言就像………游戏规则之于游戏一样"。语言游戏的进行要受语法的约束,就像在棋板上走棋要受棋规的限制一样。没有棋类规则我们无从进行棋类游戏,没有语法我们也无从进行相应的语言游戏。换言之,语法使得语言游戏得以进行。不同的棋类又有不同的游戏规则,中国象棋有中国象棋的规则,国际象棋有国际象棋的规则,汉语有汉语的语法,英语有英语的语法。虽然各种语法或者说各种棋类规则各不相同,但只要是棋类,它们的规则总有这样或那样的相似。虽然各种语言的语法各不相同,但只要是语言,它们之间必然存在这样或那样的相似,各种语言用法之间构成一个大的家族相似性。我们可以说游戏的规则本身就是游戏的一部分,语法也是语言使用的一部分。和游戏规则一样,语法在某种意义上仅仅是一种约定,因为"语法就是由约定构成的"(ibid.)。"语言依栖在约定之上"。按理说,游戏必然有相应的游戏规则,这些规则可以明述(explicitly formulated),如围棋和象棋等;有规则,但我们却无从明述出来,如小孩投骰子、在墙上打乒乓。我们不能因为我们不能把这些规则明述出来就认为他们所进行的不是游戏。这些规则暗含在他们的游戏之中。类似地,并不是所有的语法都可以明述出来,语法规则就是人们语言活动的一部分。并不是所有的游戏规则都是确定的,有时候游戏规则有点模糊甚至有弹性。回到语言上来,并不是所有的语法都是确定的,有时候语法是模糊的,有弹性的。我们在实际语言活动中有那么多的语法边缘句就是一个很好的例子。乔姆斯基所说的语言的创造性使用是语法弹性的另一个表现。"我用到一个我不知其含义的词,就该说我在胡说吗? ——随你怎么说,只要它不妨碍你看到事情是怎么回事"。"我们不是也有'边玩边制定规则'这样的情况吗? 而且也有我们边玩边修改规则的情况"。

第五节 本 章 结 语

乔姆斯基认为语言学家在试图对外在的语言行为(linguistic behaviour)进行解释的时候不能忽视说话人(agents)内在的心理状态。和行为主义者相对,乔姆斯基认为:语言使用是一个复杂的过程,人们不可能仅仅从外部环境刺激和反应来有效地研究语言,描述语言。他认为人具有一种内在的语言知识,这种知识是一种默会知识,它以语法的形式表现出来。人们就是在这种知识的基础上使用语言和理解语言的。但是这种知识是什么样的一种知识呢? 它又是如何获得的呢? 维特根斯坦及其思想的追随者和乔姆斯基或者说生成语法学家们有着不同的回答。

当然说话人对语法或语言知识的知道(know)是一种特殊意义上的知道,用乔姆斯基的术语是"认知"(cognize)。首先,这种知识是一种无意识的(unconsicious)知识。比如说英语的人都知道动词"sing/bring"都是不规则动词,但是它们过去时态完全不同,尽管每一个说英语的人都知道这一点,但这并不是意味着人们一直都意识到这一点。而且在语言研究中,人们也不清楚如何去运用"真理"(truth)和"确证"(justification)这两个概念。如果有人把"bring"的过去时拼成"brang",我们说他错了,但这是一种什么意义上的错误呢? 是与实际情况不符合? 还是因为不能被"确证"呢? 为了避开此类问题,乔姆斯基杜撰了一个术语"语言能力",这种能力是人类本有的一种能力,这种能力在某种意义上内化了语法规则,使得人类各种各样的语言行为(performance)成为可能(粗略地讲,语言能力就是说话人有关语法的一种知识,而语言行为则是这种知识的一种外在表现。)。乔姆斯基坚持认为,我们有必要假定这么一种语言能力才能对纷繁精妙的外在语言行为进行解释,而行为主义者单单把注意力集中在外在环境和外在的语言行为上,利用刺激—反应的模式对语言进行研究是行不通的。

乔姆斯基认为,语言能力本身并不能导致语言行为,它只是语言行为产生的多种原因之一。比如,其他相关的因素还包括:注意力、记忆、愿望、信念、身体状况等诸多因素。比如一个人不说"Peter Piper picked a peck of pickle peppers.",可能是因为他认为这句话有点冒犯,或者是因为他是个结巴。所有这些因素共同作用,并和他的语言能力相互作用才产生了相应的实际的语言行为。这个例子也表明:语言学家不可能单单通过对外部也就是外在语言行为的观察来了解说话人的内在语法/语言能力。有关人类语言的内在语言知识只有通过语言学家的推理才能得到。因为语言学家观察到的仅仅是外在的语言行为,它是诸多因素相互作用的结果,是各种因素混杂在一起的一种反映。乔姆斯基认为,和科学家一样,语言学家不仅仅是对语言现象进行观察记录,而是通过观察到的语言现象推断出观察不到的语言能力或内在语法,并用这种推论来对语言现象进行解释。如果推论与相关语言的语感不一致或相关的推论与进一步观察到的语言现象抵触,语言学家就可以根据新观察到的语言现象对推论进行调整、修正甚至是重新开始,直到得出正确的结论。

但是我们有理由认为,乔姆斯基的语言能力观并不是一个好的大脑图景描述。假定张三某个时间去商店买东西,因为他知道那个时候商店开门,商店出售他要买的东西。他一到商店,就说:"买苏打。"这时我们该如何解释他的话语"买苏打。"?张三去那个商店买苏打是因为他相信在那个商店他可以买到苏打,他说"买苏打。"所生话语的内在语言知识包括:主语"我"省略或者说是光头主语;苏打在发音上不能分开;语调上的降调等。也就是说,同一知识状态产生了两类不同的行为:去商店这一动作和话语的说出。然而我们可以这样思考:人们有各种各样外在的语言行为并不是因为人们具有"确证的知识或信念"。如果我们要以"确证的知识"来解释张三的"买苏打"显然不是一个好的解释。乔姆斯基想要的是一个概念来解释人们的外在语言行为,他提出的"语言能力",类似于一种确证的知识或信念,但并不"确然如是"。这种不确然性在于它取消了这种知识的"可意识性",这就使得符合于确然的概念显得不那么恰当。乔姆斯基把语言知识看成不是一般意义上的知识，这并没有让人信服的充分的理由。

乔姆斯基认为，要对多种精妙的语言行为进行解释，我们有必要设定"语言能力"这个概念。没有这个概念，我们就不能对复杂的语言行为进行解释。这里我们有必要对两种不同的"知道"进行区分：一种是知道某种事实/事情（knowledge-that），一种是知道如何去做事（knowledge-how）。前一种知识我们也可以称之为命题知识，它是在认知学习的过程中对世界的了解或认识，而后一种知识则是具有某种能力，如，知道怎样游泳、接球、骑自行车。我们认为，正是在第二种知识的基础上，人们懂得一种语言。也就是说，人们在说话时表现出某些语言技巧和语言能力。我们都知道如何去说话，但这并不表明我们一定具有有关的"语言命题知识"。类似地，小孩知道如何去接投球，但这并不表明他知道或具有相关的球弧知识。①

鉴于以上这两种知识的区别，我们对于乔姆斯基把语言知识看作一种命题知识表示怀疑，也就是说我们认为乔姆斯基在建构理论时不仅混淆了两种不同的知识，而且还选择了错误的一种。一旦人们能够明确说出第二种知识，他们就有可能对语言行为进行完美的解释，而无须引进乔姆斯基的语言能力。回到我们刚才的例子，路德（Martin Luther）的"I want a soda."并不是一系列复杂的内化的规则，而是他的一种 knowledge-how：一种能够在具体的环境中发出语言行为的能力。乔姆斯基把语言能力看作知识，这诚然无错，语言知识应该是一种能力（know-how），而他却把这种知识看成一种可以确证的知识（knowledge-that）。人类能够说话并不是因为人们天生有一个所谓的语言能力/语言知识，这和我之所以去商店买苏打，是因为我相信那里可以买到苏打不是一回事。

要是有人问你 shall 和 will 的语法区别，而你平时一直都没有意识到它们之间的区别，就像你车开得好别人问你开车的方法，你该如何回答？即使有人把相关的规则总结出来给你看，你是否一下子会意识到"这些规则原本就在我的大脑里"？情况当然不是这样。因此一些我们设定知道的语法规则远非我们能轻易意识到。下面两个例子可以说明这个问题：

    ① Who do you want to meet?

    ② Who do you want to talk?

---

① 这里"具有知识"英语的对应短语是"there be"而不是"have"，前者是表示先在的一种"存在"，一种事实，后者则表示的"后天的获得"，这也是乔姆斯基和其他哲学家争论的焦点之一。

　　第一句子没有问题，第二个句子则会让人觉得奇怪。但如果你不是一个语言学家，你很难解释清楚。这个例子表明，我们不可能很容易地说出这些语言的规则。即便有人把得出的规则解释给你听，你也会觉得"陌生"和"奇怪"。这些规则不仅不能达及意识，人们也不能将其带入到意识中来。如果是这样，我们就没有必要引入语言能力这个术语，更不能把它看作是某种意识可及的知识。简单的方法是：我们把语言行为看作是 knowledge-how 的一种产品似乎更便当。

　　人们可能会为乔姆斯基的语言能力观辩护，他们认为人类必定有一种以 knowledge-that 形式存在的语言知识，因为语言学家可以对这种知识进行描述。句子① Who do you want to meet? 和② Who do you want to talk? 的确表明这种能力是 deeply-unconscious，但这里面也确实有有待描述的规则。这时又会出现另一个哲学问题：我们正确地描述这些规则，但说话人的语言行为是规则指导下的行为还是他们的语言行为与规则相符合呢？流星的坠落是"符合规则"而不是"规则指导"的行为。这里的规则定律正确描述了天体下落，但我们不能据此认为天体在下落的过程中受到这些定律的指导。人类的语言行为有可能与语言学家"发现"的一系列复杂的语言规则相符合，但这并不必然表明这些规则是以"knowledge-that"形式存在的一种知识。流星以 $9.8/s^2$ 的加速度坠落，这符合万有引力定律。我们正确地描述了天体坠落所体现出来的规则，但很显然这种规则或定律并不是一种 knowledge-that 的知识。

　　在一切方面都竭力向自然科学看齐的社会科学，试图以"价值中立""理性祛魅"的方法消除研究主体和研究对象中的"活"的、不确定的、混沌的、难以把握的因素，并努力采用数学的方式研究社会生活的诸多方面。然而，无论是政治、经济还是语言，都需要直面需要研究的"人"性，乔姆斯基意义上的理想人在现实中是不存在的，因为人是一个极其活跃、变化、易受周围环境改变的一个存在，不仅人与人之间由于性情气质、生命意志及生活经验不同而各不相同，而且同一个人在不同情景下随心境的变化所形成的"心动"和"行动"也常常迥异。

　　人们希望通过研究找到语言现象背后的语言机制，对当下纷呈的语言现象进行解释，对将来的语言情况进行预测，大到总体走向，小到具体用例的存废和变化。乔姆斯基的普遍语法就是一个典型的例子。世界上许多事物的确是可以预测的，如天气预报，我们可以根据气压、风力、湿度、热辐射等有限的参数，经过分析得出结论。有的是难以预测的，语言就是其中之一。人们很难从今天的语言状况预测今后的语言走向，也难以预测组成语言的成分的具体变化。天气是自然现象，而语言是社会现象。比如某人从甲地到乙地，我们可以在纸上画一条直线作为预测的最佳路线,但他真正离开甲地的时候,有可能突然下起雨来,他要避雨或者是回来取一把雨伞,或者路上遇到熟人聊几句,如此等等。最后真正走完的那条线是一条难以预测的、不规则的线,语言的变化就是这种情况。如 20 世纪 40 年代重庆的一次动物标本展览,标本的英文名称是 panda,其下并排的是中文的名称"熊猫",因受英文从左向右念的影响,本该念成"猫熊"的名称却错误地成了今天的"熊猫",而且错讹至今。预见性的基础是理据。语言变化的理据何在?人们要寻求语言内部发展变化的规律,这规律是什么?20 世纪 50 年代有人认为"盖罩""流淌"之类是应该涤除的不规范的生造语词。后来"流淌"收入《现代汉语词典》,"盖罩"被淘汰了。我们从中可以找到什么可以预测的规律?"凯旋而归"最近有人还对它提出批评:"稿件上常常出现这样的用法,实际上'而归'属赘字。因为'旋'和'归'是一个意思,重复了。"(中华读书报,2002 年 8 月 28 日第 12 版)我们认为这种批评是不合时宜的,"重复"不是一个任何时候都站住脚的理由。如果"旋"可以用"而归"来重复,用"归来""回来"行不行?"旋"可以重复,那么"凯"是否可以用"胜利""得胜"来重复?这是难以用理据来预测的。

也许有人从以下的角度为乔姆斯基的语言能力观辩护。每当我们遇到一些无刺激的复杂的行为(与反射不同),我们常常会以意向或心理状态对这些复杂的行为进行解释。小猫听到主人的声音会从沙发上跳下来去吃食。我们对这种行为的解释是:小猫听出是它主人的声音,知道有东西吃,它那时饿了等。当小猫对主人到来的声音没有反应的时候,我们会解释说:它不饿或它还不想进食。由于小猫并不是每次听到主人的脚步声就出去进食,我们就只有诉诸心理状态来进行解释。当然我们还可以把小猫的这种复杂行为看作是对外部复杂刺激的一种趋向性反应(dispositional response),这里的解释并不需要 knowledge-that。但是行为越复杂,越是对其他信息敏感,我们就越有可能用 knowledge-that 来对这种行为进行解释。同样这种现象也适用于复杂的人类行为。人掉到水里喊救命是本能,人不愿把手放到火上烤是因为害怕灼伤。我们都不会说:因为人大脑里先天有一种机制、一种知识、一种事实性的知识(knowledge-that)来解释这种现象,但要对人类的复杂行为如语言行为解释时,我们似乎就容易用意向、需要、害怕、假装主体自身的内在信息来解释他们的行为,因为除此之外我们没有更好的选择。概言之,如果行为是简单趋向的结果,我们就无须用 knowledge-that,当用趋向性解释不通时我们倾向用行为主体内在的知识来解释,语言行为是一个复杂的行为。我们仅仅用趋向性是不能对复杂的语言现象进行满意的解释。我们可以找到这样那样的证据为普遍语法理论提供佐证,但我们得出的究竟是一种理论,还是一种对语言现象的解释呢？究竟是一个有关语言知识的规则还是规则的表达呢？人类复杂的语言活动是在内在规则的指导下的活动还是仅仅符合这些规则呢？对这些争论的结果我们都不得而知，我们宁愿它们永远如其所是地在那，有待人们探索、想象，这些探索和想象或许就是人类存在的一个意义。借用维特根斯坦的话，尽管它们是人类的一个冲动，但这种冲动应该受到尊敬。

近几十年科学和语言学的发展也似乎证明了语言知识的存在，如语义和句法可以分离。虽然世界上语言千差万别，但人类的手语却惊人地相似，手语和世界上所有的口语一样，有着复杂的句法。如美国手语和英国手语虽有不同，但它主语和动词的一致性（agreement）和性（gender）的用法都很像美国的印第安语言的一支纳瓦霍语（Navajo）以及非洲的班图语。（平克，2004）所有这些都是内在语言知识存在的证据。依此看来，语言并不是文化的产物，**但语言从产生那天开始，它就会受到文化的影响，和文化密不可分，因为父母会教授孩子，而孩子也会模仿父母。**（平克，2004）平克认为，乔姆斯基对有血有肉活生生的话语者的讨论太过草率、太过理想，因为乔姆斯基关于普遍语法的结论需要许多不同领域的证据才能有效。（平克，2004）当代二语习得研究似乎也证明了这一点，因为"我们完全用社会认知来解释语言学习行不通，但完全用生物遗传机制来解释也行不通"。（邹为诚，2008）

第八章
结　语

　　维特根斯坦在其后期哲学中对语言学习进行了很多的探讨,他关于语言学习的论见对语言研究产生了很大的影响。但归根到底,他并不是一个语言学家,也不是一个心理学家或社会学家,他对这些领域的具体研究并不是非常感兴趣。语言学家、心理学家或社会学家以不同的方法研究语言的诸多细节,他们得出的原则或结论比维特根斯坦后期著作中所展现的观点详细得多。如社会语言学家、心理语言学家、计算语言学家或者说结构主义、功能主义、认知主义以及生成语法等语言学流派等从不同的角度切入对语言进行详细的研究并提出自己相应的观点,进行相应的理论构建。但我们经过研究发现,维特根斯坦对语言的研究和许多语言学家、心理学家以及社会学家对语言本质的研究有很多的共契,如米德和杜威的语言的社会建构、马林诺夫斯基对土著人语言的研究等,维特根斯坦在语言研究中所得出的结论或观点和语言学家、心理学家、社会学家所得出的结论有许多相通之处。但内在主义语言学家如乔姆斯基和福多则有着不同的观点,内在主义语言学家认为,语法是一个先天的对象,福多甚至认为一些概念也是先天的存在,语言学家的研究目标就是对这些先天的对象进行研究。显然,他们的这些观点与维特根斯坦的"意义即使用"的观点相抵。

　　我们从几个方面把维特根斯坦的研究同其他语言研究者的研究进行了比较,比如维特根斯坦后期的语言思想同米德、杜威等实用主义者的观点就有许多相通之处。米德和杜威都从语用的角度来看待语言,他们都认为,语言是人与其生长环境相互作用的自然产物。他们把语言看作工具,人类主要通过语言才能进行相互合作,合作行动才得以实现。实用主义者主要关注的是语言的生物性质和社会性质。这些观点与维特根斯坦后期两个重要的语言原则(central doctrines)相类似:① 语言的意义就是它的使用——意义即使用,我们能够用语言来做事,同样的语词在不同的情景中有着不同的意义,从而达到不同的目的;② 语言是人类的一种生活形式,我们什么都可以怀疑,就是不能怀疑我们赖以生活的生活方式。生活形式是我们一切语言活动的基础,我们所有的语言游戏都是在生活形式上展开的。

尽管维特根斯坦的"意义即使用"观点对意义的形而上学进行了有效的瓦解,但作为一个独立的语言学科来说这远远不够。因为"使用"这个概念太宽泛,奥斯汀后来说"使用"和"意义"一样含混,"已经变得经常遭人嘲笑"是有一定道理的。"意义即使用"观还使人想到语言研究中仅仅使用描述方法的局限,我们不可能穷尽一个词的所有用法;由于受时间、个人经验等诸多条件的限制,我们不可能"看完"或经历哪怕是一个词的所有用法。同时"使用"似乎太多变了,而语言的结构是稳定的,用法是多变的。因此有理由说,是结构而不是用法决定了一种语言的同一性,规定了一种语言不同于另外一种语言。语言学家研究的就是这些语言结构或语言规则,因为说到底语言的使用不同于泛泛的使用,而是一种规则辖制的行为。

虽然维特根斯坦在著作中多次对语言学习进行研究,但他没有对一些重要的概念进行区分,而这些区分在某种意义上是语言研究必不可少的一部分,如索绪尔的"语言(language)"和"言语(speech)"之间的区分,乔姆斯基的"语言能力(competence)"和"语言行为(performance)"之间的区分。语言学家的任务就是通过对"言语"或"语言行为"的研究达到对"语言"或"语言能力"的认识。我们认为这种区分在研究中是有必要的,首先要明确研究的目标,我们才有可能进行有针对性的研究。语言研究的目的就是通过话语或言说来研究这种规范,用乔姆斯基的术语来说我们研究的就是关乎语言的规则和原则(rules and principles)。

维特根斯坦在其著作中多次提到语言学习,他试图通过对语言学习的研究让我们看到语言的本质,从而瓦解语言的形而上学观。他并不是在建构一种理论,相反,他反对任何理论的建构,他也不是在语言学意义上研究语言,**因此我们不可能以一个语言学家的标准来要求他甚至对其求全责备,相反我们应该从他对语言学习的论述中得到观照。作为一个顶级的哲学家,维特根斯坦的思想极具穿透力,他提出的一系列思想或哲学概念对人文诸多学科产生重要的影响,我们不可能要求他具体地像某一个学科如语言学为了研究或理论的建构进行一些术语区分。如果真是那样,反而与维特根斯坦的思想背道而驰了。**维特根斯坦后期哲学思想为语言研究提供了一个新的进路,但作为一个独立的学科,语言学研究不可能停留在泛泛的语言使用上,语言学家的研究就是要超越这些具体的用法,去发现辖制这些用法的规则,无论这些用法是乔姆斯基的先天规则还是实用主义如米德的社会建构。用维特根斯坦的话说,这些努力或尝试或许是人类的一个形而上学的冲动。

维特根斯坦强调"意义即使用"只是为了他哲学的治疗,瓦解人们对语言的形而上学的看法。从这个意义上说,维特根斯坦是有效的。从语言研究的角度看,我们似乎要对语言与言语进行区分,确定语言研究的对象,因为语言学家不可能满足于泛泛的"意义即使用"这一口号"slogan",相反他们要在此基础上,研究语言是如何使用的,有什么因素影响了语言的使用,语言使用的规则或规约是什么,所有这些都要求语言学家透过纷呈的言语活动现象进行研究。**诚如维特根斯坦所言,语言并没有贯一的本质(或语言共性),但语言的使用说到底是受规则辖制的使用,我们寻找的就是那些辖制语言使用的规则。**语境是一个复杂的概念,它不仅仅是言语活动的当下场景,它包括更广阔的社会、文化、心理等诸多的因素。一个语词之所以有意义是因为它在一个语言系统里与其他的语词相互联系,同时还因为这个语词在使用时能指称或意指物理的、文化的、社会的、心理的、建制的等诸多对象。无论这些对象是一张桌子、一个事实、一个态度、一个情感、感觉,语言的这种指称功能对一个语言共同体的所有成员都是一致的,因为所有的成员有着共同的"生活形式"。

无论是在儿童早期还是后期的语言学习中,语言的学习和教授与语言的使用不可分离。通过使用,学习者把特定语词与特定的对象关联起来,学会了语词的意义。简言之,一个语词的意义是语词教授或学习情景中的一个外显的因素(overt aspect),我们可以说语词最好被理解为一种活动,而不是一种实存的对象(substantive object),语词在活动中的意义得到显现。以此看来,语词意义的教授可以从形而上学预设前提(metaphysical presupposition)的重负下解放出来。意义不再是一个独立的实体,它是语言场景的一个有机的组成部分,与语言使用的当下场景不可分离。我们也会摆脱心灵主义的纠缠,心灵主义把意义看作某种独立的东西,甚至是先天的东西,教授语词的意义就是从教授者的一个心灵状态迁移到学习者的一个心灵状态,这也是困扰人类多年的一个问题。如果用维特根斯坦的观点来看,这些问题的前提就不存在。因为意义是在场景下生成的,而不是所谓的某种实体。

和维特根斯坦一样,莫里斯强调符号过程并不是某事在大脑中的发生,而是在活动中某事引起了活动参与个体的关注,而意义则是活动的一部分,诚如维特根斯坦所言,意义根植于人类的生活形式之中。"……既然一个符号的意义完全(exhaustively)由它的用法规则所规定,所以原则上说,任何符号的意义都是由其具体的使用情景所决定的。"(Charles Morris,1960)

维特根斯坦并没有用简单的语言游戏来描述一个发达社会的语言特点,他本人也没有这个意图。但他的确坚持认为在早期语言学习阶段,手势、表达、外显的活动等在语言学习中起着重要的作用。他把这些呈现(posit)出来只是想让我们以另外一种方式来看待语言,他简单的语言形式只是比较对象,但是他还坚持说这些简单的语言游戏仍然是语言。

当维特根斯坦让我们关注语词的各种用法的时候,他似乎也在考虑一个类似的问题,他最关心的是要唤起我们对简单语言形式的注意。当维特根斯坦抛弃其前期思想否认语言"本质(essence)"存在的时候,当他试图通过语言的日常用法获得对语言一个比较清晰的理解的时候,他也和其他的心理学家、语言学家甚至哲学家一样,不得不面对纷繁众多的语言现象。在他的语言游戏观里,他认为他找到了一个阐释语言的简单可行的办法,即我们对语言意义或用法的困惑可以通过对语言在各种情景下的使用的研究得到厘清。而我们选择简单的用法或至少是语词通常意义上的用法,就是为了提高我们对一个语词意义的清晰理解。

在原始语言形式那里我们看到了语言与活动之间的有机联系,在语言的原始使用中符号使用的语用维面居于主导的地位。维特根斯坦的确有道理,语言从最简单的形式来看是语用的,或者说是与语言使用的当下情景不可分割的。杜威和米德都有类似的观点,马林诺夫斯基通过对土著人语言的研究也得出了相一致的结论。但这并不意味着我们只能用语用来表现语言的特点,句法、语义等其他方面都是语言研究,特别是一种成熟语言研究必不可少的方面。我们承认,在语言发展的最初阶段,语言的语用维面是最重要的,但在语言后来的发展过程中(in its later stages),尤其是对与一个发达的语言而言,其他维面也同样起着重要的作用。

在儿童语言研究中,我们发现从言语到语言(from speech to language)的转变(shift)是儿童语言发展的一个最重要的方面。这一时期,儿童不再单单是语言的发出者(utterer of the language),而是一个语言使用者。从本质上看,这种差别就是模仿与理解的差别。除此之外我们还应该注意到,这种转变也是一种从具体行为到抽象行为的转变。

语言在其最初的发展阶段是在具体行为层面(concrete behaviour)上起作用的。小孩在这一阶段把语词看作一种对象(things)。和其他对象一样,语言也是与他本人活动或生活相关的一种东西;他把事物的名称看作是事物本身的一种属性。在最初的时候,小孩并不能把语词和对象区分开来。他们能够区分的时候,他们的能力也就获得了重大的发展。当小孩能够对语词和对象进行区分的时候,他不再受限于特定的情景,他的语词不再是指称某种具体的特定的当下对象,这个时候,语词也就成了一种承载意义的工具(vehicle)。当意义与情景分离并由符号固定下来的时候,小孩就有可能在一个新的情景下使用这种意义。这种过渡以及再运用(transfer and reapplication)是所有判断和推理的关键。要是一个人仅仅知道一片特定的云预示着一阵特定的雨的话,这对他或许没有多大的用处,因为他不得不反反复复不停地学,因为下一片云和下一阵雨是另一个不同的事件。

我们认为维特根斯坦在其后期著作中反复提及的简单语言形式如建筑工人工作时的语言、小孩学习语词时的所用语言,以及土著民族所说的语言无疑都属于语言的范畴,但我们同时也应该看到,简单语言形式与我们日常所用到的成人语言在特点上是不同的,或者说土著人的语言与一个比较发达的社会的语言是不同的。如果我们过分强调在这些语言中发挥作用的因素,比如说,语言说出的当下情景因素等,这些语言几乎都把语言当作语词所指对象的一种不可分割的属性或性质,我们就不可能对语言进行合理的概观。语境因素无一例外在这些简单的语言形式中起着决定性的作用;但如果我们因此就说语言的全部的重要性在于我们能够用语言来做事则有失全面。无论如何,当一个诗人或一个哲学家或一个科学家在工作的时候,在某种意义上他们都是用语言在做事,做不同的事,但这种"做事"和小孩在语言学习过程中的做事是有质的差别的,比如小孩用语言获得他自己够不到的玩具等。

我们把维特根斯坦后期哲学思想中相关的语言思想和其他一些思想家的思想进行比较,旨在证明语言问题并没有随着维特根斯坦的语言分析或语言治疗得到消解(disslove)。从当代哲学发展的态势来看,哲学问题并没有因为维特根斯坦的消解而得到解决,相反我们认为他认为消解掉的问题急需我们去进一步研究,这也是近些年与语言相关的许多领域如认知语言学、人类语言学、文化语言学等方兴未艾的原因。

乔姆斯基认为:语言使用是一个复杂的过程,人们不可能仅仅从外部环境刺激和反应来有效地研究语言,描述语言。他认为人具有一种内在的语言知识,这种知识是一种默会知识,它以语法的形式表现出来。人们就是在这种知识的基础上使用语言和理解语言。如果没有一个先在的语言知识,我们就无法解释语言的刺激贫乏现象。当代科学的发展也似乎在印证着乔姆斯基的语法知识观。乔姆斯基的假说当然是合理的,但是这种知识是一种什么样的知识呢? 它又是如何获得的呢? 维特根斯坦或者更准确地说维特根斯坦的思想追随者和乔姆斯基及其他生成语法学家们有着不同的回答。

生成语法从上个世纪 50 年代诞生起就受到哲学界和语言学界的诸多质疑,生成语法理论在这些质疑声中一变再变,如今早已面目全非(石定栩,2007)。这是生成语法的本身的无力? 还是其设定目标本身的一种虚幻? 我们认为二者兼而有之。最明显的一个证据是,迄今为止,人们还没有发现一个所谓各语言都适用的普遍语法。乔姆斯基本人也无法从学理上证明,他所设定的语言知识是一种可以明证的知识。生成语法所面临的矛盾,如内在语言知识的封闭性与语言创造性使用之间的矛盾,是乔姆斯基本人无法解释或者说无法解决的难题。如果我们用维特根斯坦后期哲学思想来关照乔姆斯基的理论,我们会发现,乔姆斯基所谓的语言奥秘只不过是维特根斯坦意义上的生活形式,乔姆斯基的绝对共性只不过是维特根斯坦意义上的家族相似性,乔姆斯基的绝对的、刚性的、非此即彼的内在语法在维特根斯坦那里只不过是一种理解,一种说话人之间的会通。

　　最后我们想再次强调的是,作为一个顶级的思想家,维特根斯坦不可能像某一特定领域的专家如语言学家那样,致力于特定的理论建构,如果是那样则是与维特根斯坦的思想背道而驰了。维特根斯坦的工作从来就不是建构什么,而是瓦解,是语言批判,是试图把我们从语言的牢笼里解放出来。他对语言学习问题特别关切,因为他想通过对语言学习问题的研究让人们看清楚语言在原始的场景下是如何工作的,从而消解人们心中固有的哲学病。他的有关语言学习的论证为我们语言学习研究提供了一个新的路径。我们不会也不应该以一个语言学家的标准来要求维特根斯坦,更不应该期望他像语言学家那样进行语言理论建构。

参考文献

GARDINER A. The Theory of Speech and Language [M]. London: Oxford University Press, 1960.

GEORGE A(ed). Reflections on Chomsky[C]. Oxford: Basil Blackwell, 1989.

RADFORD A. Syntax: A Minimalist Introduction[M]. Beijing: Foreign Language Teaching and Research Press, 2000.

RADFORD A. Syntactic Theory and the Structure of English: A Minimalist Approach[M]. Beijing: Peking University Press, 2002.

ANSCOMBE G E M. An Introduction to Wittgenstein's Tractatus [M]. London: Hetchinson University Library, 1956.

LASZLO A. Questions of Meaning[M]. The Hague: Mouton, 1963.

LASZLO A. Content, Meaning, and Understanding[M]. The Hague: Mouton, 1964.

AUSTIN J L. How to Do Things with Words[M]. Oxford: Oxford University Press, 1962.

AYER A J. Philosophy and Language[M]. Oxford: Oxford University Press, 1962.

BACKER G P, HACKER P M S. Wittgenstein: Rules, Grammar & Necessity [M]. Oxford: Basil Blackwell, 1985.

BACKER G P, HACKER P M S. Understanding and Meaning[M]. Oxford: Basil Blackwell, 1980.

BUHT W, AGINSK Y E G. On the Importance of Language Unirersals [M]. London: Rout, 1967.

BÉNÉDICTE DE B-B. How Language Comes to Children—from Birth to two Years [M]. Mass: MIT Press, 1999.

BLACK M. Dewey's Philosophy of Language. The Journal of Philosophy [J].

1962, 59(19): 505 – 523.

BLOOMFIELD L. Language[M]. New York: Holt, Rinehart and Winston, 1933.

BLOOMFIELD L. Linguistic Aspects of Science [M]. Chicago: University of Chicago Press, 1962.

BOLINGER D, SEARS D. Aspects of Language[M]. New York: Harcourt Brace Jovanovich, Inc. 1981.

BROWN R. Words and Things[M]. Glencoe: Free Press, 1958.

CARROLL J B. Language and Thought [M]. Englewood Cliff: Prentice-Hall, 1965.

CHOMSKY N. Syntactic Structure[M]. The Hague: Mouton, 1957.

CHOMSKY N. Aspects of the Theory of Syntax[M]. Cambridge Mass: MIT Press, 1965.

CHOMSKY N. Quine's Empirical Assumptions[M]//DAVIDSON D, HINIIKKA J. Synthese Library, vol 21. Springer, 1968.

CHOMSKY N. Language and Mind[M]. New York: Harcourt Brace Jovanovich, 1972.

CHOMSKY N. Reflections on Language[M]. London: Maurice Temple Smith Ltd, 1976.

CHOMSKY N. Rules and Representations[M]. New York: Columbia University Press, 1978/1980.

CHOMSKY N. Lectures on Government and Binding[M]. Dordrecht: Foris, 1981.

CHOMSKY N. The Generative Enterprise: A Discussion with Riny Huybregts and Huck van Riemsdijk[M]. Dordrecht: Foris, 1982.

CHOMSKY N. Knowledge of Language: Its Nature, Origin and Use[M]. New York: Praeger, 1986.

CHOMSKY N. Language in a psychological setting [J]. Sophia Linguistica: Working Papers in Linguistics, 1987(22): 1 – 73.

CHOMSKY N. Language and Problems of Knowledge[M]. Cambridge, Mass: MIT Press, 1988.

CHOMSKY N. Linguistics and Adjacent Field: A Personal View [M]//A KASHER. The Chomskyan Turn. Oxford: Blackwell, 1991.

CHOMSKY N. Language and Thought[M]. New York: The Frick Collections,

1993.

CHOMSKY N. The Minimalist Program[M]. Cambridge, Mass: MIT Press, 1995.

CHOMSKY N. New Horizons in the Study of Language and Mind[M]. Beijing: Foreign Languge Teaching and Research Press,2002.

CHOMSKY N. Approaching UG from below[D]. unpublished paper, Mass: MIT, 2006.

CHOMSKY N. Three factors in language design [J]. Linguistic Inquiry, 2005, 36(1): 1 - 22.

COHEN L J. The Diversity of Meaning[M]. New York: Herder and Herder, 1963.

COLIN M. Wittgenstein on Meaning: An Interpretation and Evaluation, Aristotelian Society Series, Volume1[J]. Oxford: Basil Blackwell, 1984.

COMRIE B. Language Universals and Linguistic Typology[M]. Oxford: Basil Blackwell, 1989.

COOK V J.Chomsky's Universal Grammer: An Introduction[M].Beijing: Foreign Language Teaching and Research Press,2000.

OTERO C P et al. (eds). Foundational Issues in Linguistic Theory[C]. Cambridge Mass: MIT Press, 2005.

DALE P. Language Development[M]. NY: Holt, Rinehart and Wilson, 1976.

DAVID P. The Later Philosophy of Wittgenstein[M]. London: Athlone Press, 1963.

DAVIDSON D, HARMON G (eds). Semantics of Natural Languages [C]. Dordrech: Reidel, 1972.

DEWEY J. How We Think[M]. New York: D.C. Heath, 1910.

DEWEY J. Experience and Nature[M]. New York: Dover Publications, 1958.

DEWEY J. Logic: The Theory of Inquiry[M]. New York: Holt, Rinehart and Winston, 1960.

DEWEY J. Essays in Experimental Logic[M]. Illinois: SIU Press, 2007.

DUMMETT M. Objections to Chomsky[J]. London Review of Books, 1981(9).

SAUSSURE DE F. Course in General Linguistics[M]. R HARRIS trans. Beijing: Foreign Language Teaching and Research Press,2001.

FINDLAY J N. Wittgenstein's Philosophical Investigation[J]. Revue Internationale de Philosophie 1953, Ⅶ: 25.

FINDLAY J N. The Teaching of Meaning[J]. Logique et Analyse, 1962, 20: 169 - 172.

FIRTH J R. The Tongues of Men and Speech[M]. London: Oxford University Press, 1964.

FORSTER M N. Wittgenstein on the Arbitrariness of Grammar[M]. Princeton/ Oxford: Princeton University Press, 2004.

GARDINER A H. The Theory of Speech and Language[M]. London: Oxford University Press, 1960.

HUNNINGS G. The World and Language in Wittgenstein's Philosophy[M]. Hamshire: Macmillan Press, 1988.

GREENBERG J (ed.). Universals of language[C]. Cambridge, MA: MIT Press, 1966.

GREENBERG J. Language Typology: A Historical and Analytic Overview[M]. The Hague: Mouton, 1974.

SAMPSON G. Schools of Linguistics[M]. London: Hutchinson & Co. (Publishers) Ltd., 1980.

GELLNER E. Words and Things[M]. London: Viotor Gollancz, 1963.

GELLNER E. The Crisis in the Humanities and the Main Stream of Philosophy [C]//J H PLUN(eds). Crisis in the Humanities Baltimore: Penguin Books, 1964.

GOLDSTEIN K. Human Nature in the Light of Psychopathology[M]. New York: Schoken Books, 1963.

GLOCK H J(ed.). Wittgenstein: A Critical Reader [J]. Blacwell Critical Readers, 2001.

HARTNACK J. Wittgenstein and Modern Philosophy[M]. CRANSTON trans. London: Methuen, 1965.

HAWKINS D J B. Wittgenstein and the Cult of Language[A]. London: Blackfriars: Aquinas Society of London, 1957.

PAUL H(ed). Language, Thought, and Culture[M]. Ann Arbor: University of Michigan Press, 1965.

HILMMY S S. The Later Wittgenstein [M]. Cambridge: Oxford University

Press，1987.

BRONOWSKI J. The Origin of Knowledge and Imagination［M］. London：Yale University Press，1979.

ROMAN J，HALLE M. Fundamentals of Language［M］. The Hague：Mouton，1956.

ROMAN J. Studies on Child Language and Aphasia［M］. The Hague：Mouton，1971.

STICKNEY J. Wittgenstein's "Relativity"：Training in Language-games and Agreement in Forms of Life［J］. Educational Philosophy and Theory，2008，40(5)：621-637.

THOMAS Y. The Language of Thought［M］. New York：Crowell Company，Inc. 1975.

JESERSON O. Language：Its Nature, Development and Origin［M］. London：George Allen and Unwin，1959.

KRIPKE S. Wittgenstein on Rules and Private Language［M］. Cambridge，Mass：Harvard University Press，1982.

LENNEBERG E H. (ed). New Directions in the Study of Language［M］. Cambridge：M I T Press，1966.

GOLDSTEIN L. Clear and Queer Thinking：Wittgenstein's Development and His Relevance to Modern Thought［M］. New York：Roman & Little Field Publishers，Inc. 1999.

LENNEBERG E H. Biological Foundations of Language［M］. New York：Wiley，1967.

LEWIS M M. Infant Speech［M］. London：Kegan Paul，Trench，Trubner & Co.，1936.

LEWIS M M. How Children Learn to Speak［M］. New York：Basic Books，1959.

LEWIS M M. Language，Thought and Personality in Infancy and Childhood［M］. New York：Basic Books，1963.

LOCKE J. An Essay on Human Understanding［A］. NIDDITCH(ed.). Oxford：Clarendon Press，1975.

LOUISE M. Chomsky and His Critics［M］. London：Blackwell，2003.

LYONS J. Introduction to Theoretical Linguistics［M］. Cambridge：Cambridge University Press，1968.

LYONS J. Chomsky[M]. London: Fontana Press, 1991.

SEARL J R. The Philosophy of Language [M]. London: Oxford University Press, 1971.

KATZ J J. Language and Other Abstract Object[M]. Oxford: Blackwell, 1981.

SEARLE J R. The Philosophy of Language [M]. London: Oxford University Press, 1971.

NORMAN M. Ludwig Wittgenstein: A Memoir[M]. London: Oxford University Press, 1962.

BRONISLAW M. The Problem of Meaning in Primitive Languages [M]//C K OGDEN, I A RICHARDS. The Meaning of Meaning. New York: Harcourt, Brace and Co. 1989.

MEAD G H. Mind, Self and Society from the Standpoint of a Social Behaviorist [M]. C W MORRIS(ed). Chicago: University of Chicago Press, 1963.

MEAD G H. Selected Writings[M]. J R ANDREW(ed). New York: Liberal Arts Press, 1964.

WILLIAMS M. Wittgenstein, Mind and Meaning: Towards a Social Conception of Mind[M]. London: Routledge, 2002.

MORRIS C W. Sign, Language and Behavior[M]. New York: Prentice-Hall, 1949.

MORRIS C W. Foundations of the Theory of Signs [M]. Chicago: Unversity of Chicago Press, 1964.

NEWMEYER F. Linguistic Theory in America [M]. New York: Academic Press, 1980.

NEWMEYER F. Generative Linguistics: A Historical Perspective[M]. New York: Routledge, 1995.

SMITH N, WILSOM D. Modern Linguistics: The Result of Chomsky's Revolution [M]. Bloomington: Indiana University Press, 1979.

PECCEI J S. Child Language [M]. Beijing: Foreign Language Teaching and Research Press, 2000.

PIAGET J. The Language and Thought of the Child[M]. M. GABAIN trans. New York: Word Publishing Co. 1963.

PIAGET J. The Language and Thought of Child[M]. New York: New America Library, 1974.

PIATTELLI-PALMARINI M. Language and Learning: The Debate between Jean Piaget and Noam Chomsky [M]. Cambridge, MA: Harvard University Press, 1980.

PINKER S. Language Learnability and Language Development [M]. Cambridge: Harvard University Press, 1984.

PITCHER G. The Philosophy of Wittgenstein [M]. Englewood Cliffs: Prentice-Hall, 1964.

HACKER P M S. Wittgenstein: Meaning and Mind [M]. London: Blackwell Publishers Ltd, 1998.

PUTNAM H. The Inateness Hypothesis and Explanatory Models in Linguistics [J]. Boston Sudies in the Philosophy of Science, New York: Humanities, 1967.

QUINE W V O. Word and Object [M]. Cambridge: MIT. Press, 1965.

QUIRK R, GREENBAUM S, LEECH G, SVARTVIK J. A Grammar of Contemporary English [M]. London: Longman, 1972.

PITCHER D. The Later Philosophy of Wittgenstein [M]. London: Athlone Press, 1963.

RICHARDS I A. Speculative Instruments [M]. Chicago: University of Chicago Press, 1965.

ROBIN R H. A Short History of Linguistics [M]. London: Longman, 1990.

BROWN R, Language and Categories [M]//J S BRUNER, J J GOODNOW, G A AUSTIN. A Study of Thinking. New York: Science Edition, 1962.

JAKOBSON R, HALLE M. Fundamentals of Language [M]. The Hague: Mouton, 1956.

RICHARD R. Pragmaticism, Categories, and Language [J]. Philosophical Review, LXX, 1961: 197 - 223.

HARRIS R. Language, Saussure and Wittgenstein: How to Play Games with Words [M]. London: Routledge, 1990.

RUDOLF P B. Challenging Chomsky: The Generative Garden Game [M]. Oxford: Basil Blackwell Ltd, 1991.

BERTRAND R. The Analysis of Mind [M]. London: George Allen and Unwin, 1924.

BERTRAND R. An Inquiry into Meaning and Truth [M]. Baltimore: Penguin Books, 1965.

SAPIR E. Language[M]. New York, Harcourt: Brace and World, 1921.

SAPIR E. Language: An Introduction to the Study of Speech[M]. London: Granada, 1982.

SAUSSURE DE F. Course in General Linguistics [M]. New York: Philosophical Library, 1959.

EMPIRICUS S. Outline of Pyrrhonism(Book 1)[M]. R G BURY trans. Cambridge: Harvard University Press, 1955.

SMITH N. Chomsky: Ideas and Ideals[M].Beijing: Foreign Language Teaching and Research Press, 2001.

MODGIL S, MODGIL C(ed). Noam Chomsky: Consensus and Controversy[M]. London: The Falmer Press, 1987.

GUSTAF S. Meaning and Change of Meaning, With Special Reference to the English Language[M]. Gotenborg: Elanders Bokeryckeri Aktiebolag, 1931.

PATEMAN T. Language in Mind and Language in Society[M]. London: Clarendon Press, 1987.

ULLMANN S. The Principle of Semantics[M]. Oxford: Basil Blackwell, 1959.

ULLMANN S. Language and Style[M]. Oxford: Basil Blackwel, 1964.

VYVYAN E. The Language Myth: Why Language is not an Instinct [M]. Cambridge: Cambridge University Press, 2014.

VYGOSKY G J. Thought and Language[M]. E HANFMANN, G VAKAR trans. Cambridge: MIT Press, 1961.

WARNOCK G J. English Philosophy since 1900 [M]. London: Oxford University Press, 1961.

WHITELEY C H. On Understanding[J]. Mind, 1949, 58(231): 339 - 351.

WITTGENSTEIN L. The Study of Child Language and Infant Bilingualism[J]. Word4, 1948a, xii+224.

WITTGENSTEIN L. Tractatus Logico-Philosophicus [M]. London: Routledge and Kegan Paul, 1974.

WITTGENSTEIN L. Philosophical Investigations[M]. G E M ANSCOMB trans. New York: Macmillan, 1997.

WITTGENSTEIN L. The Blue and Brown Books[M]. Oxford: Basil Blackwell, 1975.

WITTGENSTEIN L. Lectures and Conversations on Aesthetics，Psychology and Religions Belief[M]. Barrett C. Oxford：Basil Blackwell，1966.

WITTGENSTEIN L. Philosophical Grammar［M］. R RHEES. Oxford：Basil Blackwell，1974.

爱德华·萨丕尔.语言论[M].陆卓元，译.北京：商务印书馆，2005.

安托尼·阿尔诺，克洛德·朗斯诺.普遍唯理语法[M].张学斌，译.长沙：湖南教育出版社，2002.

奥托·叶斯柏森.叶斯柏森语言学选集[M].任绍曾，译.长沙：湖南教育出版社，2006.

奥托·叶斯柏森.语法哲学[M].何勇等，译.北京：语文出版社，1988.

阿尔斯顿(W.P.Alston).语言哲学[M].牟博，刘鸿辉，译.北京：生活·读书·新知三联出版社，1988.

布龙菲尔德.语言论[M].袁家骅等，译.北京：商务印书馆，2004.

蔡曙山.语言·逻辑与认知[M].北京：清华大学出版社，2007.

车铭洲(主编).现代西方语言哲学[M].成都：四川人民出版社，1989.

陈嘉映.哲学·科学·常识[M].北京：东方出版社，2007.

陈嘉映.语言哲学[M].北京：北京大学出版社，2003.

陈嘉映.无法还原的像[M].北京：华夏出版社，2005.

陈波.奎因哲学研究——从逻辑和语言的观点看[M].北京：三联书店，1998.

程工.语言共性论[M].上海：上海外语教育出版社，2002.

葛兆光.中国思想史(第二卷)[M].上海：复旦大学出版社，2005.

何兆熊.语用学教程[M].上海外语教育出版社，2001.

江蓝生.近代汉语探源[M].北京：商务印书馆，2000.

科林·麦金.维特根斯坦与《哲学研究》.李国山，译.南宁：广西师范大学出版社，2007.

刘润清.西方语言学流派[M].外语教学与研究出版社，2002.

A.P.马蒂尼奇(主编).语言哲学[M].牟博，杨音莱，韩林合等，译.北京：商务印书馆，1998.

洛克.人类理解论[M].关文运，译，北京：商务印书馆，1959.

罗曼·雅各布森.雅各布森文集[M].钱军，王力，译注.长沙：湖南教育出版社，2001.

米德.心灵、自我与社会[M].赵月瑟,译.上海:上海译文出版社,1992.

尼采.快乐的知识[M].商务印书馆,民国28(出版地址不详),1939.

潘文国.汉英语对比纲要[M].北京:北京语言文化大学出版社,2004.

皮亚杰.儿童语言与思维[M].傅统先,译.北京:文化教育出版社,1980.

普特南.理性、真理与历史[M].童世俊,李光程,译.上海:上海译文出版社,2005.

平克.语言本能[M].洪兰,译.汕头:汕头大学出版社,2004.

钱冠连.汉语文化语用学[M].北京:清华大学出版社,2002.

乔姆斯基.语言与心智(影印本)[M].北京:北京大学出版,2009.

G.齐科.第二次达尔文革命——用进化论解释人类学习的过程[M].赖春,赵勇,译.
    上海:华东师范大学出版社,2007.

沈家煊.不对称和标记论[M].南昌:江西教育出版社,1999.

石毓智.语法的概念基础[M].上海:上海外语教育出版社,2006.

施泰格缪勒.当代哲学主流(上)[M].王炳文等,译.北京:商务印书馆,1987.

施泰格缪勒.当代哲学主流(下)[M].燕宏远等,译.北京:商务印书馆,1992.

孙周兴.说不可说之神秘:海德格尔后期思想研究[M].上海:三联书店上海分店,
    1994.

涂纪亮(主编).维特根斯坦全集[M].石家庄:河北教育出版社,2003.

涂纪亮.维特根斯坦后期哲学思想研究[M].南京:江苏人民出版社,2005.

王兆鹏(主编).中国古代文学作品选[M].武汉:武汉大学出版社,2004.

维特根斯坦.哲学研究[M].陈嘉映,译.上海:上海人民出版社,2002.

吴刚.生成语法研究[M].上海:上海外语教育出版社,2006.

希拉里·普特南.理性、真理与历史[M].童世骏,李光程,译.上海:上海译文出版
    社,2005.

徐烈炯.生成语法理论[M].上海:上海外语教育出版社,1988.

杨大春.语言·身体·他者[M].北京:生活·读书·新知三联书店,2007.

叶姆斯列夫(Hjelmslev, Lo).叶姆斯列夫语符学文集[M].程琪龙,译.长沙:湖南
    教育出版社,2006.

俞喆.概念中的日译词——以"科学"为关键词的研究[D].上海:华东师范大学博士
    论文(unpublished),2008.

约翰·莱昂斯.诺姆·乔姆斯基[M].杨光慈,译.北京:商务印书馆,1996.

约翰·塞尔.心灵语言和社会:实在世界中的哲学[M].李步楼,译.上海:上海译文
    出版社,2006.

约翰·塞尔.心、脑与科学[M].杨音莱,译.上海：上海译文出版社,2006.

周国平.尼采——在世纪的转折点上[M].上海：上海人民出版社,2005.

周振鹤.逸言殊语[M].上海：上海人民出版社,2008.

周振鹤,游如杰.中国方言与文化[M].上海：上海人民出版社,2006.

陈嘉映.维特根斯坦的哲学观[J].现代哲学,2006,5：90-102.

陈嘉映.关于科学实在论的几点思考[J].世界哲学,2006,6：15-24.

陈嘉映.反思哲学与汉语思维[J].天涯,2004,3：181-188.

陈嘉映.从移植词看当代中国哲学[J].同济大学学报（社会科学版）,2005,4：
    60-65.

代天善,李丹.普遍语法的演变——从《句法结构》到"语言器官"[J].2007,3：33-
    37+59.

代天善.唯理论、普遍论与进化论——乔姆斯基语言天赋论思想探源[J].世界哲
    学,2007,5：58-64.

范连义.从生活形式到语言习得——对维特根斯坦后期哲学的一个思考[J].西安外
    国语大学学报,2008,3：4-8.

范连义.维特根斯坦后期哲学思想中的语用蕴含[J].外语学刊,2008,5：5-8.

范连义.维特根斯坦的语言生活形式观[J].外语学刊,2007,2：11-15.

龚放.认知语法的特点与生成语法之比较[J].外语学刊,2001,4：21-30.

胡长栓.超越真理观的认识论视界[J].自然辩证法研究,2004,11：12-18.

李洪儒.试论语词层级上的说话人形象——语言哲学系列探索之一[J].外语学
    刊,2005,5：43-48.

刘小涛.乔姆斯基的"学习理论论证"与模块假设[J].哲学研究,2008,10：110-116.

宁春岩.关于意义内在论[J].外语教学与研究,2000,4：241-245.

石定栩.生成转换语法的理论基础[J].外国语,2007,4：6-13.

石毓智.乔姆斯基"普遍语法"假说的反证——来自认知心理学的启示[J].解放军外
    国语学院学报,2005,1：1-9.

孙自辉.维特根斯坦遵从规则说及其对外语教学的启示[J].中国外语,2008,4：
    23-26.

王刚.语言起源的——源论[J].外语教学与研究,1994,2：34-42.

魏在江.认知参照点与语用预设[J].外语学刊,2008,3：93-97.

王广成.从约束原则看生成语法对自然语言的共性研究——乔姆斯基的句法自立
    说评析[J].外语学刊,2002,3：70-74.

魏博辉.语言·哲学·哲学语言[J].北京师范大学学报(社科版),1994,1：62-71.

辛斌.意义的客观论与主观论[J].解放军外国语学院学报,2002,3：7-11.

辛斌.当代语言研究中的游戏观[J].外语教学与研究,2003,5：331-336.

章雪富.语言游戏和生活形式的相关分析[J].杭州大学学报,1996,1：15-19.

邹韶华.论语言规范的理性原则和习性原则[J].社会科学战线,2005,1：16-25.

邹为诚,赵飞.论二语习得理论的建设——兼评二语习得之问题[J].中国外语,
    2008,5：46-56.

朱志方,代天善.普遍语法的几个问题[J].外语学刊,2007：1-5.

索　引